T0328562

Gouvernance universitaire

Ce livre est issu du Programme de leadership dans l'enseignement supérieur (HELP) du CODESRIA.

Gouvernance universitaire
Une expérience africaine

Abdou Salam Sall

CODESRIA

Conseil pour le développement de la recherche en sciences sociales en Afrique

DAKAR

© **CODESRIA** 2017
Conseil pour le développement de la recherche en sciences sociales en Afrique
Avenue Cheikh Anta Diop Angle Canal IV
BP 3304 Dakar, 18524, Sénégal
Site web: www.codesria.org

ISBN : 978-2-86978-722-3
Mise en page : Sériane Camara Ajavon
Couverture : Ibrahima Fofana

Distribué en Afrique par le CODESRIA
Distribué ailleurs par African Books Collective
www.africanbookscollective.com

Le Conseil pour le développement de la recherche en sciences sociales en Afrique (CODESRIA) est une organisation indépendante dont le principal objectif est de faciliter la recherche, de promouvoir une forme de publication basée sur la recherche, et de créer des forums permettant aux chercheurs africains d'échanger des opinions et des informations. Le Conseil cherche à lutter contre la fragmentation de la recherche à travers la mise en place de réseaux de recherche thématiques qui transcendent les barrières linguistiques et régionales.

Le CODESRIA publie une revue trimestrielle, intitulée *Afrique et Développement*, qui est la plus ancienne revue de sciences sociales basée sur l'Afrique. Le Conseil publie également *Afrika Zamani* qui est une revue d'histoire, de même que la *Revue Africaine de Sociologie* ; la *Revue Africaine des Relations Internationales (AJIA)* et la *Revue de l'Enseignement Supérieur en Afrique*. Le CODESRIA co-publie également la *Revue Africaine des Médias; Identité, Culture et Politique : un Dialogue Afro-Asiatique ; L'Anthropologue africain,* la *Revue des mutations en Afrique, Méthod(e)s : Revue africaine de méthodologie des sciences sociales* ainsi que *Sélections Afro-Arabes pour les Sciences Sociales*. Les résultats de recherche, ainsi que les autres activités de l'institution sont aussi diffusés à travers les « Documents de travail », le « Livre Vert », la « Série des Monographies », la « Série des Livres du CODESRIA », les « Dialogues Politiques » et le *Bulletin du CODESRIA*. Une sélection des publications du CODESRIA est aussi accessible au www.codesria.org

Le CODESRIA exprime sa profonde gratitude à la Swedish International Development Corporation Agency (SIDA), au Centre de Recherches pour le Développement International (CRDI), à la Carnegie Corporation de New York (CCNY), à l'Agence norvégienne de développement et de coopération (NORAD), à l'Agence Danoise pour le Développement International (DANIDA), au Ministère des Affaires Etrangères des Pays-Bas, à la Fondation Rockefeller, à l'Open Society Foundations (OSFs), à TrustAfrica, à l'UNESCO, à l'ONU Femmes, à la Fondation pour le renforcement des capacités en Afrique (ACBF), à l'Open Society Initiative for West Africa (OSIWA), à l'Open Society Initiative for Southern Africa (OSISA), à la Fondation Andrew Mellon ainsi qu'au Gouvernement du Sénégal pour le soutien apporté aux programmes de recherche, de formation et de publication du Conseil.

Sommaire

3. Le financement

4. La formation

5. La recherche

6. La coopération

Dédicaces

À

Madame le professeur Diariatou Gningue Sall,

Ndèye Racky Sall Diagne,

Dieynaba Sall, et

Khady Sall

Préface

L'université africaine aspire à l'excellence. Pour accompagner cet élan, l'Union africaine a créé des centres d'excellence dans le cadre de l'université panafricaine et la Banque mondiale a mis en place un programme d'appui à des centres d'excellence sélectionnés. Le CAMES également, dans le cadre de ses orientations stratégiques, ainsi que le Réseau pour l'excellence de l'enseignement supérieur en Afrique de l'Ouest (REESAO) ont lancé des initiatives pour la promotion de l'excellence.

Il convient cependant, de souligner que l'excellence ne se décrète pas ; elle se construit sûrement, patiemment et avec beaucoup de détermination et de persévérance. La responsabilité de cette construction incombe d'abord aux organes de gouvernance, ces organes de délibération qui adoptent et contrôlent les orientations mises en œuvre par les recteurs ou présidents d'universités, qu'ils soient choisis démocratiquement ou désignés discrétionnairement par les autorités hiérarchiques. Pour assumer ces lourdes responsabilités, les dirigeants des universités ont besoin d'outils et de savoir-faire spécifiques qui ne sont pas innés. Qui plus est, il n'existe malheureusement pas encore de filière de formation spéciale pour agents et dirigeants de l'enseignement supérieur. C'est donc ce contexte de défis à relever qui fait toute la pertinence et l'opportunité de cette œuvre du professeur Abdou Salam Sall. Comme toujours, il partage avec beaucoup de générosité son expérience diversifiée de dirigeant d'institutions universitaires déterminé à soulever des montagnes.

Ce livre est donc un outil pédagogique qui permet l'élaboration et la transmission d'un savoir-faire acquis sur le terrain. Il se range naturellement dans la catégorie des supports pédagogiques qui sont indispensables à la professionnalisation de la formation que prône le système LMD. Il présente des situations d'apprentissage susceptibles de nourrir la réflexion des acteurs en charge de la bonne marche des institutions universitaires.

Le livre présente différentes problématiques de gouvernance universitaire. Celles-ci ne sont développées ni dans une optique théorique ni dans une approche normative. En effet, le professeur Abdou Salam Sall a plutôt adopté une approche pragmatique, « problem solving », qui décrit les termes du problème de manière générale puis dans le contexte de l'UCAD, avant de partager le processus par lequel une solution acceptable a été trouvée.

Seul le premier chapitre est consacré à l'analyse conceptuelle de la gouvernance universitaire. On y trouve différentes définitions de la gouvernance universitaire et différentes modalités de structuration des organes de gouvernance. Ce chapitre permet d'expliciter le contexte de la gouvernance de l'UCAD où persiste une organisation dans laquelle le recteur est en même temps président de l'assemblée de l'université. Il est important de préciser ce détail au lecteur pour lui permettre de situer l'expérience qui est relatée par le professeur Abdou Salam Sall. En effet, celui-ci était, tel un président-directeur général, à la fois le chef de l'exécutif et le chef de l'organe de délibération en tant que président de l'assemblée de l'université qui est l'organe de gouvernance. Il a donc vécu dans un contexte particulièrement favorable à l'expression d'un leadership volontaire. L'évolution en cours va remettre en cause cette configuration. L'entrée en vigueur des nouveaux textes introduit une organisation différente inspirée des meilleures pratiques qui préconisent la séparation des fonctions d'orientation et de contrôle et des fonctions d'exécution. Autrement dit un recteur est désormais comparable à un directeur général.

Les neuf chapitres suivants du livre traitent des problématiques prioritaires qui interpellent les organes de gouvernance et occupent l'essentiel du temps de travail des leaders de l'exécutif des universités.

Les chapitres II et III décrivent les déterminants de la qualité du contexte dans lequel évoluent les universités ; ils sont consacrés respectivement aux franchises universitaires et aux libertés académiques (chapitre II), et au financement (chapitre III). Les chapitres IV, V et VI traitent de la formation, de la recherche et de la coopération. Ils posent des problèmes d'organisation et d'opérationnalisation des missions de l'enseignement supérieur. Les quatre derniers chapitres évoquent des outils de gouvernance tels que les valeurs, le plan stratégique, la communication et le leadership. Le lecteur va trouver dans ces pages des réflexions sur les résolutions des Conférences de l'UNESCO et sur des situations observées dans des universités du Nord et des solutions expérimentées à l'UCAD.

La contribution majeure de l'ouvrage du professeur Abdou Salam Sall est justement de mettre en évidence les questions prioritaires qui interpellent le management universitaire, et de soutenir que des solutions originales, à la portée des dirigeants animés d'une bonne volonté, existent. En cela, l'ouvrage est une contribution à l'autoformation des dirigeants et futurs dirigeants des universités africaines.

Dakar, le 25 septembre 2016
Pr M. El Bachir WADE

Remerciements

Nous exprimons notre profonde reconnaissance au CODESRIA pour nous avoir choisi parmi certains Africains afin de rédiger cet ouvrage. Ce choix du CODESRIA est un grand honneur ainsi qu'une reconnaissance pour le travail accompli. Nous remercions le CODESRIA pour ce privilège.

Nous remercions le professeur Mohamed El Bachir Wade d'avoir accepté de rédiger la préface de cet ouvrage. Nous avons longuement cheminé ensemble, depuis notre engagement au syndicat jusqu'à ce jour. Il demeure fidèle à lui-même, disponible, courtois et rigoureux. De par sa formation, il nous a appris à lire les budgets et à comprendre les choses cachées. Malgré ses multiples charges, il s'est dévoué pour faire la préface, nous l'en remercions vivement, avec l'espoir que nos engagements fertilisent encore davantage l'enseignement supérieur en Afrique.

Nous exprimons notre gratitude aux professeurs Alioune Diané et Mohamed Gaye pour avoir relu cet ouvrage. Le professeur Diané, encore une fois, a corrigé l'ensemble du texte, qu'il en soit remercié. Mohamed Lamine Gaye, responsable de notre laboratoire de chimie, s'est dévoué pour parfaire le texte. Nous remercions aussi un évaluateur du CODESRIA qui nous a beaucoup apporté dans les corrections de cet ouvrage. Mamadou Samba Kah a repris du service pour une dernière relecture de l'ouvrage. Nous avons ainsi recréé la collaboration au syndicat, au décanat et au rectorat. Nous exprimons toute notre gratitude fraternelle et intellectuelle au professeur Mouhamadou Guélaye Sall et à Mme Fatou Bintou Sall pour avoir apporté leurs contributions à la lecture de cet ouvrage.

La rédaction de cet ouvrage a été facilitée par une mission d'accompagnement des universités et grandes écoles de Côte d'Ivoire, à la demande de l'AUF. Nous remercions l'AUF pour sa confiance et exprimons nos meilleurs sentiments au directeur du Bureau régional, le professeur Jemaiel Ben Brahim. Nous associons à ces remerciements les deux autres collègues de l'équipe, les professeurs Yvon Fontaine et Mustapha Bennouna. Nous remercions également le coordonnateur du projet ainsi que tous les collègues de Côte d'Ivoire qui y ont pris part.

En rédigeant cet ouvrage, nous avons profité de notre voyage d'études. Nous remercions l'Université Cheikh Anta Diop de Dakar pour cette opportunité et exprimons notre déférence à son recteur, le professeur Ibrahima Thioub pour sa délicate attention à notre endroit. Il réussira sa mission si toutes les composantes assument leurs devoirs et responsabilités. Est-ce que cet ouvrage peut y contribuer ?

Nous exprimons enfin notre gratitude à nos collaborateurs directs au laboratoire, professeurs Mohamed Lamine Gaye et Ousmane Diouf. Leur délicate attention à notre endroit nous touche énormément, qu'ils en soient remerciés. Que tous les jeunes du laboratoire soient remerciés ainsi que tous les collègues du département de chimie en particulier et de la faculté des sciences et techniques (FST) en général.

Nous remercions tous nos collaborateurs, du syndicat au conseil en passant par le décanat de la FST et le rectorat de l'UCAD. Tous ont contribué aux résultats et nous ont apporté l'expérience que nous partageons dans cet ouvrage. Il est impossible de les citer tous, la liste est longue, les uns et les autres sauront se reconnaître.

Nous exprimons notre gratitude à notre épouse, le professeur Diariatou Gningue Sall, qui nous a toujours encouragé et, au besoin, a joué le rôle d'assistante afin que nous puissions nous concentrer sur le travail. Elle est professeure d'université comme nous et pouvait, à bon droit, ne pas se dévouer autant. Il y a lieu d'associer à ces remerciements nos enfants, Ndèye Racky Sall Diagne, Khady Sall, Dieynaba Sall qui n'ont cessé de s'informer sur l'état d'évolution du travail.

Liste des abréviations et acronymes

ANAQ-Sup	Autorité nationale d'assurance qualité de l'enseignement supérieur
ANEF	Assises nationales de l'éducation et de la formation
APEC	Association pour l'emploi des cadres
AUA	Association des universités africaines
AUF	Agence universitaire de la francophonie
BAD	Banque africaine de développement
BCI	Budget consolidé d'investissement
BICIS	Banque internationale pour le commerce et l'industrie du Sénégal
BM	Banque mondiale
BU	Bibliothèque universitaire
CAMES	Conseil africain et malgache pour l'enseignement supérieur
CEDEAO	Communauté économique des États de l'Afrique de l'Ouest
CESTI	Centre d'enseignement des sciences et techniques de l'information
CHU	Centre hospitalier universitaire
CMES	Conférence mondiale sur l'enseignement supérieur
CNRS	Centre national de recherche scientifique
CODESRIA	Conseil pour le développement de la recherche en sciences sociales en Afrique
COP	Conférences des Parties
COUD	Centre des œuvres universitaires de Dakar
CRTP	Centre de ressources technologiques et pédagogiques

CRUFAOCI   Conférence des recteurs des universités francophones d'Afrique et de l'Océan Indien

CTS   Comité technique spécialisé

DGDU   Direction de la gestion du domaine universitaire

DI   Direction de l'informatique

DPIVAR   Division de la propriété intellectuelle et de la valorisation de la recherche

DRCI   Direction de la recherche et de la coopération internationale

DRH   Direction des ressources humaines

DUC   Dakar université club

EAVE   Évaluation, amélioration, valorisation de l'enseignement

EDEUA   École doctorale des États-Unis d'Afrique

EEE   Évaluation des enseignements par les étudiants

EPT   École polytechnique de Thiès

EPT   Éducation pour tous

ERA   Education and Research in Agriculture

ESP   École supérieure polytechnique

FARIM   Fondation africaine pour la recherche, l'innovation et la mobilité

FASEG   Faculté des sciences économiques et de gestion

FASTEF   Faculté des sciences et technologies de l'éducation de la formation

FLSH   Faculté des lettres et sciences humaines

FM   Fréquence de modulation

FMPOS   Faculté de médecine, pharmacie et d'odonto stomatologie

FSJP   Faculté des sciences juridiques et politiques

FST   Faculté des sciences et techniques

GMV   Grande muraille verte

IFACE	Institut de formation en administration et en création d'entreprises
IIPE	Institut international de planification et d'éducation
INNODEV	Incubateur sénégalais d'entreprises innovantes
INSEPS	Institut supérieur de l'éducation populaire et du sport
LMD	Licence master doctorat
MOOC	Massive Open Online Courses
NHS	National Health Services
OCDE	Organisation de coopération et de développement économiques
PAES	Projet d'amélioration de l'enseignement supérieur
PARU	Programme d'appui à la réforme universitaire
PCR	Président de communauté rurale
PME	Petites et moyennes entreprises
PST	Parc scientifique et technologique
REESAO	Réseau pour l'excellence de l'enseignement supérieur de l'Afrique de l'Ouest
RER	Réseau d'enseignement et de recherche
RPEES	Recommandation concernant le personnel enseignant de l'enseignement supérieur
RTS	Radio télévision sénégalaise
SAES	Syndicat autonome de l'enseignement supérieur
SATUC	Syndicat autonome des travailleurs des universités et des centres universitaires
SCAC	Service de coopération et d'actions culturelles
SEEQ	Students Evaluation of Educational Quality
SODEBIO	Société de développement de bio-industrie
SONATEL	Société nationale des télécommunications
SUDES	Syndicat unitaire et démocratique des enseignants du Sénégal

SWOT	Strengths – Weaknesses – Opportunities – Threats
STESU	Syndicat des travailleurs des établissements scolaires et universitaires
TIC	Technologies de l'information et de la communication
TICE	Technologies de l'information et de la communication pour l'éducation
TIKA	Agence de coopération turque
UCAD	Université Cheikh Anta Diop de Dakar
UCL	Université catholique de Louvain
UER	Unité d'enseignement et de recherche
UFR	Unité de formation et de recherche
UNESCO	Organisation des Nations unies pour l'éducation, la science et la culture
US	États-Unis d'Amérique
USAID	United States Agencies for International Development
UVA	Université virtuelle africaine

Note sur l'auteur

Abdou Salam Sall est professeur de Chimie Inorganique spécialisé dans la Chimie Bioinorganique. Il a une expérience de vingt trois années dans le management universitaire durant lesquelles il a occupé différents postes en tant que Secrétaire Général du Syndicat Autonome de l'Enseignement Supérieur du Sénégal (SAES), Recteur de l'Université Cheikh Anta Diop de Dakar (UCAD) et expert et consultant de l'enseignement supérieur.

Le Professeur Sall est l'initiateur de la Visio-actions de l'UCAD dont les réformes ont contribué de façon décisive à la transformation de l'enseignement supérieur à l'UCAD au Sénégal et dans les pays francophones d'Afrique. Il a été de 2013 à 2014, Président du Comité National de Pilotage des Assises de l'Éducation et de la Formation du Sénégal. Il est également le promoteur du Centre Pémel de Podor. Le Professeur Sall est auteur de deux ouvrages et co-auteur d'un ouvrage sur l'enseignement supérieur, ainsi qu'auteur ou co-auteur d'une cinquantaine de publications scientifiques. Il est marié et père de trois enfants.

Introduction

Ce début de XXIe siècle est marqué par le triomphe sans égal de l'économie de marché, pilotée par les multinationales soucieuses de la rentabilisation de leurs investissements. Des milliards sont échangés en un clic, assez souvent sans relation directe avec l'économie réelle. Toutefois, cette tendance lourde n'a pas effacé le rôle des États dans l'économie. La récente crise financière en est une preuve éclatante avec les gouvernements des pays riches qui ont dû intervenir pour soutenir les acteurs majeurs de leurs économies, notamment leurs banques. Dans les années quatre-vingt, au nom du même principe du libéralisme du marché, des établissements publics et singulièrement des banques ont été déclarés en faillite au Sénégal avec des coûts économiques et sociaux énormes.

Ce mouvement puissant de la mondialisation de l'économie par la constitution de multinationales et de holding financiers de plus en plus tentaculaires et de moins en moins contrôlables est accompagné par une multiplication de petites et moyennes entreprises (PME), voire d'une économie informelle qui a pris le pas dans un certain nombre de pays sur une économie planifiée (Michaela 2009). En Afrique, notamment en Afrique de l'Ouest francophone, l'économie dite informelle occupe une place prépondérante (Ahmadou 2014).

Les transformations des nations ont été rapides ; certains pays de l'Asie du Sud-Est ont pu, en un temps relativement court, transformer leurs économies et occupent une place de plus en plus importante dans l'économie mondiale. Cette dernière a engendré, en une génération, des multimilliardaires. Ce phénomène est dû, dans une large mesure, à la combinaison de l'usage des résultats de la science et de la technologie, du développement des technologies de l'information et de la communication (TIC), et de la globalisation.

L'action de l'homme, tout en produisant des biens et des services, a aussi engendré la perturbation du climat (certains scientifiques le contestent). Si, par endroits, il y a la sécheresse, ailleurs, il y a des inondations et des catastrophes naturelles dues au réchauffement climatique. Jamais auparavant, la planète n'est ainsi apparue comme une et les modifications engendrées par les uns se répercutent sur les autres avec des intensités variables. La récente conférence sur le climat, la COP 21 à Paris en 2015, par ses orientations, par sa démarche, par l'accord de toutes les parties prenantes, laisse espérer que les humains seront à la hauteur des problèmes qui les interpellent.

Les profondes transformations sont aussi marquées par des incompréhensions majeures qui se manifestent par des guerres, mais aussi et surtout par le terrorisme inspiré par un fondamentalisme religieux, assimilé à l'islam par certains, « islam » qui n'est pas celui que nous pratiquons depuis plus de dix siècles et qui constitue le fondement de nos valeurs partagées. Le droit d'ingérence a déstabilisé le monde et produit plus de désordre qu'auparavant. Il serait utile d'évaluer certains concepts que nous partageons si facilement sans le recul nécessaire et l'analyse critique préalable. Ici aussi, les forces dominantes imposent leurs points de vue basés sur leurs propres intérêts.

Le XXIe siècle est fondamentalement caractérisé par une utilisation de plus en plus grande de la science et de la technologie dans le développement des processus économiques, culturels et sociaux. La mondialisation et les évolutions technologiques récentes aidant, de grandes avancées se sont produites. Ces évolutions irréversibles confèrent à l'économie du savoir, notamment à l'innovation, un rôle central dans la compétition et dans l'affirmation des particularismes dans un monde en globalisation croissante. Dans l'économie du savoir, ce nouveau paradigme de la science économique prend des proportions de plus en plus importantes. Les performances de la recherche scientifique sont un facteur-clé de la créativité industrielle et de la compétitivité. La société devient de plus en plus cognitive et dépend donc de plus en plus de la qualité de l'enseignement supérieur et de son ouverture internationale (CMES 1998).

Dans ce contexte de mutations rapides, les établissements d'enseignement supérieur ont bénéficié d'une attention particulière et d'une reconnaissance sans cesse renouvelée. Il est reconnu que « les établissements d'enseignement supérieur constituent un facteur majeur de dynamisation des territoires » (Goulard 2015:15). Employeurs publics ou privés attendent de l'enseignement supérieur la fourniture de compétences et de talents aptes à faire progresser leur activité et à développer le bien-être collectif.

Cette tendance, observée en premier lieu dans les pays développés, a eu des échos décisifs dans les pays en développement. En effet, lors de la crise des années quatre-vingt, les programmes d'ajustements structurels visaient, à défaut de supprimer l'enseignement supérieur dans les pays d'Afrique, à le réduire à sa plus simple expression. Dans le sillage de l'émergence du concept d'économie de la connaissance et de sa perception comme enjeu majeur pour la compétitivité nationale et internationale, l'enseignement supérieur a retrouvé une position stratégique pour le développement national.

Afin de prendre part à cette économie de la connaissance, tous les pays engagent des réformes dans leur système d'enseignement supérieur. L'enseignement supérieur revêt une grande importance pour le développement économique, culturel et social. La Banque mondiale vient finalement de reconnaître que, sans un système d'enseignement supérieur de qualité, l'Afrique ne pourra se développer. La corrélation est établie entre le développement du système d'enseignement supérieur, le développement des territoires et, plus généralement, celui des pays. L'enseignement supérieur a une influence sur ce que l'on pourrait appeler, au sens large, notre « performance économique et sociale » (Martin 2012).

Tous les pays du monde, tout en développant l'enseignement supérieur, accordent une attention particulière aux plus-values que peuvent leur apporter les connaissances. Ainsi des recherches de plus en plus finalisées sont encouragées, des plateaux de plus en plus sophistiqués sont installés dans les universités, des filières fléchées apparaissent, un partenariat entre le public, le privé et la société est encouragé, des mécanismes de passage de la science au marché sont minutieusement étudiés et soutenus. « Au sein du système d'enseignement supérieur, les universités de recherche jouent un rôle essentiel dans la formation des professionnels, des spécialistes de haut niveau, des scientifiques et des chercheurs dont l'économie a besoin pour générer de nouvelles connaissances afin de soutenir le système d'innovation national. » (Salmy 2002).

Ainsi beaucoup de pays essaient de mettre en place des universités de rang mondial. Les quelques chercheurs qui ont tenté de définir ce que possèdent les universités de rang mondial et que n'ont pas les autres universités ont identifié quelques caractéristiques fondamentales, telles que des enseignants hautement qualifiés, l'excellence dans la recherche, un enseignement de qualité, d'importantes sources de financement publiques et non publiques, des étudiants extrêmement doués et une part importante d'étudiants internationaux de haut niveau, la liberté académique, des structures autonomes de gouvernance bien définies, et des infrastructures bien équipées pour l'enseignement, la recherche, et (souvent) la qualité de vie des étudiants (Altbach 2004 ; Khoon *et al.* 2005 ; Niland 2000 2007 ; Salmy 2013).

La plupart des pays ne peuvent pas avoir une université de rang mondial, il est, dès lors, préférable de se doter d'une université efficiente. Pour ce faire, un objectif accessible et approprié consisterait plutôt à développer un système intégré d'enseignement, de recherche et d'institutions à vocation technologique qui puisse alimenter et soutenir quelques centres d'excellence qui se focalisent sur des secteurs à valeur ajoutée et des domaines choisis d'avantage comparatif et qui peuvent éventuellement aspirer à devenir des institutions de rang mondial (Salmy 2013). Une université efficiente permet à son site d'installation et à son environnement de tirer profit de l'économie du savoir. C'est l'université qui traite les questions de son environnement, améliore son efficacité tant interne qu'externe et y valorise ses atouts économiques, culturels et sociaux.

> Les types d'environnement avec lesquels interagissent les institutions d'enseignement supérieur sont en pleine mutation, entre autres, la mondialisation, l'internationalisation, la régionalisation, la démocratisation versus la massification, la délocalisation, la marginalisation, la fragmentation, la technologisation, la privatisation (CMES 1998).

L'enseignement supérieur a subi des changements tout à fait spectaculaires et fondamentaux et beaucoup de forces qui ont contribué à ces changements continuent à opérer : massification, contraintes financières, privatisation, réorganisation des systèmes, diversification des structures, changement dans la conception des curriculums et dans leur validation (Vessuri 1998).

L'enseignement supérieur est aussi marqué par le nombre croissant de ses étudiants. Partout, une massification est constatée, certains parleront de démocratisation. Dans les pays africains, cet accès croissant d'étudiants à l'enseignement supérieur, faute d'anticipation et de structure d'accueil, s'est traduit par l'accueil de davantage d'étudiants qu'il n'y a de places disponibles dans les universités historiques. L'éducation tout au long de la vie et la requalification permanente se généralisent. En Afrique, d'une façon générale et au Sénégal particulièrement, l'évolution des effectifs est, malgré les efforts sur les infrastructures, les budgets et plus tard sur le recrutement des enseignants, sans commune mesure avec les ressources financières et humaines, de sorte que tout se passe comme si, en réduisant progressivement le coût de l'étudiant, les établissements finançaient eux-mêmes l'augmentation du nombre d'étudiants. L'Université Cheikh Anta Diop de Dakar (UCAD) est passée de 26 140 étudiants en 2001-2002 à 78 420 étudiants en 2014-2015 (DI 2015), soit exactement trois fois plus d'étudiants en quatorze années. Quels sont les établissements qui peuvent supporter une telle croissance dans la durée tout en maintenant les standards de qualité ?

En Afrique, la massification-démocratisation est due en partie aux résultats de l'Éducation pour tous (EPT) qui, certes, n'a pas pleinement atteint les objectifs fixés, mais a eu des effets notables. La communauté internationale, jusqu'à une date récente, a soutenu l'EPT en la limitant à l'enseignement primaire, bien que, par la suite, elle l'ait étendue à l'enseignement secondaire, excluant l'enseignement supérieur. Des efforts méritoires ont été fournis par, entre autres, l'UNESCO pour attirer l'attention sur cette malheureuse orientation. Une réunion à l'UNESCO, pour ne citer que celle-là, a été dédiée à la contribution de l'enseignement supérieur à la réussite de l'EPT. Le but poursuivi était de faire prendre en charge l'enseignement supérieur par la communauté internationale, mais rien n'y fit. Nous ne cherchons pas à absoudre les pays en voie de développement de leur incapacité à organiser leurs systèmes éducatifs, à réguler les flux dans l'enseignement général, l'enseignement technique et la formation professionnelle et l'enseignement supérieur avec ses diverses filières. Relevons aussi l'absence d'anticipation suffisante du système d'enseignement supérieur.

Cette incapacité des établissements publics à accueillir les étudiants dans les meilleures conditions, les multiples perturbations qui y ont cours, notamment dans les universités francophones d'Afrique noire, l'inefficience interne et externe, ont, entre autres, fait le lit du développement de l'enseignement supérieur privé avec les fortes incitations des institutions internationales. Cette évolution dans de nombreux pays africains n'a pas fait l'objet d'un encadrement pour autoriser la qualité. D'aucuns nous ont lancé que le marché régulera le système. Force est de constater l'existence d'établissements performants dans le privé, mais il y a aussi beaucoup de marchands, pour ne pas dire plus. Nombre de ces établissements sont dans le tertiaire, est-ce suffisant pour porter les nécessaires transformations des économies des pays africains ? Avec 30 pour cent des effectifs des étudiants au Sénégal, les établissements privés ont connu une considérable évolution. Il s'y ajoute l'enseignement supérieur transfrontalier avec un paradoxe : des établissements publics au Nord qui se muent en privés au Sud.

Au Sénégal, l'enseignement supérieur doit aussi corriger les distorsions que les autres ordres du système éducatif n'ont pas prises en charge. En effet, « moins de 5 pour cent des élèves fréquentent les établissements d'enseignement technique et de formation professionnelle. Dans l'enseignement général, plus de 70 pour cent des bacheliers sont issus des filières littéraires. » (ANEF 2014).

Les mutations soulignées plus haut sont portées dans une large mesure par les TIC. Elles ont non seulement bouleversé le commerce mondial, mais aussi les dynamiques au sein des établissements d'enseignement supérieur et entre eux. En effet, les environnements numériques ont contribué au développement de l'interactivité entre les enseignants et les étudiants, des stratégies pédagogiques sont mises en place pour mettre les étudiants en situation et plus que jamais mettre en œuvre le concept d'apprendre à apprendre. Certaines universités, seules ou en alliance avec d'autres, développent les MOOC (*Massive Open Online Course*). Les connaissances sont de plus en plus distribuées, changeant ainsi les rapports entre les enseignants et les apprenants, mais aussi entre les apprenants. Les modes de délivrance se multiplient ; présentiel, à distance, combinaison des deux. Ainsi, un public de plus en plus nombreux et diversifié est pris en charge.

En sus de ses missions traditionnelles, de recherche, de formation, des services à la société, l'enseignement supérieur doit apporter une contribution à l'employabilité des diplômés, et inscrire en bonne place la formation tout au long de la vie. Est également attendue de l'enseignement supérieur l'ouverture du marché du travail par l'entreprenariat et l'innovation induite par la recherche, la formation des hommes et des femmes porteurs des changements économiques, sociaux et culturels de la société, etc.

La place et le rôle de l'enseignement supérieur justifient l'intérêt que lui accorde l'UNESCO qui lui a consacré deux conférences mondiales : CMES en 1998 et CMES +10 en 2009. Chacune des conférences a été précédée de larges consultations régionales tenues dans chacun des cinq continents. Si, aux États-Unis, le système d'enseignement supérieur est bien articulé au système économique et tend à imposer son modèle culturel, l'Europe, par le processus de Bologne, tente de se doter d'un système d'enseignement supérieur en conformité avec ses ambitions et sa place dans le monde, la Chine s'est engagée dans la restructuration de son système d'enseignement supérieur et essaie de faire classer certaines de ses universités parmi les meilleures du monde. Le classement de Shanghai en est une illustration. Le Japon et la Corée du Sud ont largement tiré profit des plus-values que procure la connaissance.

L'Union africaine est en train d'élaborer une vision pour mieux promouvoir l'enseignement supérieur en Afrique et amener ainsi ce continent à contribuer davantage à l'économie mondiale tout en préservant ses valeurs de solidarité et son savoir-vivre ensemble. L'Association des universités africaines a organisé une rencontre sur l'enseignement supérieur en Afrique en 2013 à Libreville au Gabon. La Communauté économique des États de l'Afrique de l'Ouest (CEDEAO) comme l'Union économique et monétaire de l'Afrique de l'Ouest (UEMOA) intègrent l'enseignement supérieur dans leurs stratégies de développement. D'ailleurs, l'UEMOA vient d'organiser une rencontre internationale sur l'enseignement supérieur. La Banque africaine de développement (BAD) accorde une attention particulière à l'enseignement supérieur. La Banque mondiale a lancé des centres d'excellence. Plusieurs pays développés, dans leur stratégie de coopération, engagent leurs universités dans des partenariats avec des universités africaines. Certains considèrent l'Afrique comme la niche d'extension de l'économie mondiale.

Dans ce contexte de changement rapide, de mutations profondes, comment mieux organiser la gouvernance des systèmes d'enseignement supérieur ? Quels rôles pour les États, les régions ? Comment organiser la gouvernance des établissements d'enseignement supérieur pour une réactivité, voire une capacité réelle d'anticipation à la mesure des transformations en cours et de leur vitesse ? Quelle alliance sociétale à cet effet ? La gouvernance est traitée à l'aune du nouveau management public. Cette étude consacre le chapitre I de cet ouvrage qui a essayé de répondre à ces questions. Il y est aussi traité le périmètre de responsabilité des différents dirigeants : recteur/président ; doyen/directeur UFR ; chef de département et autres responsables.

Le chapitre II est consacré à l'autonomie des universités, aux franchises universitaires et aux libertés académiques. La nouvelle gouvernance publique va de pair avec une autonomie renforcée. Une évaluation de l'autonomie de l'UCAD selon la grille de l'OCDE y est faite. L'expérience de l'ombudsman de l'UCAD, la sécurité du campus, les perturbations et leur gestion, la réorganisation de l'implication des étudiants dans la gouvernance universitaire y sont aussi abordées.

L'autonomie des établissements d'enseignement supérieur est également examinée en relation avec leur autonomie financière. Celle-ci n'exempte pas l'État de toute contribution financière, mais appelle à une diversification des ressources financières avec son corollaire, la reddition des comptes.

Le chapitre III traite de la diversification des sources de financement, de la question de la Banque éducative et présente l'expérience de reddition des comptes de l'UCAD.

Le chapitre IV traite de la formation, des changements dans les missions de l'université en général et des établissements qui la composent en particulier, des effets de la massification-démocratisation, des technologies de l'information et de la communication, de l'introduction de la pédagogie universitaire, de l'évaluation des enseignements par les étudiants, des services aux étudiants. Les problèmes des infrastructures ainsi que de leur gestion y sont aussi abordés. Toutes ces questions sont examinées en considérant l'efficience de l'enseignement supérieur sous le double rapport d'un excellent taux de transit interne et d'un bon taux de placement des diplômés, voire la capacité des produits des établissements d'enseignement supérieur à ouvrir le marché économique par des connaissances et compétences nouvelles.

Tenant compte de la place de la recherche dans les systèmes d'enseignement supérieur et de la faible capacité des universités africaines à la prendre en charge, l'exemple de la gouvernance de la recherche de l'UCAD est présenté dans le chapitre V. Cette structure a été bâtie à partir de cinq axes : le conseil scientifique, les écoles doctorales par la transdisciplinarité ou la pluridisciplinarité, l'amélioration de l'environnement de recherche, le financement de la recherche, les droits de propriété intellectuelle et la valorisation. Y est présentée la fondation africaine pour la recherche, l'innovation et la mobilité (FARIM), ainsi que sa gouvernance, son mode de financement et de fonctionnement. Une partie concerne la restitution des résultats du symposium sur les États-Unis d'Afrique, les axes de travail de ses écoles doctorales.

Le chapitre VI s'occupe de la coopération nationale et internationale. L'enseignement supérieur, universel par essence, s'est développé grâce à la mutualisation des connaissances. Comment une université africaine a-t-elle organisé sa coopération nationale et internationale pour en tirer le maximum d'avantages ? Est-il possible de promouvoir un nouvel humanisme dans un monde si mercantile ?

Considérant les mutations et les incertitudes, la promotion des valeurs est proposée pour, dans la durée, transformer l'université et la société grâce aux diplômés de l'université. Le chapitre VII traite des valeurs : les codes de déontologie, le pacte académique des enseignants et du personnel, le code d'honneur des étudiants, les services à la communauté.

Le chapitre VIII est consacré à la communication tant interne qu'externe. Il reprend une proposition de structuration d'une *Direction de la communication* et présente quelques résultats de l'expérience de l'UCAD. Il n'est point besoin de plaider pour une meilleure communication des établissements d'enseignement supérieur pour fonder davantage sa centralité dans cette société de la connaissance, notamment dans les pays africains.

Le chapitre IX propose une démarche pour élaborer un plan stratégique d'un établissement d'enseignement supérieur. Il présente la voie suivie par l'UCAD pour élaborer et mettre en œuvre sa Visio-actions de 2003 à 2007.

Le chapitre X traite du leadership. Des expériences de l'UCAD y sont listées avec, dans certains cas, les points de rupture qui ont certainement permis de réaliser des avancées notoires. Il y est présenté dix principes que l'auteur met en avant pour un leadership universitaire.

La conclusion générale revient sur quelques éléments saillants de l'ouvrage et traite des dispositions attendues au sein de l'Afrique, des cinq communautés économiques régionales, des pays, des établissements d'enseignement supérieur, notamment publics. Elle tire les leçons apprises, les défis, les anticipations, les stratégies d'internalisation de l'enseignement supérieur en Afrique et la diffusion de la science dans les communautés africaines. In fine, le devoir de la présente génération n'est-il pas tout simplement de jeter les bases d'un enseignement supérieur de qualité ?

1

Les structures de gouvernance des établissements d'enseignement supérieur et les périmètres des responsabilités

Les structures de gouvernance des établissements d'enseignement supérieur

Il a été mis en exergue que le monde change avec une rapidité certaine, que les modes de production de biens et services ont évolué, que la globalisation est plus que jamais une réalité. Ces changements majeurs sont en parfaite interaction avec les transformations dans le système d'enseignement supérieur qui, pour l'essentiel, les a autorisées.

Outre les missions classiques de l'enseignement supérieur, la recherche, la formation, les services à la société, il lui est demandé, entre autres, de traiter de l'employabilité des diplômés, de permettre une requalification tout au long de la vie, d'élargir le marché du travail et de permettre un savoir-vivre ensemble, la paix dans la diversité et la compréhension mutuelle.

La mobilité est consubstantielle à ce XXIe siècle, mobilité au sein et entre des terroirs, des États, des continents, mobilité sociale favorisée par la formation tout au long de la vie. Le monde moderne est de plus en plus fondé sur la politique d'attraction et de rétention des terroirs. L'économie du savoir aidant, les terroirs s'engagent davantage dans cette orientation et, ainsi, nouent plus qu'auparavant des alliances avec les universités. Tous les segments de la vie sociale et économique sont innervés par la connaissance découlant de la recherche tant académique qu'industrielle.

Dans ce contexte, comment structurer les établissements d'enseignement supérieur public afin d'en tirer les meilleurs dividendes, d'anticiper sur les enjeux majeurs, de s'adapter aux dynamiques du marché tout en les anticipant, ainsi que des évolutions de la société ? Comment asseoir le pacte académique entre la société et l'université ? Est-ce que le nouveau management public autorise ce pacte ? Est-ce une orientation à la portée des universités africaines ?

Après avoir passé en revue quelques définitions de la gouvernance universitaire, examiné la structure de pilotage des universités et leur évolution récente, le nouveau management public, la recherche (chapitre V), la formation (chapitre IV), ce chapitre se termine par quelques constats et remarques.

Définitions de la gouvernance

Plusieurs définitions de la gouvernance ont été proposées.

La gouvernance désigne l'ensemble des mesures, des règles, des organes de décision, d'information et de surveillance qui permettent d'assurer le bon fonctionnement et le contrôle d'un État, d'une institution ou d'une organisation, qu'elle soit publique ou privée, régionale, nationale ou internationale (Martin 2012).

La gouvernance, c'est l'ensemble des dispositifs et des principes par lesquels des organisations se gouvernent, c'est-à-dire prennent leurs décisions, planifient leur développement, gèrent leurs ressources, encadrent leurs activités, évaluent leurs performances, rendent leurs comptes et s'inscrivent dans les circuits des partenariats externes. Cette définition semble être celle partagée par l'Institut de la gouvernance des organisations publiques et privées mis sur pied par l'École des hautes études commerciales et par l'Université Concordia (Lucier 2007).

Selon Wikipédia, la gouvernance est une notion controversée, car définie et entendue de manière diverse et parfois contradictoire. Cependant, malgré la diversité des usages du mot, il semble recouvrir des thèmes proches du « bien gouverner ». Chez la plupart de ceux qui, dans le secteur public ou privé, emploient ce mot, il désigne, avant tout, un mouvement de « décentrement » de la réflexion, de la prise de décision et de l'évaluation, avec une multiplication des lieux et des acteurs impliqués dans la décision ou la construction d'un projet.

Selon l'*IT Governance Institute*, la gouvernance a « pour but de fournir l'orientation stratégique, de s'assurer que les objectifs sont atteints, que les risques sont gérés comme il faut et que les ressources sont utilisées dans un esprit responsable ». Elle veille en priorité au respect des intérêts des « ayants droit » et à faire en sorte que leurs voix soient entendues dans la conduite des affaires.

Larousse définit la gouvernance comme l'action de gouverner, une manière de gérer, d'administrer. Selon Hirsh et Weber (2001), dans le contexte de l'enseignement supérieur, la gouvernance fait référence à « l'exercice formel et informel de l'autorité dans le cadre des lois, des politiques et des règles qui articulent les droits et les responsabilités de divers acteurs, y compris les règles selon lesquelles ils interagissent ». La gouvernance englobe « le cadre dans lequel un établissement poursuit ses buts, objectifs, et politiques de manière cohérente et coordonnée » ; elle répond aux questions suivantes : « qui est responsable et quelles sont les sources de légitimité des décisions exécutives prises par les différents acteurs ? ». La notion de gestion est très liée au concept de gouvernance, mais elle a une portée restreinte.

Selon Fried (2006), la gestion s'applique à la mise en œuvre d'une série d'objectifs que poursuit un établissement d'enseignement supérieur sur la base de règles données ; elle répond à la question « comment les règles sont-elles mises en application ? » et concerne l'efficacité et la qualité des services fournis aux acteurs – internes ou externes – concernés.

Selon l'OCDE, la gouvernance est une notion complexe qui recouvre le cadre législatif, les caractéristiques des établissements et leurs articulations avec l'ensemble du système, le mode d'affectation des moyens financiers aux établissements et la façon dont ces derniers doivent rendre compte de l'usage qu'ils en font.

Le management public correspond à l'ensemble des processus de finalisation, d'organisation, d'animation et de contrôle des organisations publiques, visant à développer leur performance générale et à piloter leur évolution dans le respect de leur vocation (Bortoli 2005).

Dans tout ce qui suit, la gouvernance est traitée dans ces acceptions.

Évolution des structures de gouvernance universitaire

La croyance selon laquelle les mécanismes de gouvernance traditionnelle n'étaient pas efficaces pour « mener » les acteurs humains, tant au niveau individuel que collectif, vers des objectifs sociaux spécifiques, a conduit à des réformes de structures de gouvernance dans l'enseignement supérieur à travers le monde (Maassen 2003).

Il est vain, dans le domaine de l'enseignement supérieur comme ailleurs, de penser que l'État peut tout orienter, tout régenter, obtenir par ses décisions l'émergence d'un système optimal. Au contraire, la centralisation, l'organisation monolithique, la prétention de tout diriger sont synonymes d'inefficacité. […] S'il est légitime que l'État fixe de grandes orientations, s'il est utile que l'évolution de l'offre universitaire soit l'objet de politiques publiques, l'efficacité requiert que les acteurs de l'enseignement supérieur bénéficient de l'autonomie la plus grande (Goulard 2015:4).

L'université n'est pas à l'écart des fantastiques bouleversements qui affectent le monde. Partout dans le monde, l'administration « par le haut », c'est-à-dire par une tutelle ministérielle, omnisciente et tatillonne, est remplacée par une organisation dans laquelle la communauté universitaire dispose de larges marges de manœuvre en matière d'organisation et de moyens globaux alloués par la puissance publique, à charge pour chaque communauté universitaire de conduire des projets, pour l'accomplissement de ses missions, et l'utilisation optimale des moyens alloués. Les nouveaux outils de management public sont partout mis en œuvre pour servir cette ambition. Donc, même s'ils sont intrinsèquement différents, les modes de management des universités et des organismes privés se sont rapprochés, dans un objectif de création de valeurs, par des voies différentes (Balma *et al.* 2012).

De nombreux pays ont mené des réformes influencées par le concept du « nouveau management public ». Au cœur de ces réformes figure une redéfinition de la relation État-établissement d'enseignement supérieur. Cette approche préconise que l'État cesse de gérer et de contrôler directement l'enseignement supérieur au profit d'un « pilotage à distance » et d'un contrôle des résultats a posteriori (Van Vught 1994 ; OCDE 2003, cités dans Martin 2014:13).

Les gouvernements des pays de l'OCDE, sans exception ou presque, ont récemment réformé, reconsidéré ou restructuré leur système d'enseignement supérieur. Ces réformes sont liées aux profonds changements des objectifs de l'enseignement supérieur et des enjeux auxquels ce secteur éducatif est confronté et, par-là même, à la nature des établissements dispensant cet enseignement et à celle de leur clientèle. Il est à présent tout à fait admis que les universités et les autres établissements d'enseignement supérieur doivent s'adapter à un environnement plus complexe dans lequel les attentes placées dans l'enseignement supérieur n'ont plus rien à voir avec ce qu'elles étaient dans le passé (OCDE 2003).

Beaucoup de gouvernements ont donc délégué une partie de leurs responsabilités aux universités sous forme d'une autonomie accrue. Afin de faire face à ces nouvelles charges, la gouvernance des universités s'est transformée. Sous l'effet de la crise économique des années 1980 et 1990, on a également incité les universités à générer des ressources propres. En contrepartie d'une plus forte autonomie, on a créé des dispositifs plus stricts de reddition des comptes, qui se manifestent à travers les politiques de contractualisation, la mise en place de mécanismes d'assurance qualité et de gestion des résultats (OCDE 2003).

Dans les pays de l'OCDE, les nouveaux modes de gouvernance associent la tutelle de l'État et les forces du marché selon des modalités nouvelles. Les établissements se voient accorder une plus grande autonomie pour gérer leurs propres affaires. En contrepartie de l'autonomie accordée, les gouvernements cherchent à responsabiliser les établissements en liant les financements aux performances et à la qualité, qui fait l'objet d'une évaluation publique (OCDE 2003).

Deux évolutions majeures apparaissent aujourd'hui indispensables pour moderniser la gouvernance des universités et leur permettre de trouver la réactivité nécessaire dans un contexte en rapide évolution, la création d'un véritable conseil d'administration, chargé des questions stratégiques de l'établissement, ouvert à des personnalités étrangères et aux élus locaux, et la mise en place d'une réelle capacité managériale des présidents d'université (Goulard 2015).

Certes, le nouveau mode de gouvernance qui doit maintenant se mettre en place ne devra pas faire l'impasse sur la tradition universitaire de débat et de concertation. Il devra pourtant faire une large place au monde socioéconomique (y compris aux futurs employeurs des diplômés) dans le processus de prise de décision, et garantir une politique homogène, cohérente et réactive (Goulard 2015).

L'impact de ces orientations au Sénégal est examiné ci-dessous en comparant la structure de gouvernance de l'UCAD définie par le décret n° 70-1135, le nouveau management public tel que projeté dans l'enseignement supérieur public, et la nouvelle loi 2015-26 relative aux universités publiques sénégalaises.

Tableau 1.1 : Structure de l'UCAD selon les décrets n° 70-1 135 modifiés ; le nouveau management public et la loi 2015-26 relative aux universités sénégalaises

Structure de l'UCAD selon le décret n° 70-1135			Le Nouveau Management public (référence)			Nouvel organigramme de l'UCAD (Loi, YY)		
N°	Structure	Nombre de membre/Composition	N°	Structure	Nombre de membre/Composition	N°	Structure	Nombre de membre/Composition
1	Assemblée de l'Université	60 membres dont 10 % de membres extérieurs	1	Conseil d'Administration	Maximum 20 personnes, au moins la moitié des membres viennent de l'extérieur de l'Université. Le CA est en charge des grandes orientations, vote le budget, donne son avis sur le recrutement du personnel, fixe les orientations de la recherche, de la formation. Désigne le Président et son équipe.	1	Conseil d'Administration	20 membres dont 6 membres extérieurs
			2	Le Président du CA	Choisi parmi les membres extérieurs	2	Le Président du CA	Il est choisi parmi les membres extérieurs venant du monde socioprofessionnel
2	Conseil Restreint	Le Recteur, les Doyens et les Directeurs d'Ecole ou d'Institut	3	Conseil Académique	Le Recteur, les Vice-Recteurs, les Doyens et Directeurs d'Ecole et d'Institut, les représentants des diverses composantes	3	Conseil Académique	Le Recteur, les Vice-Recteurs, les Doyens et Directeurs d'Ecole et d'Institut, les représentants des diverses composantes, des représentants extérieurs
3	Recteur	Nommé par le gouvernement et jusqu'à une date récente, choisie parmi les doyens en cours de mandat	4	Le Président et son équipe	Le Président est désigné par la CA. Le vice-président de la recherche, le vice-président de la formation, le Directeur de l'Administration, les Doyens et Directeurs sont désignés par le Président avec avis du CA.	4	Recteur	Nommé par le gouvernement sur proposition du Ministre en charge de l'Enseignement Supérieur
4	Doyen	Elu par un collège restreint de l'assemblée de faculté composé des professeurs, maîtres de conférence et maîtres assistants				5	Doyen	Elu par un collège restreint de l'assemblée de faculté composé des professeurs, maîtres de conférences et maîtres assistants
5	Directeur* d'Ecole ou d'Institut	Elu par le Conseil d'Administration de l'Ecole ou de l'Institut				6	Directeur d'Ecole ou d'Institut	Elu par le Conseil d'Administration de l'Ecole ou de l'Institut
6	Chef de département	Elu par les membres de l'assemblée de département				7	Chef de département	Elu par les membres de l'assemblée de département
7	Directeur** d'Ecole Doctoral	Elu par l'Ecole Doctorale				8	Directeur*** de l'Ecole Doctorale	Elu par l'Ecole Doctorale

* Les Directeurs des Instituts d'Université de recherche sont nommés par le Recteur / ** Ne fait pas partie du décret / *** Ne fait pas partie de la loi

Le tableau 1 présente la structure de l'UCAD selon le décret n° 70-1 135 du 13 octobre 1970 portant statut de l'Université de Dakar, modifié par les décrets n° 73-493 du 25-05-1973 ; n° 74-716 du 19- 07-1974 ; n° 77-90 du 08-02-1977 ; n° 79-301 du 31-03-1979 ; n° 82-367 du 17-06-1982 ; n° 89-37 du 09-01-1989 ; n° 92-1260 du 14-09-1992 ; n° 94-721 du 11-07-1994 ; n° 94-1 002 du 28-09-1994, la structure des universités selon la nouvelle gestion publique et la loi relative aux universités sénégalaises (Loi 2015-26).

Le tableau 1 illustre la structuration de l'UCAD jusqu'à une date récente (deux premières colonnes), présente la structuration proposée par la nouvelle gouvernance publique (deux colonnes suivantes) et la structuration des universités sénégalaises selon la nouvelle loi relative aux universités publiques (deux dernières colonnes).

Pour mieux comprendre les dispositions du décret n° 70-1 135 du 13 octobre 1970 portant statut de l'Université de Dakar avec ses diverses modifications, il faut les corréler avec celles de la loi n° 67-45 du 13 juillet 1967 relative à l'Université de Dakar avec ses diverses modifications. Les modifications de la loi n° 67-45 comme celles du décret n° 70-1 135 témoignent de la volonté du législateur d'améliorer en permanence les dispositions juridiques en les adaptant aux orientations. Les modifications vont dans le sens d'une plus grande démocratisation de la gestion de l'université, de sa stabilité et de l'inclusion de la société dans sa gestion. Toutefois, ces dispositions consacrent la prégnance du personnel académique dans la gestion. La présence des membres extérieurs est prévue, mais ces derniers restent largement minoritaires et n'occupent aucune position de responsabilité.

La situation décrite par Balme *et al.* (2012) pour les universités françaises est parfaitement valable en ce qui concerne l'UCAD. Parmi les difficultés particulières rencontrées dans les universités, on a pu parfois noter :

- le refus de la rentabilité érigé en principe, conduisant à l'absence de mesure de l'efficacité de l'action universitaire et à l'indifférence sur la manière dont les moyens fournis à l'université sont utilisés, partant du principe que, de toute façon, ils sont tout à fait insuffisants. Dans le même esprit de rejet de toute notion évoquant une préoccupation de rentabilité, toute relation avec le monde économique est souvent jugée comme étant impure, voire dégradante ;

- le refus de l'évaluation, sauf dans le domaine de la recherche (et avec des réserves sur son effet quant aux dotations récurrentes), au nom des spécificités universitaires, que les tiers ne sauraient apprécier (seuls les pairs relevant de la même discipline peuvent avoir un jugement pertinent sur ce que l'on fait, et encore pas tous). Ce refus de l'évaluation s'accompagne d'une réticence à l'égard des indicateurs. Ainsi, les habilitations de diplômes sont accordées sur la base des intentions déclarées, sans faire l'objet d'un examen ni de la réussite de la formation, ni de la satisfaction des usagers ; les allocations de moyens financiers sont basées sur des principes de reconduction, et non sur des indicateurs de performance ; enfin, les affectations de moyens humains résultent souvent de l'historique local et non d'une analyse de la répartition des tâches et de la charge de travail pour chaque emploi budgétaire ;

- une relation ambiguë avec les usagers, surtout ceux du premier cycle universitaire, traités souvent, et à la fois, avec démagogie et avec désinvolture. Ainsi, le fait que 50 pour cent des étudiants de première année abandonnent leurs études en cours d'année universitaire a longtemps été considéré comme normal ; et qu'un professeur abandonne ses étudiants en cours d'année parce qu'il a obtenu un détachement scientifique, ou un mandat électif, a souvent été considéré avec indulgence.

Est-ce que cette structuration permet à l'université de bien remplir ses responsabilités, anciennes comme nouvelles ? À l'épreuve, il s'est avéré que l'UCAD n'avait pas une bonne connaissance des mutations du tissu économique et social. La gestion démocratique a tout de même produit des résultats malgré les cabales permanentes de certains.

La gestion démocratique a été élargie aux écoles et instituts par un subterfuge interne. En effet, le Syndicat autonome de l'enseignement supérieur (SAES) n'avait cessé de réclamer au recteur la gestion démocratique dans les écoles et instituts. Les directeurs des écoles et instituts sont élus par les conseils d'administration des écoles et instituts et les enseignants-chercheurs ou chercheurs y sont minoritaires. Au lieu de chercher à changer la loi, des primaires ont été instaurées au sein de l'établissement, de sorte qu'il propose lui-même son directeur et ce dernier est soutenu par le recteur. Il faut reconnaître que les membres extérieurs du conseil d'administration s'alignent sur les positions du recteur. En fait, le recteur plaçait celui qu'il voulait à la direction. Si cette avancée tant réclamée a été obtenue, certains des collègues ont sollicité les autorités étatiques au plus haut niveau pour être promus directeurs. Naturellement, nul n'a pu obtenir gain de cause par ce biais. Le principe de la gestion démocratique consiste à avoir une base d'appui large pour bien piloter l'établissement. Toutefois, une fois élus, les chefs d'établissement sont confrontés à un manque d'implication des collègues, pour ne pas dire à leur défiance. Certains parleront d'un isolement du dirigeant qui peut avoir plusieurs explications.

Les universités avaient le plus souvent adopté la configuration d'une assemblée de l'université d'environ soixante membres, ce qui offrait une représentation assez large de chaque catégorie, mais présentait, d'une part, des problèmes fréquents de quorum et, d'autre part, l'inconvénient que le conseiller de base ne se sentait que rarement concerné par la décision à prendre et par la stratégie globale de l'université, étant plutôt là pour défendre les intérêts de sa composante et de la catégorie à laquelle il appartenait : des observateurs ont relevé qu'il s'agissait plutôt d'une sorte de « comité d'entreprise » (Balme *et al.* 2012).

Force est de reconnaître qu'il n'y a pas encore dans les universités sénégalaises une appropriation suffisante de l'institution par les enseignants-chercheurs et chercheurs. Au lieu que l'enseignant-chercheur ou le chercheur se sente responsable du rayonnement de l'université tant par ses productions scientifiques, son enseignement de qualité, ses services à la société que par les ressources financières mobilisées et leur gestion optimale, tout est encore attendu des dirigeants, notamment ceux du niveau central.

Les structures d'ordre autorisent le débat, la recherche de la vérité. Le cadre juridique de l'université lui confère toute la latitude de prendre les meilleures dispositions pour remplir ses missions. Comprenant parfaitement ses responsabilités et missions, et afin de renforcer ses relations avec sa société, l'UCAD a créé une fondation en la faisant gérer quasi exclusivement par des membres extérieurs. Sur les treize membres du conseil de fondation, seuls deux appartiennent au personnel académique : le recteur lui-même et un autre représentant de l'université. Le président, ou pour être plus précis, la présidente, est un membre de la société, une diplômée de l'UCAD.

La gouvernance universitaire n'a pas toujours été exemplaire : pouvoir faible soumis aux pressions de tous les lobbies internes, régime d'assemblée dans lequel beaucoup se font élire pour défendre exclusivement les intérêts de leur discipline, de leur composante ou de leur laboratoire, faible sensibilité à l'intérêt général… Même si les universités ont fait des progrès considérables en la matière, la gestion n'a pas toujours été une priorité dans le gouvernement de celles-ci, nombre de dirigeants élus ne considérant pas la qualité de la gestion comme prioritaire, beaucoup d'enseignants et de chercheurs ayant un mépris condescendant pour l'administration, et les cadres administratifs, quand ils avaient la foi en leurs missions, ayant des difficultés à faire valoir leur point de vue (Balme *et al.* 2012).

La volonté de changement a toujours été présente, mais est-ce que les anticipations nécessaires ont été obtenues ? Est-ce que la nouvelle gestion publique apporte plus ?

La nouvelle gestion publique essaie de faire diriger l'université par les meilleurs talents de la société en mettant à la tête du conseil d'administration, composé de façon restreinte, un président venant du monde socioprofessionnel. Aussi, pour qu'un conseil d'administration soit doté d'un rôle plus stratégique, faut-il, pour être cohérent et décisionnel, qu'il soit très resserré : pas plus de quinze ou vingt membres, comme c'est le cas dans les entreprises, et dans nombre d'organismes publics (Balme *et al.* 2012).

Cette orientation atteste de la place et du rôle de l'université dans le monde moderne, d'une internalisation de l'université dans un monde marqué par l'économie de la connaissance. Des membres de la société sont à la tête des conseils d'administration. Cette position devrait faciliter les nécessaires anticipations sur les mutations du monde socioéconomique. Des personnalités de haut rang siègent dans les conseils d'administration où les intérêts des universitaires dominaient. Ces gestionnaires de haut rang sont choisis pour leurs compétences universitaires ainsi que pour leurs prouesses socioéconomiques.

Si, aux États-Unis, il est tout à fait concevable d'élire à la tête d'un établissement d'enseignement supérieur public un chef d'entreprise qui a fait la démonstration, ailleurs, de ses compétences, cette approche est tout à fait étrangère à la vision que se fait un universitaire de son secteur d'activité (Balme *et al.* 2012). L'idée que le professeur est le centre du système éducatif, à partir duquel se diffuse de manière centrifuge le savoir, est centrale depuis le XIIIe siècle […], mais le corps professoral n'a pas compris que s'il était l'élément essentiel, opératoire, il n'était pas la finalité de l'université (Allègre 2006).

Dans le nouveau management public, le président de l'université est mis en place par le conseil d'administration, il choisit ses collaborateurs, y compris les chefs d'établissement, et les soumet à l'approbation du conseil d'administration. Le principe est d'avoir une équipe homogène avec une capacité à relayer les décisions.

Toutefois, le fait que le président/recteur de l'université choisisse tous ses collaborateurs, y compris les chefs d'établissement, est en contradiction avec la gestion antérieure fondée par la démocratie à la base. Cette volonté d'efficacité, d'alignement du management mérite la plus grande attention. Il est largement admis qu'une structure trop homogène ne produit pas la tension nécessaire à mieux avancer. Il est évident qu'a contrario, une composition trop hétérogène ne saurait produire les transformations avec la célérité requise.

Le nouveau management public essaie, par le conseil académique, de capitaliser les acquis de l'ancien système, de favoriser la représentation des diverses composantes, de favoriser le débat qui est l'essence même de l'université. L'université est une structure spéciale, elle se fixe des standards élevés, les évalue en permanence et les change périodiquement en les améliorant.

Si, dans les pays développés, le système d'enseignement supérieur a produit, dans la longue durée, une masse critique de compétences dans la société à même de contribuer au management de l'université avec une capacité réelle de libéralité, il faut se demander si, dans les pays africains, une telle disponibilité existe. Les conflits entre les présidents des conseils d'administration et les recteurs/présidents doivent être évités. Cette nouvelle organisation, portée par les promoteurs de l'économie de marché, doit tenir compte du contexte et capitaliser les acquis de l'ancien système.

À l'université, l'implication des membres extérieurs est une exigence à tous les niveaux, du sommet au département en passant par les établissements, les écoles doctorales, les filières, les incubateurs, les parcs scientifiques et autres structures.

L'université a besoin des meilleurs talents du monde socioéconomique pour mieux prendre en charge les formations professionalisantes et la recherche finalisée. Est-ce qu'en Afrique, les meilleurs talents de l'industrie, avec leurs charges et responsabilités, sont toujours disponibles pour des enseignements à l'université ? En plus de leurs contributions dans la formation et la recherche, l'université a besoin de ces compétences extérieures pour l'accueil des étudiants dans les entreprises. Outre les dispositions prévues par le nouveau management public au sommet, il est fondamental de construire des relations solides avec la société à travers toutes les structures de l'université, notamment celles de recherche, de formation, de services à la société et de création d'entreprises. En somme, il faut inventer un véritable pacte entre l'université et sa société.

Dans le modèle américain de gouvernance des universités, on ne mélange jamais le décisionnel et le consultatif, le personnel siégeant dans les organes de décision est limité, et on y intègre des personnalités de haut niveau, acteurs opérationnels et personnalités extérieures. L'université américaine est également caractérisée par une absence de cloisonnement entre disciplines et entre enseignement et recherche ; des relations continues avec les entreprises, et une concurrence acceptée entre universitaires comme entre universités. La gouvernance de ces universités favorise « la liberté d'initiative et d'innovation » des enseignants-chercheurs. La culture du risque y est également très présente : « l'échec est presque toujours un facteur de réussite ultérieure ». Il existe aux États-Unis un pacte entre l'université et la société (Balme *et al.* 2012).

En examinant la loi sur les universités sénégalaises, on peut constater une synthèse entre l'ancienne structure et celle proposée par le nouveau management public. En effet, les dispositions relatives au conseil d'administration, à son président et au conseil académique s'inspirent du nouveau management public, à l'exception du mode de désignation des chefs d'établissement : doyens et directeurs. Ceux-ci, comme dans l'ancien système, sont élus par les assemblées ou conseils d'administration, en formation restreinte ou non. Sous ce rapport, il n'y a aucun changement. Les chefs de département ne sont pas évoqués dans le nouveau management public alors qu'ils sont les piliers de l'université. Il reste maintenant à trouver, en Afrique, des membres du monde socioéconomique répondant à toutes les attentes des universités : ouverture, compréhension des dynamiques, capacités de libéralité et de mobilisation des libéralités, capacités d'impulsion et de contrôle, pour ne citer que celles-là.

Les diverses organisations du management des universités ont pour objet l'amélioration de l'efficience interne et externe. À cet effet, une attention particulière doit être réservée aux responsabilités nouvelles des dirigeants.

Les périmètres de responsabilité des dirigeants de l'enseignement supérieur

Au-delà du cadre juridique relatif aux structures, il importe d'examiner les attributions des responsables exécutifs de l'université : recteur/président, vice-président/vice-recteur, doyen-directeur, assesseur-directeur des études, chef de département, directeur central, directeur d'école doctorale, ombudsman, telles que fixées par les textes réglementaires à l'aune des nouvelles exigences de ces fonctions à travers le prisme des mutations dans l'enseignement supérieur.

Les textes de l'UCAD, notamment le décret n° 70-1 135 avec ses modifications, qui disposent des attributs du recteur, du doyen – dispositions qui peuvent être assimilées à ceux des directeurs d'école ou d'institut –, évoquent le chef de département sans en préciser le périmètre de responsabilité. Les fonctions de vice-président de l'assemblée de l'université, d'assesseur et de chef de département sont de même évoquées sans que soit précisé leur périmètre de responsabilité.

La loi 2015-26 relative aux universités publiques fixe les attributions du recteur et du doyen, mais aussi celles du président du conseil d'administration. Aucune mention n'est faite des directeurs centraux, directeurs des écoles doctorales et ombudsman. Les écoles doctorales et l'ombudsman, de création récente, ne pouvaient être pris en compte dans le corpus juridique des textes de l'UCAD.

On examine ci-dessous, à la lumière des exigences actuelles, les attributions des uns et des autres et les dispositions nouvelles à considérer. Les dispositions du décret n° 70-1135, celles de la loi 2015-26 relative aux universités publiques sont comparées sur la base des lectures et expériences.

Le Recteur selon le décret n° 70-1 135

Article 13

- La gestion et l'administration de l'université sont centralisées au niveau du rectorat. À cet effet, le recteur assure :
  - la centralisation des inscriptions ;
  - la gestion comptable et administrative des ressources humaines et matérielles ;
  - la maintenance du patrimoine mobilier et immobilier.

  Des arrêtés rectoraux en fixeront les modalités.

- Il assure également, après consultation des organismes universitaires compétents, la communication aux autorités compétentes des propositions afférentes à la gestion et à l'administration de l'université et des établissements qui la composent ou qui en dépendent, ainsi qu'à la nomination du personnel enseignant.

Article 14

- Le recteur dirige les services administratifs et contrôle le fonctionnement de tous les établissements qui constituent l'université ou qui en dépendent.
- Il assiste, quand il le juge nécessaire, aux délibérations des assemblées de faculté ; dans ce cas, il les préside, mais ne prend pas part aux votes.
- Il statue, après avis des facultés, sur tous les problèmes individuels relatifs aux inscriptions des étudiants.
- Il est l'ordonnateur du budget de l'université qui est arrêté par le Gouvernement sur sa proposition. Il est également l'ordonnateur du budget des instituts d'université, de la bibliothèque centrale et des établissements n'ayant pas l'autonomie financière.

Article 15

- Le recteur exerce le pouvoir hiérarchique sur l'ensemble du personnel de l'université, il exerce le pouvoir de nomination et le pouvoir disciplinaire sur le personnel à l'égard duquel ces pouvoirs n'ont pas été confiés à une autre autorité.

Article 16

- Le recteur préside l'assemblée de l'université. En cas de partage, il a voix prépondérante. Il instruit les affaires relatives à l'université et assure l'exécution des décisions de l'assemblée.
- Il représente l'université en justice et dans les actes de la vie civile.
- Il a qualité, en ce qui concerne les biens de l'université, pour agir en référé et faire tous les actes conservatoires.
- En cas d'absence ou d'empêchement, il est suppléé par le vice-président de l'assemblée.
- Recteur selon les dispositions de la loi 2015-26 relative aux universités publiques.

Article 17

- Le recteur assure la direction de l'université. À ce titre, il est chargé :
    - de préparer les réunions du conseil d'administration et d'assurer l'exécution de ses délibérations ;
    - de présenter chaque année un rapport d'activité au conseil d'administration ;
    - de présider les réunions du conseil académique et de veiller à l'exécution de ses délibérations ;
    - d'élaborer le plan stratégique de développement et la politique d'assurance qualité de l'université et d'assurer leur mise en œuvre une fois approuvés par le conseil d'administration ;
    - de veiller à la bonne gestion administrative et comptable de l'ensemble des ressources humaines, matérielles, financières et informationnelles de l'université ;

- de mettre en place un comité de gestion selon les modalités définies par décret ;
- d'exercer le pouvoir hiérarchique sur tout le personnel de l'université ;
- de saisir le conseil d'administration pour les mesures conservatoires nécessaires, en cas de dysfonctionnement notoire ;
- de représenter l'université en justice et dans les actes de la vie civile. Il a qualité, en ce qui concerne les biens de l'université, pour agir en référé et faire tous actes conservatoires.

- Il est l'ordonnateur principal du budget de l'université.
- Il met en place un système de management de la qualité et est chargé d'appliquer les décisions de l'Autorité nationale d'assurance qualité de l'enseignement supérieur (ANAQ-Sup).
- Il est responsable du maintien de l'ordre et de la sécurité dans l'université.

Article 18

- Dans l'exercice de ses fonctions, le recteur est assisté par des vice-recteurs.
- Ils sont nommés par décret, sur proposition du ministre de l'Enseignement supérieur, après avis conforme du recteur pour une durée ne dépassant pas celle du mandat de ce dernier.
- Le nombre de vice-recteurs ne peut dépasser trois par université.
- Le recteur peut déléguer une partie de ses pouvoirs aux vice-recteurs. En cas d'absence, l'intérim est assuré par l'un des vice-recteurs.

Périmètre de responsabilité du recteur

- Le recteur/président est le responsable moral de l'université ;

Il est chargé :
- d'élaborer la vision de l'université et de son plan stratégique ;
- d'animer sa réalisation et de mobiliser tous les acteurs ;
- de mobiliser des moyens financiers tant budgétaires qu'extrabudgétaires conséquents pour l'université et de veiller à leur répartition équitable et à leur utilisation optimale ;
- d'appuyer la fondation de l'université dans sa politique de mobilisation de ressources ainsi que leur répartition par le conseil de fondation en fonction des orientations du plan stratégique de l'université ;
- d'administrer le patrimoine foncier et de veiller à sa valorisation ainsi qu'à celle des ressources qu'il peut générer ;
- de veiller au bon fonctionnement de toutes les administrations de l'université, de veiller à l'efficience interne et externe ;
- de veiller au bon fonctionnement de l'assurance qualité de l'université ;
- de veiller au bon fonctionnement de la recherche ;
- de susciter des partenariats pour la valorisation des résultats de la recherche et la promotion de l'entreprenariat ;

- d'œuvrer à l'animation scientifique de l'université et à la visibilité des divers talents de l'université, de la société et du monde ;
- de représenter l'université, de bâtir des partenariats avec tous les segments de la société et à l'international afin d'atteindre les objectifs fixés ;
- d'engager la communauté dans les services à la communauté en explorant des partenariats, notamment la responsabilité sociale des entreprises et les ministères en fonction de leurs charges ;
- de veiller aux services pour les étudiants ;
- d'évaluer le travail et de décider des réaménagements utiles ;
- de rendre compte à l'université elle-même, au ministère en charge de l'Enseignement supérieur, au gouvernement, à la société, de l'état de l'évolution de l'université.

Le doyen au titre du décret n° 70-1 135

Article 24

- Le doyen, élu et placé à la tête de chaque faculté, est nommé par décret sur rapport du ministère chargé de l'Enseignement supérieur. Il est choisi parmi les professeurs et les maîtres de conférences, sur proposition de l'assemblée de faculté, après avis de l'assemblée de l'université. Il est élu par les professeurs, maîtres de conférences et maîtres assistants pour un mandat de trois ans renouvelable une fois.

- Le doyen ne peut être suspendu ou relevé de ses fonctions que par décret. Les doyens relevés de leurs fonctions ne peuvent se présenter à nouveau qu'après un délai de trois ans.

Article 27

- Le doyen représente la faculté. Il accepte les dons et legs sur avis conforme de l'assemblée. Il exerce les actions en justice conformément aux délibérations de l'assemblée de faculté.

Article 28

- Il préside l'assemblée de faculté ainsi que les commissions dont il fait partie. En cas de partage, il a voix prépondérante.
- Il est chargé de l'administration intérieure et de la police de la faculté.
- Il assure l'exécution des délibérations de l'assemblée.
- Il exécute les décisions de l'assemblée de l'université en ce qui concerne la faculté.
- Il veille à l'observation des lois, règlements et instructions et au déroulement régulier des cours, conférences, travaux pratiques et examens.
- Il règle le service des examens, donne son avis sur les équivalences et dispenses de grades. Il a le droit d'avertissement et d'admonestation à l'égard des étudiants.

Article 29

- Le doyen administre les biens propres de la faculté. Il signe les baux et passe les marchés dans les formes prescrites par les lois et règlements pour les fournitures et les travaux imputables sur les crédits propres de la faculté.
- Il prépare le budget et les comptes administratifs de la faculté. Il engage et ordonne les dépenses conformément aux crédits ouverts au budget.

Article 30

- Il est consulté sur la nomination ou l'engagement des personnels techniques, administratifs et de services rémunérés sur le budget de l'université et nommés par le recteur.

Article 31

- Chaque année, le doyen présente à l'assemblée de l'université un rapport sur la situation de la faculté et les améliorations qui peuvent y être introduites.

Article 32

- Pendant la durée de ses fonctions, le doyen continue d'assurer son service de professeur.
- La loi 2015-26 relative aux universités publiques ne dispose pas sur les doyens, c'est un décret de la loi qui s'en chargera.

Périmètre de responsabilité du doyen ou du chef d'établissement

Le doyen/directeur, chef d'établissement a les charges suivantes :

- animer l'établissement ;
- représenter l'établissement ;
- gérer les instances et les animer, administrer l'établissement ;
- veiller à la mise en œuvre du plan stratégique de l'université au sein de l'établissement ;
- veiller à la qualité des infrastructures et à la propreté ;
- s'assurer de la qualité et du bon fonctionnement pédagogique (administrer les filières, en créer de nouvelles, voire en proposer la suppression, gérer les emplois du temps et la répartition des salles, le rythme de déroulement de l'année universitaire : les enseignements-évaluations, le service pédagogique avec, entre autres, la formation pédagogique des enseignants, l'évaluation des enseignements) ;
- accueillir et orienter les nouveaux étudiants ;
- organiser la recherche et valoriser les résultats qu'elle procure ;
- évaluer la production scientifique de l'établissement ;
- promouvoir la création d'entreprises ;
- veiller au bon fonctionnement du réseau informatique et à l'élargissement de la bande passante ;
- mobiliser des ressources financières et veiller à leur utilisation optimale ;

- gérer les infrastructures ; bâtiments, eau, électricité, accès Internet, propreté, sécurité, etc. ;
- s'assurer de la satisfaction des apprenants dans les services de la scolarité ;
- suivre les taux de réussite, le taux de placement des diplômés, le suivi des diplômés ;
- promouvoir la coopération tant locale qu'internationale ;
- s'assurer de la stabilité, travailler avec l'antenne de l'ombudsman de l'établissement ;
- s'assurer de la sécurité de l'établissement en rapport avec la police universitaire ;
- rendre compte des résultats de l'établissement au conseil de l'établissement, à l'assemblée de l'université.

Le chef de département

Le décret n° 70-1 135 ne traite pas du périmètre de responsabilité du chef de département, mais dispose que :

Article 33

- Le département constitue la cellule de base de la faculté sur le double plan de l'enseignement et de la recherche. Il regroupe le personnel et les services qui relèvent d'une même discipline ou de disciplines voisines.

Article 35

- Il est institué dans chaque département une assemblée de département. L'assemblée de département délibère sur toutes les questions intéressant la vie du département.

Périmètre de responsabilités du chef de département

Le chef de département représente le département, il est chargé de :

- la mobilisation du budget ; fonds étatique, produits de la vente des enseignements, produits de la vente des publications, produits de la vente des expertises des membres du département, la recherche de financement (le « *fundraising* »), la gestion optimale du budget et la mobilisation de ressources additionnelles, etc. ;
- la mise en œuvre du plan stratégique de l'université ;
- la gestion des enseignants et du personnel administratif, technique et de service ;
- la gestion des emplois du temps ;
- la coordination des enseignements et de leurs évaluations ;
- la préparation des salles de travaux pratiques ;
- la commande des équipements et produits de laboratoire ;
- la vulgarisation des TIC ;

- l'appui à la recherche et à la valorisation de ses résultats ;
- la coordination des évaluations sur les enseignements et leur partage au sein du département ;
- le renouvellement des enseignements, l'amélioration des filières et la création de nouvelles filières ;
- la gestion de la coopération nationale et internationale ;
- la participation du département aux réseaux internationaux ;
- la gestion de l'information et les relations avec les entreprises et la société ;
- le compte rendu, chaque année, à l'assemblée de département puis à l'assemblée de l'établissement des résultats et perspectives du département.

Le directeur central

Les fonctions de directeur au sein du rectorat, de directeur d'école doctorale et de l'ombudsman ne sont pas évoquées dans le décret n° 70-1 135. Il y est juste mentionné que le recteur par arrêté en fixe les modalités. Les écoles doctorales et l'ombudsman sont de création récente.

Pour les directeurs centraux, le périmètre de leurs responsabilités a été défini sur la base du découpage des objectifs de la Visio-actions. En effet, l'UCAD avait élaboré et adopté (chapitre IX) une Visio-actions et chaque directeur central avait en charge l'exécution d'une partie des objectifs de ce plan. Un nouveau découpage a été opéré et, tenant compte des orientations nouvelles de l'enseignement supérieur, de nouveaux démembrements ont été créés. Tenant compte de la place et du rôle de la recherche, la Direction de la recherche et de la coopération internationale (DRCI) a été scindée en deux directions, celle de la recherche et celle de la coopération. La direction de l'enseignement devint la direction de l'enseignement et de la réforme. La compréhension est que rien ne doit être figé à l'université, les hypothèses de travail sont en permanence remises en question et leur pertinence vérifiée périodiquement. Les filières de formation tout comme les écoles doctorales font l'objet d'évaluation.

L'École doctorale

L'école doctorale est le cadre de formation des doctorants. La formation doctorale s'effectue au sein d'une école au sens plein du terme, c'est-à-dire d'une structure qui suit les étudiants pendant leur thèse, qui organise des cours fondamentaux et de culture générale, qui prépare à l'insertion dans les industries et les services et, enfin, qui suit le parcours d'entrée dans la vie professionnelle de ses diplômés (Goulard 2015).

En France, elle est ainsi composée : 50 pour cent d'enseignants-chercheurs ; 20 pour cent de doctorants ; 30 pour cent de personnels extérieurs. À l'UCAD, il y a 70 pour cent d'enseignants-chercheurs ; 10 pour cent d'étudiants et de 20 pour cent de personnels extérieurs.

L'article 8 du décret n° 2012-1 116, relatif au diplôme de doctorat, stipule que les écoles doctorales ont pour missions : d'organiser la formation des doctorants ; d'assurer la coordination entre les différentes composantes de l'école ; d'améliorer les conditions de travail et d'encadrement des doctorants ; de développer l'internationalisation de la formation et de la recherche ; de contribuer à la promotion de la recherche ; de négocier et gérer des allocations de recherche ; d'aider à l'insertion professionnelle des docteurs.

L'école doctorale a en charge : 1) La politique de recrutement des doctorants ; 2) Les enseignements de l'école doctorale ; 3) L'organisation de journées des doctorants ; 4) La recherche de financement et la répartition des ressources ; 5) La préparation à l'insertion des docteurs et leur suivi.

Les écoles doctorales doivent faire l'objet d'une évaluation périodique par le conseil scientifique. Elles peuvent et doivent faire l'objet d'une évaluation externe. Au Sénégal, l'ANAQ-Sup veut inclure dans ses prérogatives l'évaluation des écoles doctorales. Une grille de base d'évaluation (Goulard 2015) des écoles doctorales est :

A) Structuration (organes et composition ; personnels et qualification ; laboratoires ; équipes de recherche ; environnement scientifique) ;

B) Vie de l'école doctorale : 1) Admission, accueil des meilleurs étudiants ; 2) Ressources financières mobilisées, interne-externe-financement des thèses ; 3) La formation – Les séminaires ; 4) La production (thèses ; publications ; manifestations scientifiques, doctoriales licences, brevets, etc.) ;

C) Les partenariats avec les entreprises, les communautés, les ministères et les partenariats internationaux.

Le directeur de l'école doctorale est chargé de l'animation et de l'administration de l'école doctorale. Il devrait présenter un rapport annuel au conseil scientifique de l'université. Les résultats des écoles doctorales doivent figurer dans le rapport annuel que le directeur de la recherche présente à l'assemblée de l'université.

L'Ombudsman

L'arrêté rectoral du 21 mars 2007 portant création d'un organe de prévention, de médiation et de facilitation des conflits à l'Université Cheikh Anta Diop de Dakar (UCAD) stipule :

Article premier

- Il est créé à l'Université Cheikh Anta Diop de Dakar (UCAD) un organe de prévention, de médiation et de facilitation des conflits dont la mission est :
    - la prévention des conflits au sein de la communauté universitaire et entre les membres de la communauté et d'autres personnes ou structures ;
    - l'élaboration et la mise en œuvre de stratégies permettant la résolution des éventuels conflits.

Article 2
- L'organe est dirigé par un médiateur appelé ombudsman. Il a rang de directeur central du rectorat.

L'ombudsman est chargé de l'exécution des dispositions de l'arrêté.

Les commentaires

Les structures ainsi que le périmètre de responsabilité des gestionnaires ont beaucoup évolué en fonction des transformations qui ont impacté l'enseignement supérieur. Les transitions les plus importantes sont, entre autres ; d'une gestion centrée sur l'université à un management ouvert à sa société ; d'une structure élitiste à un système à accès démocratisé qui ne concerne plus une génération, mais plusieurs générations ; d'un financement exclusivement public vers un financement diversifié et une structure redevable à elle-même et à tous ses partenaires ; d'une palette de formations définies comme disciplinaires à une grande variété de filières : disciplinaires et finalisées ; d'une recherche axée sur le savoir vers une recherche à la fois centrée sur le savoir et de plus en plus finalisée ; d'une administration verticale à un management organisé, mais flexible.

En effet, l'enseignement supérieur public passe d'un financement exclusivement public à un financement de plus en plus diversifié. Les responsables de l'enseignement à tous les niveaux consacrent un temps important à la mobilisation de ressources financières. Des fonds publics certes, mais aussi d'autres sources sont explorés, comme les ressources propres des universités, les apports de la société, l'environnement bancaire (chapitre III).

Les responsables, après avoir mobilisé le plus de ressources possible, essaient d'optimiser leur utilisation et rendent compte des résultats obtenus. Cette redevabilité ainsi que la volonté de transparence sont consubstantielles au nouveau management public. Ce dernier ouvre la gestion des universités publiques à la société. Les meilleurs talents sont mobilisés pour permettre aux universités de mieux servir la société.

Les universités n'accueillent plus seulement les élites, mais de plus en plus d'étudiants venant d'horizons divers, des étudiants appartenant à plusieurs générations à la fois. Grâce aux technologies, les modes de délivrance ont aussi changé avec l'enseignement à distance, le « blend learning », la formation en présentiel enrichie, etc.

La recherche devient de plus en plus finalisée. Les problématiques relevant de l'environnement direct de l'université reçoivent des financements et mobilisent davantage les enseignants-chercheurs, chercheurs et doctorants. Les impacts de la recherche sur l'économie fondent le développement des droits de propriété intellectuelle, leur vulgarisation et leur utilisation.

Il ressort de cela qu'à tous les niveaux, du rectorat au département en passant par l'établissement et les autres structures connexes, des changements sont notés avec le glissement d'une gestion purement administrative à une gestion de type managérial. Les processus administratifs une fois maîtrisés, tous les segments de l'université, à travers le plan stratégique, se mobilisent pour l'atteinte des objectifs. L'alignement s'opère par un projet partagé par toutes les parties prenantes – internes et externes – et se manifeste à travers le plan stratégique. Afin d'avoir une offre de formation efficiente, tenant compte de l'employabilité et de la formation tout au long de la vie, pour satisfaire les besoins de la société et mener une recherche pertinente, tous les segments de l'université nouent des interrelations avec les différents segments de la société. Ainsi, la gestion introvertie cède le pas à un management universitaire de plus en plus ouvert, flexible, transparent et redevable. Les ressources financières nécessaires sont de plus en plus considérables et la diversification (cf. chapitre V) des sources de financement requiert plus d'ouverture sur la société.

Les structures fonctionnent sur la base d'une hiérarchie qui n'est pas rigide. En effet, tous les niveaux cherchent à doter les structures opératoires de base, les départements et les laboratoires, de ressources à la mesure des objectifs. Dans l'enseignement supérieur, la réalisation des objectifs se joue à la base, au sein des départements, des écoles doctorales, des laboratoires et en ce qui concerne les ressources humaines.

Les tâches sont de plus en plus nombreuses et diversifiées. Pour les prendre correctement en charge, les dirigeants de l'université doivent mobiliser tous les enseignants et le maximum de partenaires possible afin de réaliser des objectifs que l'université elle-même se fixe librement et d'assumer les responsabilités que les autorités gouvernementales leur ont confiées. Les dirigeants doivent faire preuve de leadership et de capacité d'écoute.

Le recteur de l'UCAD avait ouvert les portes de son bureau à tous les collègues parce qu'ils sont les vrais porteurs des dynamiques de l'université. Il est toujours resté à leur écoute et a suggéré des stratégies pour la matérialisation de leurs ambitions en soutenant leurs projets de rencontres scientifiques et autres conférences. Il mettait des ressources à leur disposition après avis du conseil scientifique et n'a cessé de les sensibiliser sur les dynamiques en cours. Il a essayé d'articuler leurs initiatives avec les orientations partagées, tenté de mieux les aider à atteindre leurs objectifs et les a incités à contribuer à la réalisation des orientations de l'université.

Si une université se distingue par la qualité de ses enseignants-chercheurs et de ses chercheurs, elle fonctionne au quotidien grâce au dévouement de son personnel administratif, technique et de services. On s'accorde à distinguer, d'une part, les « fonctions soutien » directement associées à l'accomplissement des missions spécifiques de l'université : l'enseignement et la recherche scientifique, et, d'autre part, les « fonctions supports » assurant les services administratifs et techniques transversaux nécessaires au fonctionnement de l'ensemble des composantes de l'établissement : gestion financière, des ressources humaines, du patrimoine immobilier, de la communication, etc. (Balme *et al.* 2012).

Les mutations dans l'enseignement supérieur, entre autres la massification/démocratisation, le développement des TICE, la transformation de l'économie, la distribution de la connaissance dans la société, ont engendré des changements profonds dans le fonctionnement des universités.

Conclusion

On retiendra des diverses définitions de la gouvernance le processus dynamique grâce auquel une institution se déploie pour remplir sa (ses) mission(s). Les attentes de la société à l'endroit de l'enseignement supérieur sont diverses et variées. Ses interactions avec l'économique, le culturel et le social fondent sa centralité dans un monde de plus en plus cognitif. Ainsi, la tendance lourde est de mobiliser les meilleures intelligences pour sa gouvernance.

Le nouveau management public appliqué à l'enseignement supérieur met en place un conseil d'administration composé essentiellement des talents de la société évoluant en dehors de l'institution et d'un conseil académique regroupant l'ensemble des segments de l'institution, ayant à sa tête le recteur/président désigné par le conseil d'administration et tous les collaborateurs du recteur/président, y compris les chefs d'établissements, doyens, directeurs, qui sont proposés par ce dernier après approbation du conseil d'administration. L'objectif, à l'image de ce qui se fait dans les entreprises, est un alignement complet.

Cependant, l'enseignement supérieur n'est pas une entreprise, il a besoin des membres de sa société dans tous ses processus, de la recherche à l'enseignement fléché en passant par la création d'entreprises et les services à la société. Les pays développés, sur une longue durée, ont irrigué tous les segments de leur société par leurs propres produits, est-ce encore le cas pour les pays africains si fragmentés ? Est-ce que le modèle hybride exploré par les universités sénégalaises ne serait pas le modèle qui convient actuellement ?

Par ailleurs, il apparaît que dans la dynamique d'évolution, voire de transformation des systèmes d'enseignement supérieur, les mutations ont porté sur les structures et leurs fonctionnements et ont généré de nouvelles entités. Ainsi, aux responsabilités du recteur/président, des doyens, des directeurs d'école ou d'institut, des chefs de département succède la gestion administrative transformée en management avec l'ensemble de ses attributions. Tout concourt à pousser les structures de base à avoir un fonctionnement optimal, à assumer des missions de plus en plus diversifiées, variées et complexes. La recherche de financement et la communication sont à l'épicentre du dispositif. Le leadership est partout présent, il est distribué. Les initiatives les plus hardies sont autorisées. Les responsabilités des vice-recteur/vice-président ont été étendues avec la création de la direction de l'accueil, du suivi et de l'insertion des étudiants, de la communication, de l'assurance qualité, etc. De nouvelles structures font leur apparition, écoles doctorales, ombudsman, etc.

2

Autonomie et franchises universitaires

Autonomie universitaire

Partout dans le monde, l'enseignement supérieur est soumis à des pressions en faveur du changement. [...] Les mots-clés sont, entre autres, l'anticipation, la flexibilité, la célérité, la reddition. Dans cet environnement complexe il n'est plus désormais opportun que les pouvoirs publics gèrent directement ce secteur. (OCDE 2003:66)

« Il est vain, dans le domaine de l'enseignement supérieur comme ailleurs, de penser que l'État peut tout orienter, tout régenter, obtenir par ses décisions l'émergence d'un système optimal. » (Goulard 2015). Au contraire, la centralisation, l'organisation monolithique et la prétention à tout diriger sont synonymes d'inefficacité. La complexité des questions et la célérité que requièrent les réponses font que les États accordent plus d'autonomie aux universités en la bordant par une contractualisation sur la base de leur plan stratégique.

Dans les pays de l'OCDE, les nouveaux modes de gouvernance associent la tutelle de l'État et les forces du marché selon des modalités nouvelles. Les établissements se voient accorder une plus grande autonomie pour gérer leurs propres affaires. En contrepartie de l'autonomie accordée, les gouvernements cherchent à responsabiliser les établissements, en liant les financements aux performances et à la qualité, qui font l'objet d'une évaluation publique [...]

Les gouvernements des pays de l'OCDE, sans exception ou presque, ont récemment réformé, reconsidéré ou restructuré leur système d'enseignement supérieur. Ces réformes sont liées aux profonds changements des objectifs de l'enseignement supérieur et des enjeux auxquels ce secteur éducatif est confronté et, par là même, à la nature des établissements dispensant cet enseignement et à celle de leur clientèle. Il est à présent tout à fait admis que les universités et les autres établissements d'enseignement supérieur doivent s'adapter à un environnement plus complexe dans lequel les attentes placées dans l'enseignement supérieur n'ont plus rien à voir avec ce qu'elles étaient dans le passé (OCDE 2003:66-67).

La dérégulation par les gouvernements, ledit « nouveau management public », implique une redéfinition de leur rôle d'autorité publique. En matière de politique éducative, une des caractéristiques émergentes de ce modèle est une plus grande confiance accordée à la décentralisation des pouvoirs publics vers les établissements. De nouveaux outils de gestion apparaissent, tels que la négociation des objectifs et la contractualisation autour des politiques et des projets d'établissement (Martin 2009).

Cette orientation vers plus d'autonomie des établissements publics de l'enseignement supérieur a été recommandée par la Conférence mondiale sur l'enseignement supérieur (CMES 1998) ainsi que par la Recommandation concernant le personnel enseignant de l'enseignement supérieur (RPEES 1997) qui l'a précédée. Ainsi, cette dernière, dans le cadre des devoirs et responsabilités des établissements, dispose au titre de l'autonomie des établissements :

A. Autonomie des établissements

- Le plein exercice des libertés académiques et l'accomplissement des devoirs et responsabilités énoncés ci-après supposent l'autonomie des établissements d'enseignement supérieur, c'est-à-dire la latitude nécessaire à ce que ces établissements puissent prendre des décisions efficaces concernant leurs activités académiques, leurs règles de fonctionnement, leur gestion et autres activités connexes, dans la mesure où elles sont conformes aux systèmes de contrôle public, s'agissant en particulier des fonds fournis par l'État, et respectent les libertés académiques et les droits de la personne. Cependant, la nature de l'autonomie peut varier suivant les types d'établissement.

- L'autonomie est l'expression institutionnelle des libertés académiques et une condition nécessaire pour que les enseignants et les établissements de l'enseignement supérieur puissent s'acquitter des fonctions qui leur incombent.

- Il est du devoir des États membres de protéger l'autonomie des établissements d'enseignement supérieur contre toute menace, d'où qu'elle vienne.

- L'autonomie ne saurait être invoquée par les établissements d'enseignement supérieur pour porter atteinte aux droits du personnel enseignant de l'enseignement supérieur énoncés dans la présente Recommandation ou dans les autres instruments internationaux énumérés à l'appendice.

- L'autogestion, la collégialité et une direction académique appropriée sont des éléments essentiels d'une véritable autonomie des établissements d'enseignement supérieur.

Évaluation du niveau d'autonomie de l'UCAD

L'OCDE a proposé une grille de huit paramètres pour évaluer le niveau d'autonomie des établissements de l'enseignement supérieur. En l'appliquant à l'UCAD, les résultats sont les suivants :

n°		Réponse
1	Être propriétaires de leurs bâtiments et de leurs installations	Oui
2	Emprunter des fonds	Oui
3	Utiliser leur budget pour atteindre leurs objectifs	Oui – Non
4	Définir leurs champs disciplinaires / les contenus des formations	Oui
5	Recruter et licencier le personnel	Non – Oui
6	Fixer les rémunérations	Non
7	Décider du nombre d'étudiants	Non - Oui
8	Décider du niveau des droits de scolarité	Non - Oui

Être propriétaires de leurs bâtiments et de leurs installations

L'UCAD, héritière de l'Université de Dakar qui fut créée en 1957 par la France et était la 18e université française, a hérité d'un patrimoine foncier et bâti relativement important. Le recteur avait récupéré tous les titres de propriété de la Direction de la gestion du domaine universitaire (DGDU) pour les sécuriser dans son coffre en attendant une meilleure forme de conservation, plus conforme à l'évolution de l'économie. En effet, c'est sous la pression du SAES que le gouvernement du Sénégal a commis une inspection d'État sur le patrimoine de l'UCAD. Le SAES a obtenu une copie du rapport d'inspection. Sur cette base, le SAES mena, en 1997, sa propre enquête pour vérifier si le patrimoine était en l'état, ce qui s'était avéré être le cas. Dans la durée, ce patrimoine foncier a été consolidé grâce à la vigilante attention des syndicats d'enseignants-chercheurs et de chercheurs, mais aussi des étudiants dans le cadre de leurs corporations.

En 1997, le SAES signa un accord avec le gouvernement qui, entre autres points, comprenait l'inaliénabilité du patrimoine de l'UCAD, mais aussi son renforcement. Dès 1988, pour donner droit à l'hébergement des enseignants dans le cadre de la deuxième cité des enseignants, le gouvernement accorda à l'UCAD dix hectares à côté de la mer, à cinq minutes à vol d'oiseau de l'université. Les militants du SAES décidèrent d'en faire une cité administrative qui abrite aujourd'hui 340 appartements (20 F2 ; 120 F3 ; 60 F4 et 140 F5). Ces appartements viennent s'ajouter aux 63 appartements et 39, maisons, partie de l'héritage de la France (DGDU 2015).

L'infrastructure pédagogique, léguée par la France, est bâtie sur un axe allant de l'océan Atlantique à la Bibliothèque centrale avec les établissements bâtis de part et d'autre de cet axe. Ces infrastructures ont été largement renforcées par plusieurs bâtiments dont les plus importants sont les amphithéâtres de la Faculté des sciences juridiques et politiques (FSJP), ceux du Centre de calcul, UCAD II, la Faculté des sciences économiques et de gestion (FASEG), les nouveaux locaux de la Faculté des lettres et des sciences humaines (FLSH), le bâtiment de la Faculté des sciences et technologies de l'éducation et de la formation (FASTEF), le Centre médico-social, le Centre de mesure, l'amphithéâtre de la Faculté de médecine, pharmacie et odontostomatologie (FMPOS) et les bâtiments de la Faculté des sciences et techniques (FST).

Récemment, la politique volontariste de l'État a fait bénéficier à l'UCAD d'importantes infrastructures. Il faut toutefois regretter le pilotage de ces infrastructures tant dans la conception que dans la mise en œuvre, avec des délais de livraison très longs. Le ministère a piloté directement les réalisations de sorte que l'autonomie de l'UCAD fut fortement altérée. Il a tout de même fallu l'implication de l'UCAD pour finaliser les investissements et ainsi permettre leur utilisation en tenant compte des exigences du calendrier scolaire.

Il importe que les États, en souhaitant renforcer le patrimoine de leurs universités publiques, adoptent une démarche à même de responsabiliser ces dernières dans la réalisation des infrastructures. L'État pourrait, après accord avec l'établissement sur la nature de l'infrastructure à réaliser, verser sa contribution dans un compte bancaire ouvert à cet effet et commettre une structure de contrôle pour veiller au respect des orientations définies d'accord partie avec l'université qui sera chargée de faire exécuter les travaux. Naturellement, l'université aura la responsabilité de mobiliser des ressources additionnelles pour, si nécessaire, compléter le budget, et de faire mener les travaux dans les délais qu'elle s'est fixés afin de mieux assumer sa mission. La fondation de l'université, là où elle existe, pourrait être le maître d'ouvrage et, ainsi, lever davantage de ressources financières tout en veillant au respect des accords contractuels. Est-ce qu'un État qui investit dans le cadre d'un budget consolidé d'investissement (BCI) et s'y ajuste peut s'engager dans cette voie ?

Emprunter des fonds

En réalité, aucune disposition juridique ne l'autorise, mais aucune disposition ne l'interdit. Il faut reconnaître que l'équipe chargée de l'élaboration du plan de travail de l'UCAD avait préconisé l'introduction du crédit bancaire, mais faute de connaissance de la structure des recettes et au regard du nombre important des changements requis, cette proposition avait été gelée. L'UCAD, dans le cadre de la diversification de ses sources de financement, a généré, avec ses formations payantes, des ressources propres qui se sont consolidées dans la durée et ont finalement permis l'exploration et l'exploitation de l'environnement bancaire à trois reprises. Il convient de noter que le remboursement de l'emprunt n'est pas adossé aux ressources fournies par la puissance publique. En outre, les chefs d'établissements doivent avoir l'accord de leur assemblée d'établissement ou conseil d'administration pour engager leur établissement dans un crédit bancaire. Cette disposition, outre la sécurité, tient au mandat limité des chefs d'établissement par rapport à la durée d'amortissement du crédit. Les responsables doivent présenter au recteur un plan d'affaires soutenable par les ressources propres et l'accord de l'assemblée ou du conseil d'administration pour lui permettre de solliciter un crédit. Il est, dans ce cas, le seul à pouvoir engager l'institution.

Ainsi, l'École supérieure polytechnique (ESP) a pu bénéficier d'un crédit d'un milliard quatre cents millions pour finaliser l'immeuble Adama Gaye (des salles de classe) et renouveler totalement les équipements scientifiques de ses laboratoires. L'Institut de formation en administration et en création d'entreprises (IFACE) a eu deux crédits pour construire ses propres locaux d'abord et, ensuite, les consolider.

L'UCAD n'avait pas sollicité l'autorisation de l'État. Elle avait tout de même pris les dispositions pour ne pas avoir à la solliciter. Toutefois, l'État en fut informé dans le cadre des rapports annuels que le recteur lui soumettait. Ici, autonomie rime avec responsabilité, mais aussi redevabilité.

Encore faut-il avoir un environnement bancaire à la hauteur des attentes. Une banque avait demandé le titre foncier de l'université pour garantir un crédit d'une valeur au moins mille fois inférieure au crédit sollicité. C'est Ecobank qui a permis à l'université d'effectuer des emprunts. Certainement, la création d'une Banque nationale, particulièrement d'une Banque éducative (cf. chapitre III), serait l'environnement idéal pour permettre aux établissements d'éducation de recourir au crédit bancaire avec des délais de paiement et des taux d'intérêt acceptables.

Utiliser leur budget pour atteindre leurs objectifs

Le budget de l'UCAD, durant la période en revue, a été voté, chaque année, en déficit. L'État attribue une allocation à l'UCAD, allocation qui ne couvre pas tous les besoins exprimés par l'université. Malgré les hausses continues de ses ressources propres, l'UCAD n'a jamais pu voter un budget couvrant tous ses besoins. L'UCAD votait son budget en signalant, dans les rapports de présentation, les déséquilibres et comptait sur l'État pour la prise en charge des salaires des derniers mois de l'année.

Toutefois, malgré ces tensions budgétaires, la conférence budgétaire comme outil d'identification et de qualification des besoins superprioritaires de l'université et de chaque établissement a été introduite. En effet, l'UCAD est une entité autonome composée d'entités autonomes avec leur budget. C'est à la Faculté des sciences et techniques (FST) que furent lancées les conférences budgétaires recommandées par le Syndicat autonome de l'enseignement supérieur (SAES). C'est de l'Université Gaston Berger de Saint-Louis (UGB) qu'était venu le manuel de procédure. Ainsi, malgré la forte volonté de vasculariser le signal Internet dans toute la faculté, la conférence budgétaire imposa un préalable, à savoir l'étanchéité des bâtiments. Progressivement, la conférence budgétaire fut généralisée à toute l'UCAD. Elle a ainsi permis d'ajuster le budget sur les exigences les plus pressantes de l'heure. Elle permet de recenser tous les besoins liés aux objectifs, de les classer par ordre de priorités et de les satisfaire jusqu'à la hauteur du budget. Ce qui ne pouvait être pris en charge par le budget faisait l'objet d'un projet dont les ressources seraient recherchées en dehors du budget.

Il peut être retenu que l'UCAD, malgré un déficit budgétaire chronique, a essayé d'orienter son budget en fonction de ses besoins afin de satisfaire ses missions. Cette orientation a été fortement altérée par l'unicité de caisse qui faisait que tous les établissements engageaient leur budget alors que c'était l'agent comptable qui payait en fonction des priorités. Les salaires et autres dépenses de personnel, priorités des priorités, offraient très peu de marge pour satisfaire les engagements des établissements. Ainsi, non seulement les factures n'étaient pas honorées dans les délais, mais la dette de l'université augmentait et les offres des prestataires étaient majorées.

Définir leurs champs disciplinaires/les contenus des formations

La loi n° 94-79 du 24 novembre 1994 relative aux franchises universitaires dispose :

Article 10 – Le régime des franchises et libertés universitaires assure aux facultés, UFR, instituts et établissements d'enseignement supérieur et structures de recherche une autonomie pédagogique et scientifique sous réserve des compétences de l'assemblée de l'université.

Article 11 – Sous réserve des dispositions législatives, réglementaires, toutes les questions pédagogiques et scientifiques sont du ressort et de la compétence des structures régulières des universités, notamment des assemblées de département, de faculté, d'UFR, des conseils d'établissement et de l'assemblée de l'université.

Les questions pédagogiques et scientifiques visées à l'alinéa précédent concernent, entre autres, les critères de recrutement des enseignants et des chercheurs, l'élaboration des programmes d'enseignement et de recherche, les modalités de contrôle des aptitudes et des connaissances, le découpage de l'année universitaire, la compétence de principe des instances des universités pour connaître de tout différend de nature pédagogique et scientifique.

Article 12 – Toute mesure ou décision de portée pédagogique et scientifique prise par l'État doit être au préalable soumise pour avis aux structures universitaires compétentes.

Il résulte de ce corpus que le législateur permet à l'UCAD de définir ses champs disciplinaires ainsi que leurs contenus de façon libre et autonome. Toutefois, tous les programmes sont validés par un décret dont le projet est élaboré par l'université elle-même.

L'UCAD, dans le cadre de la réforme LMD, a redéfini son offre de formation de façon libre et autonome. La seule exigence était la pertinence de l'offre de formation, en maintenant les acquis et en la professionnalisant davantage. L'employabilité des diplômés était une des exigences majeures. Si l'État n'a pas interféré dans le processus, si l'offre pertinente était partagée entre des départements, voire des établissements, l'UCAD a invité tous ses donneurs d'ordre dans le cadre d'une retraite pour vérifier si son offre de formation était conforme à leurs attentes. Nonobstant l'association des partenaires extérieurs dans la confection des filières, la retraite a été un moment déterminant de la réforme.

En effet, en décidant d'organiser cette retraite et sans que cela soit un objectif de départ, les dirigeants de l'université ont poussé celle-ci à être beaucoup plus exigeante avec elle-même avant de se soumettre au regard critique de l'extérieur. Jamais l'université n'a connu une tension interne aussi importante que celle enregistrée pendant la préparation de la retraite. La commission enseignement a reçu et étudié toutes les offres. Les critiques étaient souvent très sévères et certaines offres ont été fusionnées, d'autres tout simplement rejetées. Il apparut très nettement que l'organisation actuelle de l'université en facultés avec des départements disciplinaires n'était pas l'organisation optimale pour créer des filières pertinentes au regard des besoins de l'économie et de la société. Cette tension avant la retraite a beaucoup facilité les retours favorables des donneurs d'ordre représentants du gouvernement, des entreprises et de la société.

Recruter et licencier le personnel

Si le recrutement est du ressort de l'université, les postes budgétaires pour le faire sont ouverts par l'État. C'est pourquoi l'UCAD mène un plaidoyer permanent pour demander à l'État de lui ouvrir des postes budgétaires afin de recruter des enseignants ou des chercheurs. Dans la dernière période, toutes les nouvelles créations de postes avaient été affectées aux enseignants à cause du nombre conséquent d'enseignements. Entre autres éléments de plaidoyer, il y avait le rapport annuel que le recteur soumettait au gouvernement qui, outre le point sur l'état de l'université, introduisait les requêtes et les défendait. Les indicateurs sur le taux d'encadrement étaient explorés à fond pour étayer les ouvertures de postes d'enseignant.

Le gouvernement ouvre des postes pour les enseignants-chercheurs ou chercheurs et le notifie au recteur. Ce dernier, en rapport avec le conseil restreint, sur la base notamment du rapport du directeur de l'enseignement et de la réforme, définit une clé de répartition et affecte des postes aux différents établissements. La répartition des postes entre les différents établissements doit être basée sur des éléments objectifs, entre autres, le taux d'encadrement, les exigences des formations, la création de nouvelles filières, etc. Les différents établissements arbitrent la répartition des postes entre leurs différents départements sur la base de leur propre compréhension.

Ce sont les départements qui pilotent tout le processus de recrutement. Il est de plus en plus sécurisé et de plus en plus exigeant. Les départements, après appel à candidatures international suivi d'éventuelles auditions des candidats, proposent un classement d'ordre à leur assemblée d'établissement. Le chef de l'établissement, après adoption, saisit le recteur qui, si le classement n'est pas contesté, procède au recrutement des enseignants-chercheurs ou chercheurs par un arrêté.

Il est important de veiller à la qualité ainsi qu'à la diversité des origines de formation des enseignants de l'enseignement supérieur. Certes, l'université forme des docteurs qu'elle veut elle-même recruter. Mais il faut les mettre en compétition avec les docteurs venant d'autres établissements, nationaux ou internationaux, et éviter à tout prix l'endogamie qui, dans l'enseignement supérieur, ne crée pas la fécondité appropriée et n'ouvre pas les horizons.

Si les enseignants ou chercheurs sont recrutés par arrêtés du recteur, leurs avancements en grade sont entérinés par des arrêtés du ministre en charge de l'Enseignement supérieur ou par décret. Dans tous les cas, ce sont les structures d'ordre de l'université qui font les propositions sur la base du succès au sein du Conseil africain et malgache de l'enseignement supérieur (CAMES) ; le département initie la procédure validée par le conseil de l'établissement-assemblée de faculté, avant la transmission au rectorat pour traitement.

La loi n° 67-45 du 13 juillet 1967, relative à l'Université de Dakar, prévoit dans son article 13 les cas de cessation définitive de fonctions entraînant la radiation des cadres. L'alinéa 2 dudit article dispose que cette dernière résulte de la révocation prononcée par la juridiction disciplinaire compétente. L'article 14 énumère les peines disciplinaires. Le décret n° 79-1 013 du 31 octobre 1979, portant application de l'article 14 de la loi n° 67-45 du 13 juillet 1967 relative à l'Université de Dakar, précise le cadre de la commission discipline.

Oui, il y a bien des dispositions pour révoquer un enseignant. Mais les enseignants sont bien protégés par la loi. Ces dispositions ne vont pas dans le sens de la flexibilité prônée par certains. En effet, d'aucuns souhaitent que les enseignants-chercheurs, après une période probatoire, puissent être confirmés ou révoqués en fonction de leurs performances. Dans certaines universités, cette dernière est appréciée sur la base de trois critères : la production scientifique, les prestations pédagogiques, la capacité à mobiliser des ressources financières.

Fixer les rémunérations

L'UCAD, bien qu'ayant un service des finances et un agent comptable, ne fixe pas les rémunérations des enseignants-chercheurs ou de ses chercheurs. Les rémunérations sont fixées par l'État. En sus de la grille des salaires de la fonction publique, l'État accorde aux personnels enseignants ou chercheurs des universités des indemnités spécifiques. Certes, la plupart des acquis sont le fruit des luttes syndicales, mais peuvent être considérés comme faisant appel à l'intelligence qu'a l'État de la nécessité d'attirer et de retenir les meilleures compétences dans l'enseignement supérieur. L'UCAD traite et paie les salaires sur la base des orientations définies par le gouvernement.

Il faudrait peut-être signaler les revenus des enseignants dans les formations payantes. Ils sont payés à l'heure comme tous les autres prestataires. Il faut aussi relever leurs revenus de consultance que, d'ailleurs, l'université ne maîtrise pas.

Décider du nombre d'étudiants inscrits

L'UCAD ne décide pas du nombre de ses étudiants primo-entrants dans les formations publiques. L'UCAD, au regard de son histoire et de sa taille, est la principale structure d'accueil des nouveaux bacheliers. L'UCAD a, pendant longtemps et cela prévaut encore, admis plus d'étudiants qu'elle ne pouvait en accueillir pour accompagner l'État dans sa politique de démocratisation de l'accès à l'enseignement supérieur. Pour réduire le nombre d'étudiants admis à l'UCAD, elle a aidé le gouvernement à créer trois autres universités. Ces dernières, faute d'infrastructures et de personnels à la hauteur de leurs besoins, n'ont pas pu endiguer le nombre excessif d'étudiants que l'État envoie à l'UCAD. Un dispositif récent, mis en place par le ministère, exacerbe cette situation.

En revanche, dans le cadre de la formation payante, l'UCAD recrute des étudiants en fonction des places disponibles.

Décider du niveau des droits de scolarité

L'UCAD ne fixe pas les montants des frais de scolarité de ses étudiants. Cette prérogative revient à l'État. Il faut relever que c'est grâce à une préparation du terrain par l'UCAD que l'État a pu, récemment, augmenter les droits de scolarité des étudiants. En effet, ces droits n'ayant pas varié sur une longue période, l'UCAD a adopté en assemblée de l'université la création de droits d'inscription pédagogique pour faire contribuer davantage les étudiants à l'effort d'amélioration de la qualité et de la diversification des formations dans le cadre de la réforme LMD. L'UCAD a adopté une politique de flexibilité et de responsabilité des établissements qui a permis une généralisation des droits d'inscription pédagogique en son sein, mais aussi dans les autres universités sénégalaises.

Alors, oui c'est l'État qui fixe les frais de scolarité des étudiants, mais sans une dynamique interne, aucun changement ne serait envisageable. Cette dynamique a engendré une plus grande diversification et une meilleure gestion de la formation payante. Pour cette dernière, les coûts sont fixés par les établissements de l'UCAD.

Il est possible, sur la base de cette matrice, de se faire une idée du niveau d'autonomie de l'UCAD.

Quel est l'état des franchises universitaires et libertés académiques ?

Franchises universitaires et libertés académiques

La notion de libertés universitaires est fondée sur la nécessité absolue de garantir aux universités la liberté d'expression, la liberté de critiquer et de remettre en cause des évidences intellectuelles et sociales, de leur aménager un espace où elles pourront donner libre cours à leur créativité, et de reconnaître qu'elles ont besoin de réagir avec rapidité et de manière constructive face aux enjeux et aux possibilités du monde extérieur (soit spontanément, soit dans une logique d'entreprise), sans avoir à subir le poids des contrôles bureaucratiques, à tenir compte des précédents et à être conformistes (Davies 1997).

Le professeur Ndiaw Diouf va dans le même sens en soutenant que

> pour appréhender correctement la notion de franchises universitaires, il faut toujours avoir à l'esprit qu'elles ont un double objet : d'une part, l'autonomie de police administrative qui garantit l'inviolabilité de l'espace universitaire ; d'autre part, les libertés académiques destinées à assurer la protection de ceux qui font fonctionner l'institution pour leur permettre d'entretenir et de diffuser le savoir en toute objectivité (Interface 2007).

Au Sénégal, la loi n° 94-79 du 24 novembre 1994 relative aux franchises et libertés universitaires, dispose :

Article premier – Les universités du Sénégal bénéficient du régime des franchises et libertés universitaires qui garantissent aux enseignants, chercheurs et étudiants, dans le respect des lois et règlements et des principes d'objectivité et de tolérance, l'exercice des libertés indispensables au développement de l'enseignement et de la recherche.

Article 2 – En application du régime des franchises et libertés, l'espace universitaire est placé sous le statut d'autonomie de police administrative.

L'espace universitaire comprend les facultés, les unités d'enseignement et de recherche ainsi que les instituts et établissements d'enseignement supérieur relevant des universités.

Article 3 – Le statut d'autonomie de police administrative implique que les forces de l'ordre ne peuvent intervenir dans l'espace universitaire, tel que défini à l'article 2, qu'à la demande du recteur de l'université ou de son représentant dûment habilité à cet effet.

Article 15 – Les enseignants et chercheurs jouissent d'une pleine indépendance et d'une entière liberté d'expression dans l'exercice de leur fonction d'enseignement et de leurs activités de recherche sous réserve des conditions que leur imposent les principes d'objectivité et de tolérance.

Article 16 – En vue de promouvoir le développement de l'enseignement et de la recherche, la qualité scientifique intrinsèque sera le critère exclusif d'évaluation et de diffusion des travaux entrepris au sein des universités.

Article 17 – Dans la limite des moyens de l'État, des ressources doivent être disponibles et utilisées pour permettre aux enseignants et chercheurs des universités de remplir convenablement leurs obligations professionnelles. Par ailleurs, l'État assure la protection juridique de leurs travaux.

Article 18 – Dans la limite des moyens de l'État, des ressources doivent être disponibles et utilisées pour offrir aux étudiants des conditions de travail et permettre leur participation au fonctionnement des organes des universités.

Il apparaît clairement que le législateur promeut la liberté de pensée, mais prête une attention particulière aux perturbations ainsi qu'aux mesures appropriées pour assurer la stabilité de l'UCAD tout en garantissant son inviolabilité par les forces de l'ordre. Il est à noter que les résidences des étudiants ont été sorties du champ des franchises universitaires. Il faut reconnaître que l'UCAD a connu et connaît encore une instabilité qui n'autorise pas une bonne performance. Faute de police universitaire, un petit groupe d'étudiants peut bloquer le fonctionnement de l'université en toute impunité. Nombre d'acteurs pensent d'ailleurs que l'université est une zone de non-droit. Le paradoxe est que le législateur n'a pas suivi complètement l'université dans sa volonté de se doter d'une police universitaire afin de garantir la sécurité du campus et d'assurer la défense des franchises universitaires telles qu'elles doivent être comprises. En effet, malgré la décision de la création de la police universitaire prise par plusieurs conseils interministériels suite à la demande de l'assemblée de l'université, le gouvernement n'a jamais fourni des ressources pour sa mise en place, bien que l'université, avec ses ressources, eût fini de mettre sous vidéo surveillance tout le campus pédagogique.

Les franchises universitaires consacrent le caractère provisoire des résultats de la science. Rien n'est définitivement acquis, tout est en attente d'une meilleure situation et cette dernière est appelée à évoluer, et aucune pensée ne doit être censurée. Ces ruptures peuvent être de tout ordre. C'est cette capacité de critique, d'analyse, de remise en cause, consubstantielle à l'enseignement supérieur que les franchises et libertés académiques visent à protéger.

Est-ce que nous en avons tous la même compréhension ? Est-ce que tous les enseignants-chercheurs, les étudiants connaissent les franchises universitaires et leurs fondements ? Comment sont préparés et informés les enseignants et les étudiants ? Est-ce que les droits et devoirs sont bien promus tant chez les enseignants qu'auprès des étudiants ? Avons-nous une compréhension partagée de ce qu'est l'université et de la raison de son environnement spécifique ?

Certains pensent que le nouveau management public et la présence plus soutenue des membres de la société dans les organes de gouvernance des universités, ainsi que la systématisation de la reddition des comptes, obèrent les franchises universitaires et l'autonomie des universités. La CMES ainsi que la RPEES avaient bien lié libertés académiques et autonomie avec reddition des comptes.

La reddition des comptes n'est pas seulement destinée à l'extérieur. Elle est aussi et surtout utile à l'établissement lui-même. Elle permet, entre autres, une tension permanente pour créer une situation beaucoup plus confortable. Cette quête est permanente et conforme à l'idéal académique qui, en permanence, se fixe des objectifs toujours plus élevés et s'emploie à les atteindre et à les élever davantage. L'UCAD avait institué une session annuelle de l'assemblée de l'université consacrée exclusivement aux comptes rendus : le recteur et son équipe, et les chefs d'établissements, tout le monde rendait compte. Ce sont les chefs d'établissement qui ont bâti eux-mêmes la grille qu'ils devaient remplir. Après les exposés, les débats sont ouverts. Toutes les présentations sont automatiquement postées sur le site web de l'université. L'UCAD n'agissait pas pour qui que ce soit, mais pour elle-même, en vue de vérifier si les orientations étaient réalisées et comment améliorer son fonctionnement.

Cette session de l'assemblée de l'université permet une connaissance plus fine de l'institution et de ses différents démembrements, une meilleure présentation de ses capacités aux étudiants et partenaires extérieurs. Les établissements apprennent les uns des autres. Les membres de la communauté, notamment les dirigeants, se mobilisent afin de se présenter au mieux lors de la session. La présentation des résultats ainsi que leur diffusion attestent des capacités de l'université et autorisent qu'elle soit sollicitée davantage par l'État et ses démembrements ainsi que le secteur privé (Sall 2012). La présentation des résultats ainsi que des moyens qui les ont autorisés induit une saine tension au sein de l'université ; cette tension est nécessaire pour les établissements de l'enseignement supérieur.

Les perturbations et leur gestion

L'UCAD est assez souvent bloquée dans son fonctionnement par toutes les composantes, des enseignants-chercheurs et chercheurs aux étudiants en passant par le Personnel administratif, technique et de service (PATS). Les manifestations de certains étudiants revêtent parfois un caractère violent. Depuis 1968, ce phénomène est récurrent. Malgré tous les efforts, les perturbations persistent. Les voies de fait sont surtout le fait de quelques étudiants. Les choses sont de moins en moins maîtrisables parce qu'une poignée d'étudiants peut, en toute impunité, perturber le bon fonctionnement de l'université en usant de la violence. Elle ne dispose d'aucun moyen pour y faire face. Les renouvellements des amicales, qui sont opérés tard dans l'année dans certains établissements, sont entachés de violences inouïes. Malgré le recours au vote électronique, cette tendance persiste.

Les amicales des étudiants, qui sont les structures représentant les apprenants dans les établissements, connaissent des renouvellements violents. L'université, ce haut lieu du savoir et du savoir être, est constamment secouée lors des élections des dirigeants des amicales dans la plupart des facultés. Il n'y a jamais eu de problème à la FMPOS et dans les écoles et instituts. Le vote électronique a été testé pour la première fois lors des renouvellements à la FASEG, mais les étudiants de la liste minoritaire ont failli incendier les locaux des services de l'informatique. Lors des grèves, les étudiants usent de voies de fait pour empêcher le bon déroulement des enseignements, mais aussi la circulation, principalement sur l'avenue Cheikh Anta Diop, route située en face des résidences des étudiants.

Les grèves des étudiants sont brutales et imprévisibles. En effet, les plates-formes revendicatives sont déclinées après déclenchement de la grève. Dans certains établissements, dès que le rythme des enseignements augmente et que les examens pointent à l'horizon, les étudiants eux-mêmes font pression sur l'amicale pour bloquer les enseignements afin qu'ils puissent digérer ce qui a été livré. De sorte que la grève est déclenchée alors que ce n'est qu'après que la plate-forme revendicative est disponible. Il est clair que, dans une université d'un pays sous-développé, il est facile de trouver ce qui fait défaut.

La plupart des dirigeants des amicales n'ont aucune compétence pour bien exercer leur mandat. Ils n'ont reçu aucune formation, ne connaissent pas l'enseignement supérieur. Il existe sur le campus un grand malentendu, les étudiants n'ont que des droits et pas de devoirs et l'État semble leur devoir tout. Les autorités universitaires et les autorités étatiques n'ont pas suffisamment informé les populations sur ce qu'est l'université et vulgarisé les franchises universitaires afin que tout le monde comprenne leur bien-fondé. Les autorités ont failli en n'ayant pas mis en place une structure pour veiller sur l'application des franchises universitaires et, au besoin, les défendre. L'inéquité externe ne contribue pas à l'instauration d'une atmosphère apaisée. L'université n'est pas une zone de non-droit, bien au contraire. Il est clair qu'il est de la responsabilité des autorités universitaires de vulgariser le texte sur les franchises et libertés académiques, d'aider à l'organisation à temps des élections des dirigeants des étudiants et de les former pour assumer correctement leurs mandats. Les amicales sont aussi des structures de formation des étudiants dans leur engagement actuel dans l'université et afin de les préparer à l'exercice de leurs responsabilités futures dans la gestion de la cité. La plupart des dirigeants du Sénégal sont d'anciens étudiants qui ont fait leurs armes dans les amicales. Pourquoi ne pas prévoir, après leur élection, une session de formation ? Nous avions une fois reçu une plate-forme revendicative avec la demande de la construction d'un établissement alors que l'édification de cet établissement figurait en bonne place dans le plan de l'université. Les étudiants et le président de l'amicale étaient surpris en l'apprenant au cours des négociations. Comment discuter avec des étudiants qui ne connaissent pas les textes de l'université, ignorent tout des dynamiques de l'enseignement supérieur au niveau international ? Le SAES avait remis aux étudiants de l'UGB de Saint-Louis les conclusions de la CMES ainsi que les recommandations concernant le personnel enseignant de l'enseignement supérieur.

Il ressortait clairement de cela que les délégués des amicales voulaient avoir un certain leadership, mais n'étaient pas outillés. Le recteur prenait le temps de discuter avec eux lors des négociations pour partager ses connaissances sur l'enseignement supérieur, les dynamiques de l'UCAD qui étaient, et c'est normal, largement supérieures au contenu des plates-formes. Il apparaissait clairement que les délégués avaient bien l'ambition de marquer leur passage à l'université, mais faute de connaissance sur cette dernière, n'usaient que d'une stratégie invariable, la violence. La formation des délégués permet de mieux les préparer à apporter leurs contributions au développement de l'enseignement supérieur. Si les délégués comprennent les enjeux, ils peuvent changer et apporter leur concours à la transformation des universités.

Il importe, à cet effet, de donner des responsabilités aux étudiants, à leurs délégués et de les aider à bien les assumer. Combien grande fut notre désillusion lorsque certaines amicales des étudiants, faute de confiance en elles-mêmes, ont sous-loué à un privé les salles informatiques connectées à Internet mises à leur disposition avec beaucoup de difficultés et de renoncement ! Quand, lors des négociations, des étudiants disent qu'ils sont incapables de gérer en toute transparence les ressources tirées de l'exploitation des salles, il y a de quoi être interloqué ! Comment ne pas être atterré si les étudiants ne croient pas en eux-mêmes, remettent en cause leurs capacités ? Chaque étudiant a des talents cachés. Le rôle de l'enseignement supérieur est aussi de l'aider à les découvrir et à les fortifier. Cette exigence concerne aussi les dirigeants des mouvements d'étudiants. Les partis politiques, notamment de gauche, y contribuaient, mais avec le libéralisme dominant, les étudiants ne bénéficient plus de ces formations. L'université doit le comprendre et combler ce vide, il y va de son intérêt.

Afin d'apaiser et de réguler le climat social, l'UCAD a mis en place l'ombudsman.

L'ombudsman

Comme indiqué plus haut, l'ombudsman est chargé : de la prévention des conflits au sein de la communauté universitaire, entre ses membres et d'autres personnes ou structures ; de l'élaboration et de la mise en œuvre de stratégies permettant la résolution des conflits éventuels.

L'institution de l'ombudsman est partie de la volonté d'apaiser l'université, d'y éliminer les persécutions sous toutes leurs formes. Naturellement, les conditions de sa mise en place sont les gages de son succès, de sa reconnaissance par toutes les parties prenantes. Comment désigner une structure animée par des hommes et des femmes à équidistance de toutes les composantes de l'université ? Est-ce que les animateurs doivent venir de l'intérieur ou de l'extérieur, ou des deux à la fois ? Comment choisir des animateurs intègres et connaissant parfaitement l'université ?

L'ombudsman a beaucoup apporté à l'UCAD tant dans la gestion des grèves des étudiants que dans les cas de violations des droits des composantes. L'ombudsman, conformément à l'arrêté le régissant, organise chaque année une conférence de presse pour présenter et diffuser largement son rapport.

La sécurité du campus

L'UCAD compte plus de 80 000 étudiants en formation initiale, plus de 1 500 enseignants-chercheurs ou chercheurs, pas moins de 1 200 personnels administratifs, techniques ou de services, environ 20 000 étudiants en formation payante, sans compter les vacataires. En somme, elle compte l'équivalent de la population d'une ville moyenne. Dans le cadre de l'amélioration de son environnement de travail, l'UCAD s'est dotée d'équipements coûteux tant pour son réseau informatique en fibres optiques que pour les équipements de laboratoires. Pour ces derniers, les équipements lourds disponibles ont été obtenus grâce à la coopération internationale, à la mobilisation des fonds de recherche compétitifs. Pour les acquérir, les collègues ont fourni des efforts exceptionnels.

Comment imaginer qu'une ville moyenne comme l'UCAD avec sa population et ses biens si précieux ne puisse disposer d'aucune structure pour les sécuriser et garantir l'exercice des franchises universitaires et libertés académiques ? En interdisant l'accès des forces de l'ordre sur le campus pédagogique sans l'autorisation du recteur et au regard du potentiel qu'elle renferme, l'UCAD aurait dû se doter d'un dispositif afin de sécuriser ses biens et personnes et de garantir l'exercice des franchises universitaires et libertés académiques. L'UCAD a beaucoup travaillé pour la mise en place d'une police universitaire avec des outils modernes, mais faute de l'accompagnement adéquat des autorités étatiques, elle n'a pas pu mener le projet à son terme, malgré l'installation d'un dispositif de Visio-surveillance sur le campus. Plus d'une fois et suite aux demandes répétées de l'UCAD, le conseil interministériel sur la rentrée scolaire et universitaire a adopté des directives sur la mise en place de la police universitaire. Qu'est-ce qui a bloqué ? Est-ce un défaut de compréhension, le coût de l'opération, etc. ?

Comment l'UCAD, qui n'a pas les moyens et les outils pour sécuriser ses équipements, y compris tout simplement la robinetterie dans les toilettes des étudiants, peut-elle défendre l'exercice des franchises universitaires et libertés académiques, que certaines de ses composantes violent impunément. Comment, dans ce contexte, élever les standards ? Une bonne compréhension des enjeux et de ce que représente une université de recherche dans ce monde cognitif au sein d'un libéralisme dominant aurait remédié à cet état de fait.

Les délibérations de l'assemblée de l'université, comme les recommandations de la concertation sur l'avenir de l'enseignement supérieur, n'ont pas permis un début de réalisation de la police universitaire. Il est certain que les coûts inhibent pour beaucoup les volontés, mais l'enseignement supérieur de recherche n'est pas constitué seulement des enseignants et des apprenants. Dans le cadre de la flexibilité, l'exploration des technologies, les ressources que la police universitaire pourrait générer et les emplois étudiants créés dans sa mise en place auraient certainement contribué à minorer les coûts. Quoi qu'il en soit, l'absence de mise en place de la police universitaire ne saurait exclure l'information sur les franchises et libertés académiques, sur ce qu'est l'enseignement supérieur dans ce monde.

Conclusion

L'OCDE a proposé une matrice pour évaluer le niveau d'autonomie des établissements d'enseignement supérieur. Une évaluation de l'UCAD sur cette base a été proposée. Un tel test du niveau d'autonomie peut être mené par chaque institution universitaire.

L'autonomie des universités renforce la place du projet propre à celles-ci, tenant compte de leur contexte géographique et social, de leur histoire et de leurs axes de développement spécifiques. En outre, l'autonomie s'accompagne de la nécessité de rendre compte aussi bien aux tutelles et partenaires territoriaux et économiques qu'à la communauté universitaire, donc à tous les usagers. Dès lors, l'équipe de direction d'une université doit avoir une vision stratégique du développement de celle-ci, s'appuyant à la fois sur l'image que l'on souhaite donner de l'avenir de l'institution et sur des outils permettant de se connaître, d'effectuer des choix objectifs et d'assurer le suivi des décisions prises (Balme *et al.* 2012).

L'autonomie est l'expression institutionnelle des libertés académiques et une condition nécessaire pour que les enseignants et les établissements de l'enseignement supérieur puissent s'acquitter de leurs fonctions.

Dans le nouveau management public, autonomie – franchises et libertés académiques riment avec reddition des comptes. Cet exercice d'évaluation permanente, à l'image des référentiels dans la mécanique relativiste, avec un référentiel fixe (la situation de départ), un référentiel mobile (la situation du moment), est un puissant outil mis à la portée des dirigeants des établissements d'enseignement supérieur.

Dans cette concentration d'intelligences, certains abusent des franchises universitaires et libertés académiques pour perturber l'institution. Les établissements d'enseignement supérieur doivent se doter d'une police universitaire afin de préserver les personnes, les biens et de protéger les libertés et franchises universitaires. L'existence d'une police universitaire, d'un ombudsman et d'une bonne communication sur la place et le rôle de l'université dans ce monde du savoir à travers toute la société devraient jeter les fondements d'une université africaine à réinventer.

3

Le financement

Introduction

Dans ce monde marqué par l'économie de la connaissance, les universités ont plusieurs obligations qui ne peuvent être remplies que par la mobilisation de ressources financières importantes. Les ressources financières considérables forment une des trois variables que partagent les universités de rang mondial, les deux autres étant constituées des enseignants et des étudiants de talent, et d'une gouvernance flexible et redevable. Les ressources financières doivent être conséquentes et pérennes. Elles doivent aussi être accrues en permanence et faire l'objet d'une gestion flexible avec reddition des comptes et comptes rendus internes.

Le nouveau management public, en accordant plus d'autonomie aux institutions de l'enseignement supérieur, induit leur plus grande responsabilisation dans la mobilisation des ressources financières. De plus en plus, dans le cadre de cette gouvernance, les États versent leur contribution sans en déterminer les affectations et il appartient aux établissements d'enseignement supérieur de mobiliser d'autres ressources et, en fonction de leurs priorités consacrées par le plan stratégique, de faire les arbitrages.

Pour la CMES, la diversification des sources de financement traduit l'appui que la société apporte à l'enseignement supérieur et doit donc être renforcée pour assurer le développement de cet enseignement, en accroître l'efficacité et en préserver la qualité et la pertinence. Le soutien public à l'enseignement supérieur et à la recherche reste essentiel pour que les missions éducatives et sociales soient assurées de manière équilibrée (CMES 1998).

Nous rappelons ci-dessous la comparaison de la structure des ressources financières de l'Université Wisconsin Madison et de celle de l'Université Joseph Fourier de Grenoble (Goulard 2015), à partir de laquelle il est possible de proposer une structure diversifiée de ressources pour les universités à partir des ressources publiques, des ressources de l'institution elle-même, des ressources externes et de l'environnement bancaire. Afin de tirer parti au maximum de l'environnement bancaire est introduite la Banque éducative. Une démarche d'optimisation des ressources est exposée et, à titre d'exemple de la redevabilité recommandée, l'expérience des comptes rendus annuels de l'UCAD est relatée.

Comparaison des structures des budgets de l'Université Wisconsin Madison (États-Unis d'Amérique) et de l'Université Joseph Fourier de Grenoble (France) (Goulard 2015)

Les « camemberts » ci-dessous donnent la structure des revenus de l'Université Wisconsin Madison (États-Unis d'Amérique) et de l'Université Joseph Fourier de Grenoble (France) :

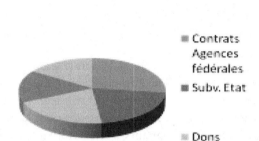

Figure 3.1 : Université Wisconsin Madison

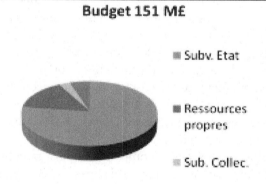

Figure 3.2 : Université Joseph Fourier de Grenoble

Les ressources de l'Université Madison Wisconsin s'élèvent à 1900M$. Elles proviennent de contrats avec les agences fédérales à hauteur de 27 pour cent, de subvention d'État pour 21 pour cent, de dons pour 20 pour cent, des droits d'inscription à hauteur de 16 pour cent et d'autres sources : contrats, etc. à hauteur de 16 pour cent. Alors que, pour l'Université Joseph Fourier de Grenoble, le budget est de 151 M€ : la subvention de l'État est de 77 pour cent, les ressources propres de 15 pour cent, la subvention des collectivités locales de 3 pour cent et les autres ressources (contrats, etc.) de 5 pour cent.

L'examen des statistiques ci-dessus montre que les ressources financières de l'Université Wisconsin Madison, dix fois plus importantes que celles de l'Université Joseph Fourier de Grenoble, proviennent de cinq sources relativement équilibrées alors que pour l'Université Joseph Fourier de Grenoble, la subvention de l'État représente 77 pour cent des recettes budgétaires. Mieux, en additionnant toutes les ressources d'origine publique, on atteint même 80 pour cent pour l'Université Joseph Fourier de Grenoble.

Il est clair que la structure des revenus de l'Université Wisconsin Madison est plus robuste. Les dons, qui représentent 20 pour cent à l'Université Wisconsin Madison, sont quinze fois moins importants que ceux perçus par Harvard. Cette philanthropie, outre l'environnement adéquat qui l'autorise et les efforts qui la portent, atteste de l'internalisation de l'enseignement supérieur par la société. Elle est générée par une compréhension partagée de la place de l'étudiant et toutes les composantes de l'université s'efforcent de l'aider à révéler son talent ; une fois en activité, les apprenants d'hier, acteurs majeurs de la société aujourd'hui, renvoient l'ascenseur. L'action des allumnis ne se limite pas aux libéralités, elle concerne aussi l'accueil des étudiants dans les sociétés et entreprises, les retours d'information sur les formations, les tendances sur le marché du travail, la collaboration dans la définition des problématiques de recherche et d'encadrement des doctorants, l'implication dans les diverses instances de gouvernance de l'université, etc. Certainement, ce modèle représente un exemple à dupliquer partout en tenant compte du contexte.

La diversification des ressources à l'Université de Wisconsin Madison est aussi largement tributaire de l'organisation de l'environnement externe. En effet, avec les fonds compétitifs fédéraux ainsi que l'environnement juridique sur les exemptions fiscales pour les donations aux structures d'enseignement supérieur, fondations et autres structures d'utilité publique, les États-Unis ont construit un environnement favorable à l'enseignement supérieur.

La structure des revenus de l'Université Joseph Fourier de Grenoble est plus diversifiée que la plupart de celles des universités africaines d'expression française. Des efforts sont faits dans certains établissements. Par exemple, en 2010, l'UCAD avait pu mobiliser cinq milliards de FCFA sur les vingt-cinq milliards de FCFA qui constituaient son budget, soit seulement le cinquième de celui-ci. Il est possible de diversifier les sources de financement des universités à partir de quatre axes : les fonds publics, les ressources internes de l'université, les ressources externes et l'environnement bancaire.

Diversification des sources de financement des universités

Le tableau suivant mentionne les sources dans les quatre axes de mobilisation des ressources financières.

Tableau 3.1

Public	Interne	Externe	Environnement Bancaire
- État	- **Frais d'inscription des étudiants**	**fondation**	**Université**
- **Collectivités locales**	- **Droits d'inscription pédagogique par semestre**	- Contributions des diplômés et amis	- Comptes
		- Entreprises et industries	- Crédits
- **Dotation initiale de la fondation**	- **Recettes de la formation continue et à la carte**	- Revenus des fonds de placement et dotation initiale	- Placements
			Enseignants et personnels
		- Grands projets	- Gestion de compte
	- **Vente de produits dérivés**	**Bailleurs de fonds**	- Crédits à taux préférentiel
	- **Revenus du patrimoine :**	- Financement de projets	**Étudiants**
	- Location centre de conférence	- Fonds de recherche compétitifs	- Bancarisation des étudiants
	- Location hébergement	**Partenaires**	- Crédits pour études
	- **Vente d'expertise :**		
	- Consultance		
	- Brevets		
	- Résultats de recherche		
	- Entreprises innovantes		

Les fonds publics

Les établissements d'enseignement supérieur publics attendent beaucoup des fonds publics pour mieux assumer leurs missions. Les fonds publics sont attendus au sein de l'État, de la collectivité locale et de la contribution des ressources publiques pour le fonds de dépôt « *endowment fund* » de la fondation de l'université.

« L'apport de l'État, si l'université honore ses engagements, notamment culturels et sociaux, ne doit plus être considéré comme une subvention, mais comme un investissement. » (Balme *et al.* 2012). La contribution de l'État au financement de l'université ne va pas de soi. Elle se développe en fonction de la compréhension qu'ont les gouvernants et les autorités locales du rôle et de la place de l'enseignement supérieur dans la société du savoir. Par conséquent, les dirigeants de l'enseignement supérieur doivent mener un plaidoyer permanent auprès des gouvernants. L'élément fondamental du plaidoyer est la reddition des comptes et la publicité sur les résultats de l'université, notamment ceux ayant des impacts économiques, sociaux et/ou culturels. En plus de la tenue de la session annuelle de comptes rendus dont les éléments étaient mis sur le site web de l'université, un rapport annuel est élaboré et transmis au gouvernement pour présenter les résultats de l'université, les objectifs, les contraintes et besoins pour mieux assumer les missions.

Au bout des présentations, les besoins, forces et faiblesses, étaient définis, évalués. Tout était argumenté et objectivement formulé. Cette orientation est-elle en contradiction avec le nouveau management public qui prône une contribution unique de l'État ? Il semble que non. Si l'État doit augmenter sa contribution, il est bon que l'université lui en facilite la compréhension et lui démontre l'utilité. Les dirigeants de l'enseignement supérieur doivent, en permanence, montrer son utilité sociale, économique et culturelle.

Ce travail de sensibilisation doit être mené en direction non seulement du ministère en charge de l'Enseignement supérieur et de la recherche, mais aussi de l'ensemble de l'équipe gouvernementale. L'UCAD s'était beaucoup rapprochée du ministre du Budget afin de lui faire part des réformes en cours en son sein et de le convaincre de l'apport de l'université dans les objectifs du gouvernement. Une séance de travail avec le responsable de la stratégie de croissance accélérée avait permis de convaincre de la capacité de l'université à accélérer les réponses pertinentes. En Afrique plus qu'ailleurs, ce travail de proximité est important. Il importe alors de pousser tous les segments de l'enseignement supérieur à bâtir des partenariats avec les différents ministères et collectivités locales, à contribuer à leur atteinte des objectifs. Cet engagement auprès des autorités publiques favorise la compréhension des besoins et l'insertion des diplômés de l'enseignement supérieur.

L'attention du maire de Dakar a été attirée sur le fait que, par ses publications scientifiques, l'UCAD porte très loin le nom et la réputation de Dakar et, à ce titre, devait mériter davantage de soutien de la communauté urbaine. L'UCAD, dans le cadre de la délocalisation d'une partie de ses activités à Rufisque, avait accepté, à travers son institut de sport, l'Institut national des sciences de l'éducation populaire et sportive (INSEPS), de contribuer à l'encadrement de toutes les activités sportives de la ville. Ainsi, de la qualité des interrelations dépend l'amplitude de la contribution de la puissance publique.

Il est clair que les ressources publiques disponibles sont limitées à cause de la multiplicité des sollicitations. Afin de permettre aux établissements d'enseignement supérieur de bâtir une diversification de leurs ressources financières, la puissance publique peut aider à la mise place du fonds de dépôt à terme, l'«*endowment fund*», de la fondation de l'université. Il s'agit d'un versement conséquent mais unique, et l'université ne peut en jouir directement : destiné à fructifier, il produit des intérêts qui pourront être utilisés.

Par ailleurs, les moyens alloués par l'État sous forme d'une subvention unique pour charge au service public... permettent aux établissements d'effectuer de véritables choix, à la suite de leurs débats budgétaires, et aux responsables de chaque université d'assurer un compte rendu précis, notamment par le biais d'indicateurs, de l'usage qui aura été fait des sommes attribuées. Ces responsables sont donc appelés à montrer leur capacité à gérer les fonds publics de façon à atteindre les objectifs fixés et, le cas échant, de pouvoir plaider l'amélioration nécessaire des dotations annuelles de l'État (Balme *et al.* 2012)

Les ressources internes

L'université peut mobiliser beaucoup de ressources financières internes. Il s'agit des frais d'inscription, des frais d'inscription pédagogique, des recettes de la formation continue ou à la carte, des recettes de la commercialisation des produits dérivés de l'université, des revenus du patrimoine et de la vente d'expertise.

Les frais d'inscription et/ou les frais d'inscription pédagogique sont la contribution des étudiants à leur formation. Les taux, bien que révisables dans le temps, doivent rester dans des proportions acceptables et soutenables au regard des ressources des étudiants et de leurs familles. Les étudiants seront d'autant plus disposés à s'en acquitter qu'ils seront convaincus que les ressources collectées ne servent qu'à améliorer leurs conditions d'études : accès aux ressources électroniques, à la documentation, aux équipements et produits de laboratoires, à la diversification des filières, etc. Les comptes rendus annuels doivent bien indiquer les ressources issues des frais d'inscription et leur utilisation. La gestion de ces ressources doit être transparente et inclusive, les étudiants doivent y prendre part.

Pour se doter de ressources financières additionnelles, l'UCAD a été autorisée, en 1990, à pratiquer la formation payante. Au début, il était question de formation continue payante. Avec la raréfaction des ressources de l'État dans un contexte d'accroissement des besoins, le phénomène a pris de l'ampleur, à telle enseigne qu'il est plus adéquat de parler de formation payante. Cette pratique répond-elle aux exigences éthiques dans une université publique ? Respecte-t-on l'éthique lorsque dans un établissement public les étudiants en formation payante sont trois fois plus nombreux que les étudiants de la formation initiale ? Quelles sont les limites à ne pas franchir dans le rapport entre les effectifs de la formation payante et ceux de la formation initiale ? Respecte-t-on l'éthique quand des formations à fort taux de placement sont uniquement accessibles par les filières payantes ? Comment, malgré un niveau de financement public sans commune mesure avec les besoins, assurer l'accès à toutes les formations de l'université publique aux étudiants de la formation initiale ?

En fait, il y a de plus en plus, dans les universités, des étudiants sponsorisés par l'État et des étudiants sponsorisés par leurs familles. Cette situation doit-elle perdurer dans un établissement public ? Quel est le bon modèle ? Les ressources de la formation payante deviennent de plus en plus conséquentes, au point que le ministère des Finances pense que l'université peut s'autofinancer. Naturellement, c'est une grave erreur. L'État doit accroître sa subvention et, parallèlement, encourager l'effort des universités à diversifier leurs ressources financières afin qu'elles puissent mieux assumer leurs responsabilités de formation, de recherche et de services à la société.

La Cour des comptes avait fort opportunément rappelé à l'UCAD qu'elle est un établissement public. Donc, tous les fonds que lui procurent ses activités propres sont aussi des ressources publiques. Ces ressources générées par l'université doivent faire l'objet d'une inscription dans le budget et être utilisées pour des besoins pédagogiques d'abord et pour améliorer l'environnement de travail. Une partie des ressources revenant au rectorat avait été dédiée à la recherche afin que la requalification des enseignants-chercheurs rejaillisse sur la qualité de la formation au bénéfice des étudiants.

La formation continue étant devenue plus une formation payante, il importe de mettre aussi l'accent sur la formation à la carte qui permet, par sa singularité, une meilleure connaissance de l'activité ciblée. Dans le cadre de la réforme LMD, rien n'empêche de créditer ces formations afin que les auditeurs puissent s'en prévaloir s'ils souhaitent avoir un diplôme. La formation, tout au long de la vie, doit se nourrir du dispositif flexible que l'enseignement supérieur met en place pour permettre aux travailleurs de se requalifier en permanence. Ces ressources doivent aussi faire l'objet d'une certaine polarisation pédagogique.

Les universités commercialisent leurs produits dérivés pour, d'une part, élargir les ressources, mais, d'autre part, créer un sentiment d'appartenance au sein de toute la communauté, notamment les étudiants. L'UCAD a protégé son logo et sa devise.

Les ressources internes des universités sont aussi alimentées par les revenus du patrimoine. L'accent mis sur les infrastructures des universités publiques témoigne de la compréhension qu'ont les autorités actuelles du futur de leur société. Cet investissement pour le futur de la société permet de générer des ressources. Ainsi l'UCAD a-t-elle collecté des ressources grâce à la gestion payante du Centre de conférence et de la Maison de l'université. Cette dernière est un petit hôtel de l'université, réservé aux hôtes de passage. Après sa rénovation, elle a généré des ressources financières. Les musées aussi produisent des recettes.

Les contraintes liées à la rigidité du régime financier avaient conduit à envisager de mettre à la disposition de la fondation UCAD une partie du patrimoine bâti de l'université à des fins d'exploitation, dans une perspective de rentabilisation. Cela signifie que l'UCAD est en train de prendre les dispositions utiles pour rentabiliser son patrimoine immobilier. Avoir une structure légère à côté de l'université, capable de prendre des risques pour elle, est une piste consacrée dans le champ de l'enseignement supérieur.

Les universités renferment les grands experts que sont les enseignants-chercheurs ou les chercheurs. Nombre d'entre eux offrent leurs expertises à des sociétés en dehors de l'université. Le moment n'est-il pas venu, dans le cadre de la gestion du droit de propriété intellectuelle, d'organiser l'utilisation de cette expertise universitaire ? Pour ce faire, un cadre concerté doit être élaboré et adopté afin que, grâce à des structures internes ou externes, l'université puisse en tirer profit financièrement et, par ricochet, renforcer les capacités des étudiants en les y associant partout où cela est possible.

Les universités doivent créer dans leur orbite des organisations prêtes à prendre des risques pour se saisir des possibilités nouvelles qui s'offrent et qui exigent souvent une collaboration multidisciplinaire ; ces organisations devront fonctionner le temps que dure le cycle de vie des produits, être gérées sur la base des projets à réaliser, avoir des modes d'organisation provisoires et la liberté de se livrer à des activités en dehors des activités traditionnelles des universités, avec un profil financier distinct et un personnel spécifiquement recruté à cet effet. Si elle refuse de prendre des risques, une université sera inéluctablement conduite à stagner et, par conséquent, elle finira par être à la traîne. On peut donc s'attendre à voir apparaître des parcs scientifiques, des pépinières d'entreprises, des incubateurs, des sociétés rattachées à l'université, des centres d'innovation, des directions chargées de la formation continue, des cabinets d'experts-conseils, et diverses entreprises nées de la recherche universitaire. Quant à l'administration interne de l'université, elle doit être fortement axée sur la création de revenus additionnels, sur le développement de nouvelles activités commerciales, surtout sur les marchés internationaux, et sur les alliances stratégiques à nouer avec ses mandants et ses partenaires du monde extérieur (Davies 1997).

L'UCAD a créé une société dénommée SODEBIO, elle a aussi joué un rôle déterminant pour que le Sénégal remporte le concours du parc scientifique et technologique que les Nations unies avaient lancé. Si SODEBIO est le fruit de recherches, il s'agissait était de l'incuber et, une fois le projet viable, soit d'en ouvrir le capital, soit de le céder. L'UCAD n'avait pas suffisamment de capacités pour gérer ces questions nouvelles, complexes. En ce qui concerne le parc scientifique et technologique, sa localisation au sein de l'UCAD n'était pas retenue parce que l'UCAD est congestionnée, mais surtout à cause des nombreuses perturbations violentes qui s'y déroulent. La perturbation de l'université se traduit par une perte sur tous les tableaux : flux de transit, attractivité, opportunités d'installation d'entités commerciales, etc.

La gestion des brevets est inscrite dans le portefeuille d'affaires des universités. Mais est-ce que les universités africaines disposent d'outils appropriés ? Faute de moyens, l'UCAD avait renoncé à accompagner un collègue qui souhaitait faire breveter ses résultats. D'ailleurs, la plupart des collègues n'y parviennent qu'en se mettant en rapport d'affaires avec les partenaires des pays occidentaux. Le président de la République du Sénégal avait décidé de prendre en charge les résultats brevetables. D'ailleurs, l'Organisation des droits de propriété intellectuelle africaine s'y emploie. Il importe de mieux prendre en charge les droits de propriété intellectuelle dans les universités africaines et de renforcer les structures régionales et continentales pour tirer parti des résultats brevetables. Dans tous les cas, il est possible d'apprendre des brevets tombés dans le droit commun. Maîtriser la copie est un bon exercice pour bénéficier de la technologie.

Les ressources externes

L'université peut tirer des ressources financières de sa société grâce à la fondation, aux bailleurs de fonds et aux partenaires tant bilatéraux que multilatéraux. L'Afrique doit aussi construire un environnement pour le financement de la recherche ; il est indiqué d'y ajouter la contextualisation, l'innovation et la mobilité. La fondation africaine pour la recherche, l'innovation et la mobilité (FARIM) sera présentée dans le chapitre consacré à la recherche (chapitre V).

La société tout entière doit appuyer l'éducation à tous les niveaux, y compris l'enseignement supérieur, étant donné le rôle qu'il joue dans la promotion d'un développement économique, social et culturel durable. À cette fin, la mobilisation dépend de la sensibilisation et de la participation du public, des secteurs public et privé de l'économie, des parlements, des médias, des organisations gouvernementales et non gouvernementales et des étudiants, ainsi que des établissements, des familles, et de tous les acteurs sociaux impliqués dans l'enseignement supérieur (CMES 1998). L'UCAD a essayé de mettre en œuvre cette orientation de la CMES.

L'UCAD a trouvé que la meilleure façon d'établir un pont entre la société et l'université était la création de la fondation UCAD. La mise en place de cette fondation fut un processus long et laborieux, marqué par la responsabilisation d'une compatriote que l'UCAD avait fait venir du Canada, de l'Université de

Laval, par le rapport d'un expert financé par la coopération canadienne, et par la mise en place d'un groupe de travail pour l'élaboration des statuts de la fondation et du plan d'affaires. Le plan de travail du groupe chargé de mettre en œuvre la fondation UCAD a proposé quatre axes pour la mobilisation des ressources financières : les diplômés et amis de l'UCAD, les entreprises et industries, les revenus de la dotation initiale ou encore « *endowment fund* », les grands projets.

Le groupe de travail avait recommandé un conseil de fondation dirigé par des membres extérieurs à l'université. Une segmentation de la structure de la société avait autorisé une meilleure compréhension de cette dernière. Ainsi, sur les treize membres du conseil de fondation, onze n'étaient pas de l'université et, autant que possible, la plupart des segments de la société ont été représentés dans le conseil de fondation. La part belle a été faite aux diplômés de l'UCAD dans les diverses corporations, notamment aux femmes.

Dans certains pays, les fondations des universités leur rapportent beaucoup. Si, au début, ce sont les entreprises et industries qui ont apporté le plus de contributions, les diplômés, de plus en plus nombreux, sont devenus maintenant les bailleurs les plus importants. La contribution des étudiants est fonction de l'attention de l'institution à leur endroit lors de leur formation. Tous les segments de l'université doivent être informés de cela, particulièrement les enseignants. Tous les étudiants ont des talents, et il appartient à l'enseignement supérieur, durant leur transit en son sein, de les aider à les révéler. Chaque étudiant devra faire l'objet d'une attention particulière et ceux présentant des difficultés devront mériter plus d'attention. Ici, il est question de sélection-orientation et non plus de sélection-élimination. Il s'agit de construire un système marqué par le succès et non caractérisé par l'échec. Si les enseignants sont conscients que les étudiants, demain, seront les meilleurs bailleurs de fonds de l'université, ils leur accorderont, individuellement et collectivement, plus d'attention, faisant ainsi entrer l'institution dans le cycle vertueux du succès. Mais est-ce objectivement possible si le taux d'encadrement est en dehors de toute norme ?

Est-ce que l'organisation classique des universités permet une pareille orientation ? Les enseignants ne sont pas sensibilisés, le dispositif de succès n'est pas en place et il manque cette structure de conseil, d'orientation, de réorientation et d'aide à l'insertion. Il est clair que la plupart des étudiants admis dans une filière y sont surtout par défaut. Il n'a pas été suffisamment prévu, à côté des filières traditionnelles, de filières basées sur le savoir-faire, forcément pluridisciplinaire, qui soient en mesure d'accueillir les étudiants. Il faut aussi reconnaître que la formation professionnalisante est plus coûteuse.

Mais, quelles que soient l'organisation logique, la diversification des filières, l'information, l'orientation et la réorientation des étudiants, est-ce qu'une seule université peut faire face à tant de demandes ? Les effectifs de l'UCAD sont passés de 26 140 étudiants en 2001-2002 à 77 946 étudiants en 2014-2015 (Dir. in 2015), soit trois fois plus en quatorze années. Outre cette implacable augmentation, les bacheliers sont à 70 pour cent des bacheliers littéraires, éligibles uniquement dans les facultés de lettres et sciences humaines et de droit et sciences politiques. Il est difficile, voire impossible, sur cette base, de demander aux collègues d'avoir une attention singulière pour chaque apprenant.

Depuis sa création, l'UCAD a formé plus de 100 000 diplômés. En mobilisant 10 pour cent de ses diplômés avec une contribution annuelle moyenne de 100 000 FCFA, l'UCAD peut mobiliser un milliard de FCFA chaque année. Ce travail suppose une reconstitution de la base de données des diplômés de l'UCAD et une interaction singulière. Ce programme vient d'être lancé, mais ne réussira que s'il est porté par une attention soutenue et une gestion rigoureuse faisant largement appel aux TIC et à la communication basée sur des événements organisés à cet effet.

La contribution des entreprises et des industries est fonction, entre autres, de ce que leur apportent, en termes de gains, les produits de l'université ainsi que les résultats de la recherche. Des diplômés de qualité qui occupent des positions élevées dans les entreprises et industries grâce aux parchemins de l'université seront pleinement attentifs aux sollicitations de cette dernière. Les résultats de recherche qui aident les entreprises et les industries à mieux adresser leurs objectifs favorisent aussi une attention favorable à l'endroit de l'université. Les entreprises et industries, en profitant de l'environnement de travail des universités, s'évitent certains investissements lourds et gagnent en compétitivité. Ce partenariat peut aussi être basé sur la responsabilité sociale des entreprises. Ce modèle de financement a été exploré avec succès dans l'organisation des camps citoyens par l'UCAD.

Il faut reconnaître que le tissu économique et industriel est faible, que pour une bonne part il est entre des mains étrangères, et que les grandes firmes internationales collaborent avec les universités de leur pays d'origine si elles ne créent pas leur propre système de formation et de recherche. Il importe, dès lors, de créer un environnement favorable afin que les sortants de l'université puissent s'engager également dans la création d'entreprises et d'industries.

L'*endowment fund* assure des revenus pérennes à la fondation. Outre les placements bancaires, des outils de plus en plus sophistiqués sont utilisés pour tirer le maximum de gains de l'*endowment fund*. Des fondations engagent leurs fonds dans des fonds d'investissements et autres produits.

Les grands projets sont une stratégie de mobilisation de ressources financières afin de les réaliser. Ainsi, pour réaliser une infrastructure d'une certaine envergure, des études sont menées, les coûts estimés et le projet présenté. Ensuite, un compte est ouvert pendant un temps afin de recueillir les contributions. Des événements et des démarches de proximité sont engagés pour mobiliser les ressources nécessaires. La précaution est souvent prise, de mobiliser une partie importante des ressources nécessaires avant le lancement de l'appel à contribution ; il s'agit de la partie silencieuse du projet.

L'UCAD a mobilisé des ressources financières grâce aux fonds de recherche compétitifs, aux partenaires au développement, aux partenaires bilatéraux et multilatéraux. Si, avec la Banque mondiale et les institutions similaires, c'est l'État qui s'engage, s'agissant de la coopération bilatérale et multilatérale, c'est bien l'université qui est responsable. Mais toutes ces opportunités sont basées sur la rédaction de projets bancables. Les institutions d'enseignement supérieur d'Afrique doivent vulgariser les méthodes de rédaction et de gestion de projet. D'ailleurs, ne faudrait-il pas en faire une unité d'enseignement obligatoire dans toutes les formations doctorales ?

La mobilisation des fonds de recherche compétitifs est un long processus. Outre la capacité de proposition, assez souvent les délais entre la parution de l'appel et la date de clôture des dépôts sont minces. Les conditions, notamment les partenariats à construire, ne sont pas réalisables sans anticipation. Certaines universités ont mis en place des « *grants writing office* », d'autres disposent d'agents en contact permanent avec les structures de financement.

Le Sénégal est doté de quelques fonds compétitifs, mais les ressources ne sont pas à la mesure des besoins. Bien souvent, les fonds compétitifs gagnés par l'UCAD proviennent des fonds internationaux de recherche des pays occidentaux. Naturellement, les termes de référence prennent en charge les besoins et perceptions des bailleurs, qui ne coïncident pas toujours avec les priorités et besoins de l'Afrique. La création de la FARIM (cf. chap. V sur la recherche) a été proposée pour pallier cette substantielle lacune.

L'UCAD tire beaucoup de ressources des partenaires techniques et financiers. Ainsi, elle a pu, avec la coopération turque, TIKA, se doter d'un Centre médico-social, embryon de la polyclinique de l'université. La TIKA en a financé le bâtiment et les équipements. La coopération française a financé le « *backbone* » en fibre optique du réseau de l'UCAD. La coopération chinoise a réalisé un grand centre Confucius sur le campus UCAD II. La coopération américaine a engagé des ressources financières dans le projet USAID-ERA pour financer le développement de l'agriculture dans les universités sénégalaises.

L'environnement bancaire

En Afrique, les établissements d'enseignement supérieur publics, pour des raisons multiples, n'explorent pas encore suffisamment l'environnement bancaire pour satisfaire leurs missions. Les financements d'origine exclusivement étatique ont, dans une large mesure, contribué à cet état de fait. Dès lors que les universités aspirent à plus d'autonomie et qu'elles génèrent des ressources financières de plus en plus importantes, elles peuvent et doivent explorer l'environnement bancaire pour mieux atteindre leurs objectifs. L'enseignement supérieur peut explorer l'environnement bancaire pour l'institution elle-même, les enseignants, les PATS et les étudiants.

L'université peut ouvrir des comptes dans les banques, solliciter des crédits et procéder à des placements de fonds. L'UCAD a ouvert des comptes et fait ouvrir des comptes à tous ses démembrements dans le cadre de la gestion des ressources financières issues de la formation payante et des fonds de recherche compétitifs. Il n'est pas dit que les fonds étaient dans des coffres. Cet hébergement dans les comptes bancaires permet plus de traçabilité des opérations et facilite les audits. Le volume et la gestion des ressources autorisent l'emprunt bancaire. Il a été mentionné plus haut que certains démembrements de l'UCAD avaient bénéficié de trois emprunts bancaires. Cette exploration de l'environnement bancaire doit se faire avec précaution. Il importe de renforcer l'environnement bancaire par la création de la Banque éducative (Orlando 2013). Comme il a été signalé plus haut à propos des fonds de placement de la fondation de l'université, son taux d'intérêt doit faire l'objet d'une négociation périodique.

L'environnement bancaire doit aussi bénéficier aux enseignants et aux personnels pour leur compte bancaire, l'accès au crédit à des taux acceptables et bonifiés. Dans le cadre de l'amélioration des conditions de vie de ses mandants, le SAES a pu catalyser un accord entre la BICIS et l'UCAD. Des taux préférentiels ont été négociés. Les crédits concernent non seulement l'acquisition de biens, mais aussi le financement des carrières. La BICIS a gagné tellement d'argent que la Banque centrale a été obligée de signaler cet état de fait dans le réseau. Toutes les autres banques ont essayé d'avoir le même accord en agissant sur les taux. Un salarié se réalise avec le crédit.

Certaines universités organisent leurs personnels en mutuelle afin de tirer le maximum de profits de l'environnement bancaire. En mobilisant les épargnes de leurs agents, la négociation sur la gestion et les crédits à partir de ces fonds ramène les taux d'intérêt à des niveaux très bas. Cette forme de solidarité est bien conforme aux valeurs de solidarité africaines.

L'environnement bancaire concerne aussi les étudiants pour leur bancarisation, leur accès aux crédits pour financer leurs études. La condition d'étudiant est une situation de transit, les étudiants doivent être préparés à la vie d'adulte, à avoir des ressources et à bien les gérer. L'UCAD a contribué un tant soit peu à la bancarisation des bourses des étudiants. Ecobank l'avait contacté pour avoir le même accord que les autres banques. Au cours de la rencontre, il a non seulement été indiqué qu'il y a plusieurs banques qui ont un accord avec l'université en ciblant le personnel enseignant et le personnel administratif, mais que la vraie niche se trouve du côté des étudiants. Ecobank a mené ses études de telle sorte que, quand le gouvernement a lancé l'appel d'offres pour la bancarisation de la bourse des étudiants, elle était la mieux préparée et l'a remporté.

Il reste à traiter l'accès au crédit pour financer les études des étudiants. Cette pratique a commencé, mais n'est pas encore une orientation stratégique de l'État. En menant une étude sur la question, la BICIS était disposée à mettre en place ce dispositif . Les apprenants dans des filières à taux de placement élevé n'auraient pas à fournir de garantie alors que, pour les filières à taux de placement faible, ils en auraient besoin. Il est largement admis que cette pratique de la bourse héritée de la France, avec le nombre plus en plus important d'étudiants, les dérives récentes, n'est pas soutenable. Les étudiants doivent avoir des ressources pour bien réussir leurs études. Afin d'améliorer l'environnement bancaire des universités, que leurs personnels et les étudiants puissent en bénéficier, un « *think-tank* » a proposé, entre autres, la création d'une Banque éducative. La proposition de ce *think-tank* est exposée ci-dessous.

Banque éducative

Une banque de l'éducation est un système puissant non seulement pour accorder des crédits aux étudiants, mais aussi pour soutenir diverses activités du système éducatif ; ses fonctions consistent à :

- exploiter les ressources du secteur privé pour financer l'éducation ;
- prendre quelques responsabilités de financement du gouvernement ;
- accorder des crédits aux étudiants ;
- accorder des prêts pour la publication ;
- financer des équipements en leasing ;
- financer des projets ;
- mobiliser des fonds et des services pour les besoins éducatifs ;
- mobiliser des ressources financières pour l'éducation auprès de donateurs ;
- analyser les coûts récurrents de l'éducation ;
- financer la recherche scientifique sur l'économie et l'éducation ;
- entreprendre des analyses sur les coûts-bénéfices des investissements dans l'éducation.

Le modèle doit comporter les éléments suivants :

- être une réponse flexible pour l'augmentation des ressources financières de l'enseignement supérieur dans les pays en voie de développement ;
- l'existence de ressources suffisantes pour le schéma de crédit ;
- un processus transparent et équitable pour l'accès des étudiants au crédit ;
- des conditions d'éligibilité au crédit ouvertes ;
- des conditions raisonnables d'accès au crédit (taux d'intérêt, durée, termes de remboursement, nantissement, etc.) ;
- une gestion efficiente du management des crédits et du système de recouvrement ;
- une capacité à contribuer effectivement à l'expansion de l'accès et à l'amélioration de la qualité des diplômés de l'enseignement supérieur ;
- la pérennité et l'amélioration en permanence du modèle.

Plusieurs modèles sont envisageables :

Type 1 : Le partenariat entre une université et une banque ou une institution financière. Dans ce modèle, le financement est typiquement réservé aux étudiants d'une institution. Un exemple est le Panama où l'USAID participe à la structure de partage du risque avec Laureate Education Inc. Cela donne une opportunité aux banques locales de s'engager dans le financement des crédits aux étudiants.

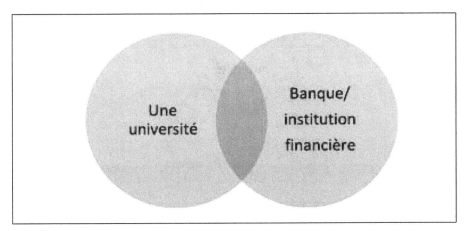

Mexico (UNITEC/FINEM)
Panama (Laureate & USAID)
RMIT Vietnam

Type 2 : Ce modèle s'applique à une banque ou structure financière ayant un portefeuille de financement des étudiants et ayant la possibilité de financer des étudiants de diverses institutions universitaires.

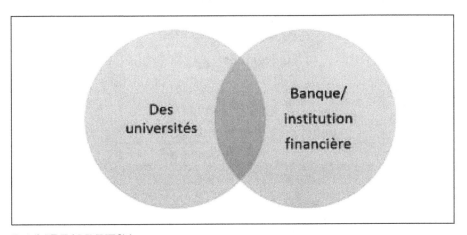

Brésil (IDEALINVEST)
Arabie Saoudite (Banque de Riyad)

Type 3 : Le partenariat entre une université, sa fondation d'université, une banque ou une institution financière. La fondation ajoute de la valeur par le management et l'administration des programmes de bourses aux étudiants. Elle peut aussi encadrer les étudiants pendant et après leurs études.

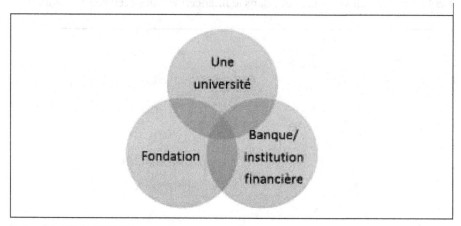

Colombie (UNANDES)
Indonésie (Sahabat Wanita)
Chili (DUOC)

Type 4 : Le partenariat entre des universités, une fondation et une banque ou une institution financière.

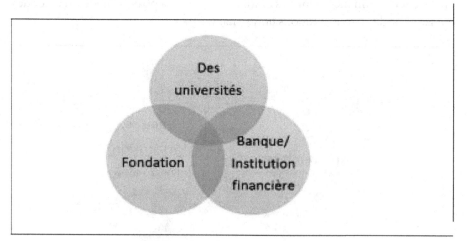

Banque de l'Ouest & Gaza (fondation du groupe Paltel)
Jordanie (OMNIX International)

Comme dans le modèle 3, le rôle des donateurs, entreprises à responsabilité sociale, structures d'aide et autres partenaires potentiels peut aussi être étendu à la contribution au capital de départ ou pour financer les premières pertes de la réserve. Dans certains cas, la fondation locale de l'éducation peut aussi apporter son concours dans le capital et/ou choisir de participer au partage du capital-risque avec la banque locale, et/ou avec les sponsors du secteur privé, l'aide étrangère ou d'autres partenaires donateurs.

Il est suggéré de considérer les cas avec la fondation, afin que l'accès au crédit soit plus équitable et que les étudiants soient sensibilisés sur l'accès au crédit, la gestion de leurs ressources et le remboursement au terme de leurs études. Dans ces cas, il est parfaitement envisageable que la fondation, dans le cadre de ses fonds de placement, puisse négocier, en rapport avec d'autres partenaires, la garantie des étudiants dont les parents ne peuvent se porter caution.

Il est possible de combiner ce système de crédit avec les bourses pour les étudiants dont les parents n'ont pas fait l'université et donc n'ont pas bénéficié du dispositif de bourses.

Les responsables, tout en travaillant pour mobiliser des ressources financières conséquentes, se rendent compte que ces ressources ne couvrent pas tous les besoins et essaient de les utiliser de façon optimale.

L'optimisation des ressources

Une fois le maximum possible de ressources financières mobilisées, l'université devra veiller à leur utilisation optimale pour satisfaire ses missions d'enseignement, de recherche et de services à la société. La répartition des ressources doit être conforme aux orientations du plan stratégique de l'université. Une orientation stratégique sans ressources financières pour la mettre en œuvre n'est qu'une incantation. L'alignement avec le plan stratégique n'exclut pas de hiérarchiser les besoins et de les classer par ordre de priorités. L'UCAD avait généralisé les conférences budgétaires afin d'optimiser l'utilisation des ressources disponibles.

Le développement des technologies permet de gérer le budget à partir d'un logiciel de gestion. Les informaticiens du service informatique de l'université avaient bâti et introduit un logiciel pour la gestion du budget à côté des autres logiciels de gestion. En hébergeant ce logiciel dans une plate-forme, il est possible de suivre l'évolution de l'utilisation des crédits. Les responsables doivent veiller au rythme de consommation des crédits et à leur consommation totale. Il importe d'anticiper sur les besoins et de tirer le maximum de profit de la concurrence sur le marché.

Naturellement, les gestionnaires des ressources, les dirigeants de l'enseignement supérieur doivent être d'une probité intellectuelle et morale très élevée. Ils doivent être mus par les bénéfices que l'institution peut tirer des ressources mobilisées. Ils doivent être associés à la célébration des résultats que les financements ont permis. Pour gérer de façon optimale les ressources, ils doivent rendre compte. La reddition des comptes n'est pas que l'optimisation de la gestion, elle est le corollaire de l'autonomie.

La reddition des comptes

Pour rendre compte, certaines universités réunissent le conseil d'administration et le conseil académique en une session unique, ouverte au public, dédiée à la présentation des résultats de l'université. Cette session est importante pour vérifier si les orientations sont respectées et si les objectifs sont atteints. Elle permet de tenir compte des réalités du terrain et, au besoin, d'ajuster la stratégie, voire de procéder à des réorientations.

L'UCAD, comme indiqué précédemment, avait institué une session annuelle de l'assemblée de l'université pour les comptes rendus. Tout le monde présentait ses résultats, la répartition et l'utilisation des ressources financières : le recteur et son équipe, les chefs d'établissements. Les chefs d'établissement avaient eux-mêmes confectionné leur grille de compte rendu. Toutes les présentations PowerPoint étaient immédiatement postées sur le site web. Cette session mettait tout le campus sous tension, chacun se préparant à la réussir au mieux. Est-ce que cette tension a concerné tous les collègues ? L'université apprenait beaucoup sur elle-même, sur sa diversité et sur les synergies à mettre en œuvre. Les étudiants aussi apprenaient de leur université. Cette volonté de transparence a été à la base de beaucoup d'opportunités de coopération pour l'UCAD. La session durait trois à quatre jours et consommait ainsi beaucoup de temps et d'énergie.

Le recteur de l'UCAD est tenu de faire un compte rendu annuel au gouvernement. Ce rapport servait à la conférence budgétaire du gouvernement et était utilisé pour donner toutes les informations et étayer toutes les demandes. La cartographie du rapport comprenait l'analyse des résultats des orientations du conseil interministériel, le compte rendu des dynamiques de l'université, la formulation des difficultés, des avancées et, en les argumentant, des demandes.

L'UCAD a créé une structure d'audit interne. Elle a été contrôlée par nombre de structures de l'État : inspection d'État, Cour des comptes, etc. Ce dispositif de contrôle de l'État sera augmenté avec l'accroissement des ressources financières mobilisées et c'est très bien ainsi.

Conclusion

Dans ce contexte de l'économie de la connaissance avec le renforcement de l'autonomie des institutions d'enseignement supérieur, les structures universitaires ont la responsabilité de sensibiliser tous les segments de la société pour mobiliser des ressources financières, à la mesure des missions aussi bien anciennes que nouvelles de l'université. On a indiqué une cartographie des ressources qui requièrent un travail conséquent des responsables des institutions de l'enseignement supérieur.

S'agissant des modèles de financement publics, il est constaté presque partout que les fonds publics sont alloués sous forme de dotations globales, couvrant des types très divers de dépenses, ces dispositifs étant assortis de mesures de responsabilisation sur l'usage des fonds publics (audits financiers, indicateurs de performance, rapport, production d'informations pour alimenter des bases de données, publicité des résultats d'évaluation) (Balme *et al.* 2012).

La diversification des sources de financement ne décharge en rien les autorités publiques de leurs responsabilités. L'investissement des autorités publiques dans l'enseignement supérieur atteste de leur compréhension de la nature de l'économie d'aujourd'hui et certainement de celle de demain. Les ressources publiques concernent l'État, mais aussi les collectivités locales. Les autorités publiques, tout en engageant des ressources financières considérables, ont la responsabilité de construire un environnement favorable au bon fonctionnement des établissements d'enseignement supérieur. Il est attendu, entre autres, un cadre fiscal adéquat, la mise en place d'un dispositif d'accès aux crédits étudiants, la création d'une Banque éducative, ainsi qu'un dispositif de contrôle a posteriori adéquat.

Les établissements d'enseignement supérieur public peuvent générer beaucoup de ressources grâce aux apprenants tant de la formation initiale que continue, à l'expertise de leurs enseignants-chercheurs, chercheurs et étudiants avancés, et à leurs infrastructures.

L'exploration de l'environnement bancaire est aussi à considérer d'autant qu'il est possible de le rendre plus favorable par la création de la Banque éducative.

Les responsables des institutions d'enseignement supérieur, en sensibilisant tous les segments de la société sur la nécessité d'apporter leurs contributions dans le financement, aident à l'internalisation de l'enseignement supérieur par la société. En apportant son concours au financement, la société sera plus exigeante vis-à-vis de l'enseignement supérieur. Ce cercle vertueux peut être construit partout. Il se nourrit de l'utilisation optimale des ressources ainsi que de la reddition des comptes qui est un outil à la disposition des établissements d'enseignement supérieur pour apprécier l'atteinte de leurs propres objectifs, afin de pouvoir les réorienter en fonction des retours du terrain et des dynamiques externes.

4

La formation

Introduction

L'université sénégalaise a été héritée de la colonisation avec la création de l'Université de Dakar en 1957, devenue Université Cheikh Anta Diop de Dakar (UCAD) en 1997. À sa création, elle était la 18ᵉ université française (Sall 2016). Elle s'inscrit dans la suite logique des universités européennes.

Bologne, Oxford, Paris, les premières universités européennes, apparaissent au tout début du XIIIᵉ siècle, prenant la suite d'écoles épiscopales où s'enseignaient les sept « arts libéraux » et l'Écriture sainte. Les « arts libéraux » constituent à l'époque le niveau le plus élevé de la culture savante : ils comportent une base constituée de la grammaire, de la rhétorique, de la logique, de l'arithmétique, de la musique, de l'astronomie, de la géométrie ; la théologie en constitue le couronnement. Des disciplines plus pratiques, telles que le droit et la médecine, dotées cependant d'un bon niveau d'abstraction, complètent ces disciplines de base. Chaque université comporte quatre facultés : arts, médecine, droit, théologie. La faculté des arts fonctionne comme une faculté préparatoire aux études supérieures à proprement parler ; les « arts libéraux » qui y sont enseignés sont partagés entre le *trivium*, arts des mots et des signes (grammaire, rhétorique, dialectique), et le *quadrivium*, arts des choses et des nombres (arithmétique, musique, astronomie, géométrie) (Balme *et al.* 2012).

L'école africaine de médecine de Dakar, créée en 1918, est l'embryon de l'Université de Dakar (Bailleul 1984 ; Grimand 1978). À sa suite fut créé en 1950 l'Institut des hautes études de Dakar avec quatre écoles : l'école de droit, l'école de médecine, l'école de science et l'école des humanités/langages (Éducation africaine, n° 3, 1950). Le 24 février 1957, le gouvernement de la République française créa l'Université de Dakar sous le parrainage conjoint des Universités de Paris et de Bordeaux, ce qui traduit la reconnaissance de l'Institut français d'Afrique noire (IFAN) et de celui des hautes études de Dakar (Sall 2016).

À l'image des universités françaises, l'Université de Dakar comptait les quatre facultés de droit, médecine, lettres et science. En dehors des facultés de médecine et de droit, les enseignements sont disciplinaires. La mission était de former des agents de la fonction publique et les effectifs étaient faibles.

L'accession du Sénégal à l'indépendance n'a pas beaucoup changé les orientations, même s'il faut signaler l'effort d'africanisation des enseignements dans les humanités. L'université sénégalaise, à l'image des universités françaises, dispensait le savoir dans les facultés et laissait la formation professionnelle aux écoles et instituts de formation. Ainsi, les effectifs dans les facultés, avec les résultats de l'Éducation pour tous (EPT), ont explosé ; en revanche, les écoles et instituts, du fait de leur mode de sélection, ont gardé des effectifs relativement réduits.

- Comment les établissements d'enseignement supérieur, au regard de la massification-démocratisation, de la nécessité de satisfaire les besoins du secteur public et de tous les autres secteurs de la société, doivent-ils renforcer leur efficience à travers la professionnalisation des formations ? Est-ce que la formation tout au long de la vie est bien prise en charge ?
- Comment les établissements d'enseignement supérieur doivent-ils intégrer la pédagogie avec le formidable développement de l'Internet et des bases de données ?
- Quelles leçons tirer de l'évaluation des enseignements pour améliorer la qualité des enseignements ? Comment évaluer la capacité des étudiants à apprendre à apprendre ?
- Comment traiter au mieux les services aux étudiants ? Même avec le développement des TIC, les infrastructures ainsi que leur maintenance restent au cœur des universités de rang mondial. Comment se doter d'infrastructures de qualité et bien les gérer ?

Toutes ces questions seront abordées à la lumière de l'abondante littérature en la matière et à travers le prisme de l'expérience syndicale, décanale, rectorale et du conseil.

Les filières de formation

Des quatre facultés de base, l'UCAD est passée à six : sciences juridiques et politiques (FSJP) ; sciences et techniques (FST) ; lettres et sciences humaines (FLSH) ; sciences économiques et de gestion (FASEG) ; médecine, pharmacie et odontostomatologie (FMPOS) ; sciences et technologies de l'éducation et de la formation (FASTEF). Elle compte beaucoup d'instituts et d'écoles dont les plus importants sont : l'École supérieure polytechnique (ESP) ; l'École des bibliothécaires, archivistes et documentalistes (EBAD) ; le Centre d'enseignement des sciences et techniques de l'information (CESTI) ; l'Institut fondamental d'Afrique noire (IFAN) ; l'Institut national des sciences de l'éducation populaire et sportive (INSEPS) ; l'Institut des sciences économiques appliquées (ISEA). Les facultés, en dehors des facultés de médecine et de droit, dispensent généralement des formations disciplinaires et les instituts et écoles assurent des formations professionnalisantes.

La massification/démocratisation de l'enseignement supérieur, la saturation de la fonction publique, le développement du secteur privé, la diversification des besoins de la société, l'efficience de l'enseignement supérieur qui est mesurée, entre autres, à l'aune du flux de transit interne et de l'insertion des diplômés, ont totalement changé la donne. Ainsi, profitant de la réforme LMD, toutes les facultés, outre l'amélioration des flux internes, essaient de prendre en charge l'employabilité de leurs diplômés en créant des filières professionnalisantes. Ainsi, le monopole des instituts et écoles est questionné.

Il faut tout de même reconnaître que les facultés de sciences et de lettres ont totalement assumé leur mission première parce qu'ayant formé les enseignants de tous les ordres d'enseignement, y compris du supérieur. En sus de cette mission de formation des enseignants, de la maternelle au supérieur en passant par l'enseignement technique et la formation professionnelle, elles doivent maintenant apporter leurs concours en rapport avec les autres établissements, à la satisfaction des besoins des autres segments de la société. La première mission, même si elle est largement assumée, n'est pas terminée. En effet, le système aura toujours besoin d'enseignants, de plus en plus qualifiés et de plus en plus nombreux, mais d'autres compétences sont nécessaires et les facultés doivent apporter leur contribution. La FMPOS a irrigué le système sanitaire de médecins de haut rang, la FSJP ainsi que la FASEG ont fourni les administrateurs, juristes, gestionnaires, etc.

La question du placement des diplômés doit être traitée en rapport avec le développement de l'économie du pays en tenant compte de la démocratisation de l'accès à l'enseignement supérieur. Naguère, des diplômés avec seulement des compétences disciplinaires générales ont pu s'insérer un peu partout en s'adaptant rapidement. Il est à reconnaître qu'avec le développement des sciences et de leurs applications, des compétences nouvelles s'avèrent nécessaires.

Il apparaît également que l'horizon d'insertion des diplômés s'est, dans une large mesure, déplacé de la fonction publique vers le privé et, de plus en plus, il est demandé à l'enseignement supérieur d'ouvrir le spectre de l'économie avec les compétences que requiert l'économie de la connaissance. Les établissements d'enseignement supérieur forment les étudiants à entreprendre et les gouvernements, en rapport avec les établissements, créent l'environnement adéquat. L'entreprenariat ainsi que la culture d'entreprise, les pépinières d'entreprises et autres parcs scientifiques et technologiques entrent dans les missions des universités. L'État, en rapport avec les établissements, met en place un système de promotion de la création d'entreprises. L'accès aux crédits et aux marchés publics et les incitations fiscales constituent des mesures de stimulation à étudier avec toute l'attention requise afin de promouvoir le développement des entreprises créées par les sortants de l'enseignement supérieur.

Dans cette profonde mutation, des alliances sont nécessaires pour atteindre les objectifs. L'université, tout en consolidant les enseignements disciplinaires, les croise pour féconder des compétences. Afin de faciliter l'éducation tout au long de la vie, il importe de consolider les fondamentaux. La présence de professionnels permet de mieux appréhender les besoins du monde socioéconomique. Elle doit aussi être effective dans les structures de gouvernance, de formation et de recherche. C'est cette synergie qui procure plus d'efficience à l'enseignement supérieur.

Ainsi, divers dispositifs sont mis en place pour atteindre les multiples objectifs assignés à l'enseignement supérieur. Au cours de ces dernières années, l'explosion des technologies de l'information et de la communication s'est traduite par une forte alimentation des bases de données et leur plus grande accessibilité, la pédagogie s'est beaucoup développée dans les universités et avec l'assurance qualité, l'évaluation des enseignements est en train de se généraliser. La CMES de 1998 avait recommandé l'introduction de la pédagogie dans les établissements d'enseignement supérieur.

La pédagogie universitaire

Dans cette quête permanente d'efficience, les universités ont mis en place des dispositifs d'accueil et d'orientation des étudiants et des cellules pédagogiques. L'objectif est de mieux ajuster les interactions entre enseignants et enseignés.

Une cellule d'aide aux étudiants a de nombreux effets positifs sur le déroulement de la mission d'enseignement des universités. Ces missions peuvent se résumer dans les termes suivants (Denef 2015) :

- information sur l'enseignement supérieur en amont de l'université ;
- aide aux étudiants en difficulté et support à la réflexion sur la (ré)orientation ;
- aide à l'insertion socioprofessionnelle.

Les amphithéâtres de rentrée avaient été engagés à la FST et se sont, par la suite, généralisés à toute l'université. Il s'agit de sessions organisées à l'attention des primo-entrants pour leur expliquer la nature de l'université, notamment la gestion du temps, ainsi que le travail personnel attendu des étudiants. Le panel d'animateurs est constitué du chef de l'établissement et de son équipe, de certains enseignants de l'amphi et d'étudiants dans les niveaux supérieurs. Il faut reconnaître que, dans cet exercice, les étudiants avancés communiquent mieux parce que vivant la réalité des étudiants en perpétuel changement.

« Aucun étudiant, même issu d'un baccalauréat général, ne semble pouvoir aujourd'hui faire l'économie d'une consolidation de ses capacités méthodologiques, qui doivent être travaillées dès le début de la formation et en cohérence avec un contrôle plus fréquent du travail personnel » (Goulard 2015:85). Dans certaines universités, une prise en main des nouveaux étudiants est opérée dès la rentrée, ils sont initiés à la recherche documentaire par la bibliothèque. Les ressources électroniques se développant, il est pertinent d'aider les étudiants à pouvoir y chercher l'information utile.

Une information beaucoup plus efficace sur les filières, sur les disciplines et leurs exigences, sur les taux de réussite et leurs débouchés, ainsi des recommandations personnalisées, en fonction des aptitudes du lycéen, seraient appropriées.

Beaucoup d'universités, de par le monde, ont mis en place une cellule pédagogique. Les missions et le statut de celle-ci varient fortement, mais les missions de base sont généralement les mêmes (Denef 2015) :

- formation, suivi et conseil aux enseignants ;
- expertise dans les méthodes et processus pédagogiques ;
- support logistique dans le domaine pédagogique et souvent des multimédias ;
- évaluation interne des enseignements.

Tenant compte de la recommandation de la CMES sur la pédagogie universitaire, la recommandation centrale de la rencontre sous-régionale sur la pédagogie universitaire que l'UCAD avait organisée au tout début du mandat du nouveau recteur (2004) était la création d'un centre de ressources technologiques et pédagogiques (CRTP). Un module de pédagogie universitaire comme unité de formation dans toutes les études doctorales a été introduit à la suite de cette rencontre.

Les mutations du paysage de l'enseignement supérieur et, en particulier, les questions d'assurance qualité, favorisent l'émergence d'une fonction enseignante et le développement de pratiques pédagogiques plus diversifiées et plus actives. Les enseignants sont davantage perçus « comme des concepteurs de situations stimulantes d'apprentissage, comme des mentors et des aides » (Langevin 2008).

La massification-démocratisation de l'enseignement supérieur pose de sérieux problèmes logistiques et pédagogiques aux responsables universitaires, d'autant que les moyens financiers et humains n'ont pas suivi la hausse brutale de la demande. La démocratisation de l'enseignement et les nouvelles technologies ont modifié profondément l'attitude des étudiants et les relations entre enseignants et apprenants. Aujourd'hui, l'enseignant n'est plus le seul détenteur des connaissances, celles-ci sont disponibles dans les bibliothèques et sur Internet. L'augmentation du corps des connaissances liée aux résultats de la recherche et à leur accès plus facile dans les bibliothèques ou sur la toile a aussi un impact profond sur le contenu des enseignements et les modes de partage.

Il y a traditionnellement deux grands types d'approches : une approche orientée « contenus » et centrée sur l'enseignant, où les étudiants sont considérés comme les destinataires plutôt passifs des contenus transmis par l'enseignant ; une autre, orientée « apprentissage » et centrée sur l'étudiant, où l'enseignant s'attache davantage à faciliter les apprentissages. La plupart des enseignants combinent les deux approches d'une manière ou d'une autre, adaptant leur pratique en fonction du contexte (Postarref, v. Endrizzi 2011:4).

Dans le « développement pédagogique, il s'agit de « proposer des formations et/ou d'accompagner les enseignants du supérieur dans leur activité d'enseignement (préparation et animation de cours, conception de programme, organisation pédagogique, évaluation). » (Endrizzi 2011:1).

Les besoins de formation s'expriment différemment selon l'âge, le sexe, l'ancienneté et la discipline d'appartenance. Par exemple, les demandes dans les disciplines scientifiques et médicales sont plus orientées vers les TIC, alors qu'elles portent plus sur les relations avec les étudiants en lettres et sciences humaines. Au-delà des variations, les enseignants recherchent des formations plutôt proches de leurs pratiques et considèrent le savoir pédagogique comme empirique. (Beney, v. Endrizzi 2011:5)

Les fondations du SoTL (*Scholarship of Teaching and Learning*) ont été posées dès le début des années 1990 par l'Américain E. Boyer, qui a décrit le métier d'enseignant-chercheur à l'aide de quatre types d'expertise, incluant l'enseignement (1997).

Dans cette démarche de professionnalisation, il s'agit d'aider les enseignants à passer d'un savoir individuel implicite à un savoir explicite partagé au sein d'une communauté de pratiques, en s'appuyant sur les savoirs issus à la fois de l'expérience et de la recherche. La démarche est donc plutôt expérientielle (Colet 2009). Quelles activités pédagogiques mettre en place pour apprendre à l'étudiant à mobiliser de manière adéquate les connaissances apprises ? Et donc, quelle est la part de l'enseignement centré sur l'acquisition des connaissances et la part de la formation consacrée à l'apprentissage de la mobilisation de ces connaissances ?

Les facultés de médecine américaines ont été pionnières dans l'intégration de ces dimensions, en développant des *curricula* caractérisés par un enseignement centré sur les problèmes et les projets.

Toutes les recherches signalent que l'influence du département au moment de l'entrée dans la carrière est fondamentale pour réduire les incertitudes (Smith 2010) et que les conceptions de l'activité d'enseigner résultent d'un construit complexe, marqué par la concurrence entre la recherche et l'enseignement (Fanghanel 2007 ; Norton 2010).

L'étude comparative menée par l'OCDE montre que, pour être efficace, un centre de développement pédagogique doit savoir être stratégique (en particulier dans les relations avec les doyens de facultés et autres responsables centraux), adopter une approche multidimensionnelle et savoir gérer les pressions internes et externes, qu'elles soient de nature technologique, organisationnelle, culturelle ou politique (Kanuka, v. Endrizzi 2011:14).

Les méthodes qui impliquent davantage l'étudiant dans la gestion de son apprentissage et le recours à certaines ressources offertes par les TIC, que ce soit en présentiel ou à distance, sont des pistes à explorer et qui devraient faire l'objet d'une fertilisation croisée grâce à des échanges d'expériences.

Si l'enseignement magistral est très efficace pour de petits groupes, l'enseignement magistral à de grands groupes limite fortement les interactions entre enseignants et étudiants. Différents outils permettent cependant d'améliorer cette interaction, en particulier la technique du 6X6 ou 3X3, demander à des étudiants de discuter dans l'amphithéâtre sur un point et faire répondre au nom du groupe (Denef 2015:141).

Il importe de mieux réfléchir sur la transition entre le lycée, avec ses effectifs réduits dans une classe, et l'enseignement en première année de faculté, organisé de plus en plus dans de grands amphithéâtres sous l'effet de la massification-démocratisation.

Comment, dans le curriculum, aider davantage l'étudiant à développer ses connaissances génériques, entre autres à communiquer, argumenter et convaincre ses interlocuteurs, motiver son équipe, gérer un projet, conduire une réunion, etc. Ce sont ces savoirs fondamentaux qui permettent au diplômé d'évoluer ultérieurement dans un environnement professionnel en constante mutation.

Il convient de relever, d'après De Ketele (2010), que le *curriculum* n'est pas le programme, il comporte le programme, les finalités, les enjeux, le profil de sortie et sa déclinaison en compétences et ressources requises, les choix méthodologiques, la description des dispositifs d'évaluation et, surtout, la cohérence entre tous ces éléments.

En rapport avec la promotion de la pédagogie universitaire, dans le cadre de l'assurance qualité, l'évaluation des enseignements se développe également.

L'évaluation des enseignements

L'évaluation des enseignements par les étudiants (EEE : 3^E) est une pratique qui se généralise. Ce sont les étudiants américains qui, à la fin des années soixante, l'avaient réclamée.

La question de la compétence des étudiants pour évaluer leurs enseignements, soulevée de façon récurrente par les détracteurs et résistants à l'EEE, paraît cependant mal posée : il ne s'agit pas de présupposer l'existence d'une compétence générique, mais de créer les conditions favorables à un engagement des étudiants dans leurs études, l'EEE pouvant dès lors servir d'aiguillon (Detroz, v. Endrizzi 2014:25).

Est-ce que l'évaluation des enseignements couvre l'évaluation de la chaîne éducative, quid de la préparation des nouveaux étudiants, de l'environnement de travail, de l'accès à la BU et aux bases de données ?

Qui organise l'évaluation, quand, à qui sont destinés les résultats ?

Il y a beaucoup de résistance à la mise en place de l'EEE à l'UCAD. Les dispositifs d'assurance qualité se généralisant avec l'Autorité nationale d'assurance qualité (ANAQ), les universités vont de plus en plus y recourir.

Si l'institution d'enseignement est un lieu de formation qui doit pousser les étudiants à prendre en charge leur formation, à apprendre à apprendre, elle est aussi un lieu d'éducation. L'évaluation des enseignements couvre un large spectre :

- évaluation de l'activité pédagogique individualisée des universitaires ;
- évaluation de la pertinence des enseignements universitaires (finalités, contenus) ;
- évaluation de la qualité pédagogique (méthodes, techniques et stratégies d'enseignement) (d'après le rapport de Maurice Gomel (1996), v. Endrizzi 2014:15).

C'est sur le flux de transit interne ainsi que le taux d'insertion, avec la qualité des emplois trouvés par ses étudiants, que l'établissement bâtit sa réputation.

Pour remplir au mieux ces objectifs, des filières ont été amenées à développer des dispositifs de suivi de leurs anciens élèves et ont multiplié les interfaces avec les employeurs publics et privés.

La référence A.II.3 du *Livre des références* est ainsi citée par Laure Endrizzi (2014 :14) :

L'offre de formation fait l'objet d'une évaluation régulière.

- Critère 1 : les enseignements sont évalués régulièrement ;
- Critère 2 : les étudiants sont associés aux évaluations des enseignements et des formations ;
- Critère 3 : les milieux professionnels participent aux évaluations ;
- Critère 4 : les résultats des examens et des concours sont analysés et diffusés ;
- Critère 5 : des commissions s'appuient sur les résultats des évaluations pour faire évoluer l'offre de formation et les enseignements ;
- Critère 6 : l'insertion professionnelle des diplômés fait l'objet d'un suivi permanent qui est publié.

Les pratiques et les expériences sont diverses, ainsi que le retrace Laure Endrizzi (2014), aux analyses de qui nous sommes redevable, y ayant eu amplement recours dans ce chapitre :

Une enquête longitudinale, la NSSE (*National Survey of Student Engagement*), développée par l'Université d'Indiana, s'est répandue depuis le début des années 2000, aux États-Unis et au Canada, avec pour objectif d'évaluer le degré d'engagement des étudiants dans leurs études et ce qu'ils perçoivent des efforts déployés par l'institution qui les accueille pour les aider à réussir. Elle est administrée à la fin des première et dernière années académiques du premier cycle dans les *colleges* participants (603 aux États-Unis en 2010). Quatre dimensions structurent le questionnaire, en plus des informations relatives au profil des étudiants : participation à des activités éducatives multiples ; exigences institutionnelles et nature stimulante des cours ; perception de l'environnement d'étude ; estimation de leur développement individuel, en tant qu'étudiant et personne, depuis le début du *collège*. Cette entrée par l'engagement des étudiants est assez originale.

Qu'il s'agisse de mesurer le niveau de défi intellectuel offert par les cours, la part d'apprentissage actif et collaboratif ou bien la quantité et la qualité des interactions entre enseignants et étudiants, tous ces indicateurs, testés sur plusieurs centaines d'établissements, constituent aujourd'hui une mesure fiable de l'engagement des étudiants dans leurs études et corrélativement, de leur réussite, caractérisée par des indicateurs de performance, mais aussi de « gain » (ce qui a changé pendant la formation) (Pascarella 2010). La NSSE est ainsi utilisée par les établissements pour identifier leurs faiblesses en termes d'enseignement et pour démontrer l'impact positif lié à l'introduction de certaines méthodes pédagogiques. (Endrizzi 2014:24-25)

La qualité du questionnaire ne fait pas tout... Ce sont les conditions d'implémentation de l'ensemble du dispositif qui sont cruciales et, en particulier, son institutionnalisation. Si l'EEE n'est pas intégrée dans la politique de l'établissement (au moyen d'une charte par exemple), elle court en effet le risque d'être interprétée comme étant marquée par les points de vue des personnes en charge du dossier et son potentiel mobilisateur en sera amoindri. D'autres recommandations sont émises dans la littérature, nous transcrivons ici celles qui ressortent de Romainville (voir notamment Romainville & Coggi 2009 ; Younès & Romainville 2012):

- faire en sorte que les enseignants ne soient pas dépossédés, mais au contraire impliqués dans toute la démarche : définition des objectifs, procédures, critères et modalités de circulation de l'information, usages et publicité des résultats ;
- prévoir un questionnaire avec une partie commune, permettant d'obtenir des résultats consolidés à l'échelle de l'établissement et avec une partie adaptée aux enseignements concernés ;
- veiller à se préserver de tout excès conduisant à faire de l'évaluation pour l'évaluation et à ce que la fréquence d'administration et la longueur des questionnaires soient raisonnables ;
- épargner dans un premier temps les innovations pédagogiques pour éviter de stigmatiser ce qui pourrait relever de maladresses ou de simples tâtonnements ;
- privilégier une diversité de méthodes d'évaluation (quantitative/qualitative ; pendant/à la fin des cours ; outils synthétiques/analyses plus approfondies) pour croiser les résultats ;
- prêter attention à l'information faite aux étudiants, tant sur les motifs et les procédures que sur les effets (quelles améliorations à l'issue des évaluations ?) ;
- travailler la cohérence entre l'EEE et d'autres modalités d'évaluation, dans la perspective d'une démarche qualité plus globale visant les formations, voire l'institution ;
- ne pas négliger l'accompagnement ni le suivi, en étant, par exemple, attentif à la manière de communiquer des résultats négatifs... (Endrizzi 2014:31).

Les questions de l'Observatoire de la vie étudiante permettent aux étudiants d'apprécier :

- leur établissement (relations avec les enseignants et le personnel administratif, équipements pédagogiques, culturels, sportifs, etc.);
- leur formation (information sur la formation, entraide entre étudiants, intérêt des cours, disponibilité des enseignants, qualité pédagogique des enseignants) ; et,
- leurs pratiques d'études (temps consacré au cours et au travail personnel, absentéisme, fréquentation de la bibliothèque, motivations)(Endrizzi 2014:25).

Les recherches montrent que certaines conditions inhérentes au dispositif d'EEE peuvent influencer positivement les réponses : le fait, par exemple, que l'enseignant soit physiquement présent dans la salle au moment de l'évaluation et lorsque les étudiants savent que leur jugement va compter pour la promotion de l'enseignant. (Endrizzi 2014:27)

S'agissant des biais relatifs à la relation de travail entre l'enseignant et l'étudiant, il est également établi qu'un enseignant indulgent dans la notation ou peu exigeant envers les étudiants n'est pas mieux évalué. Les résultats sont très clairs concernant la quantité de travail demandée aux étudiants : ce sont les enseignants les plus exigeants qui obtiennent les meilleurs scores ; ils sont plus ambivalents concernant le rapport à la note espérée ou obtenue, mais globalement une surévaluation des étudiants ne garantit pas une surévaluation du cours […] L'évaluation des enseignements peut répondre à différents objectifs : fournir un diagnostic à l'enseignant, améliorer la formation des étudiants, informer les décisions administratives relatives aux enseignants, valoriser l'enseignement, éclairer les choix de cours des étudiants ou bien encore fournir des données aux chercheurs. » (Bernard 2011) […] Mais les politiques d'évaluation ne sont pas toujours explicites quant aux objectifs poursuivis, et les frontières entre évaluation de formations, évaluation des enseignements et évaluation des enseignants, d'une part, et entre évaluation administrative (contrôle) et évaluation formative (accompagnement), d'autre part, s'avèrent souvent poreuses (Romainville 2009 ; Younès 2012 ; Younès 2013), (Endrizzi 2014:26-27).

Un modèle unique et transférable n'existe pas. Les évolutions récentes de l'EEE invitent à sortir des approches normatives, voire mécanistes, qui ont longtemps prédominé, pour privilégier des modèles participatifs, inscrits dans une temporalité variable selon la préexistence d'une « culture pédagogique ». Pour Younès *et al.* (2013), il s'agit de développer une culture de l'EEE en tant que dispositif concerté et négocié et d'engager tous les acteurs dans un processus de réflexivité collective, y compris les étudiants, dans le cadre d'une éducation à la citoyenneté académique. L'approche se doit d'être « écologique », dans le sens où le milieu dans lequel l'enseignement se tient doit être pris en compte, car il influence le sens que les acteurs accordent à l'acte d'enseigner et d'apprendre.

Pour autant, ces démarches participatives ne sont pas garanties par le simple fait de réunir des acteurs autour d'une table, et le débat peut être largement pollué par des questions de détail. Le leadership doit être ferme, basé sur une définition préalable des étapes et du calendrier, pour acter les décisions au fur et à mesure. Les avancées, pour respecter une certaine linéarité, requièrent chez le porteur de projet une habileté à gérer des cercles concentriques, avec des allers-retours constants entre le collectif et l'intersubjectif (Detroz 2014). De la crédibilité du processus dépend la crédibilité du jugement, c'est-à-dire la manière dont il est reçu par les enseignants (Hurteau 2013). [...] Les travaux sur l'impact des EEE laissent une impression mitigée, voire paradoxale, car leur efficacité dans la formation n'est pas mise en évidence de façon univoque par la recherche. Les raisons invoquées sont généralement de plusieurs ordres : soit la méthodologie n'est pas valide, soit l'organisation institutionnelle n'est pas adaptée (faible exploitation et suivi des résultats), soit le poids des représentations et les risques psychosociaux sont insuffisamment pris en compte (Younès 2012), (Endrizzi:31-32).

Si les enseignants, individuellement, ont l'impression que les évaluations les aident à progresser, le suivi longitudinal de 195 enseignants sur 13 ans, réalisé par Marsh (2007) au travers du SEEQ, ne montre pas d'évolution sensible de la qualité de l'enseignement, en lien avec l'expérience ; autrement dit, les enseignants jugés efficaces le sont, quel que soit le contexte, alors que ceux qui sont jugés inefficaces le restent toute leur carrière durant ; ainsi les profils mis en évidence (par exemple « bien organisé, mais peu enthousiaste ») s'avèrent relativement stables dans le temps. [...]

Pour Romainville (2010), un objectif d'amélioration des enseignements est atteint grâce à un triple suivi de l'EEE : une interprétation et mise en contexte des résultats, une communication de cette analyse aux acteurs concernés et une offre de formation et/ou d'accompagnement pour remédier aux faiblesses constatées. [...]

Pour Centra (1993), quatre conditions doivent être réunies pour que des effets soient repérés à l'échelle des enseignants : disposer d'informations nouvelles sur leurs points forts et points faibles ; considérer les sources d'information comme légitimes et les informations pertinentes ; savoir comment utiliser ces informations pour changer ; être motivé à modifier ses pratiques. [...] Dès lors, un système d'EEE qui respecterait quelques principes, tels que ceux définis par Berthiaume *et al.* (2011) (confidentialité, responsabilité, adaptabilité et réflexivité), présenterait une configuration propice à l'évolution des pratiques. [*Ibid.* 34]

L'idée que l'intervention d'un conseiller pédagogique, que ce soit en aval au moment du *feedback*, ou en amont et en aval pour impulser une démarche suivie, favorise l'impact des EEE est largement étayée par des recherches empiriques (Piccinin 1999). [*Ibid.* 35]

Pour De Ketele *et al.* (2010), la condition centrale pour que l'évaluation fasse levier est la reconnaissance : il est capital que la personne soit reconnue comme sujet et que soient valorisées ses tentatives de progression et de développement. « Dans cette perspective, l'évaluation serait moins « jugement de valeur » que « valorisation », c'est-à-dire « mise en valeur » des potentialités et des progrès » [...]

Pour Bernard (2011), par exemple, il s'agit de privilégier une approche plurielle dans laquelle l'EEE n'est qu'une modalité d'évaluation parmi d'autres et qui s'incarne dans un *continuum* « évaluation, amélioration, valorisation » de l'enseignement (EAVE). Ce processus, systématique, doit permettre d'articuler l'évaluation d'un cours en particulier (dont les résultats intéressent directement l'enseignant) et l'évaluation de tous les cours dans toutes les disciplines (dont les résultats globaux et anonymes doivent être disponibles et partagés par des commissions ou comités de programme). L'objectif de l'EAVE n'est pas de cibler les individus pour qu'ils s'améliorent : il s'agit bien d'analyser la performance d'un programme de formation pour penser les améliorations collectives. Son déploiement oblige à évaluer de manière exhaustive toutes les dimensions (pas seulement la prestation en cours) et toutes les activités d'enseignement (pas seulement les cours magistraux), et à utiliser plusieurs sources d'information et plusieurs moyens pour évaluer l'enseignement (pas exclusivement les enquêtes par questionnaire auprès des étudiants). Il doit conduire également à mettre en place une offre de formation destinée aux nouveaux enseignants avant de les évaluer. Cette vision est également partagée par la *National Academy of Engineering* aux États-Unis (King 2009), (Endrizi 2014:36).

Il reste à prendre en charge les résultats des évaluations dans les carrières des enseignants et à nourrir les assemblées de département de ces résultats. En effet, dans les départements de l'UCAD, les enseignements sont attribués aux collègues et assez souvent, quelles que soient leurs prestations, ils les conservent durant toute leur carrière. Si certains font des efforts méritoires pour maintenir leurs enseignements aux standards, d'autres ne les renouvellent pas, ou donnent de mauvaises notes sur une longue période, sacrifiant ainsi plusieurs générations d'étudiants. L'exploitation des résultats de l'EEE doit permettre de tenir compte des retours d'information. L'attribution, le maintien, le retrait des enseignements doivent être objectivés par les résultats de l'EEE. L'orientation ne doit pas être répressive ; bien au contraire, il s'agit d'une quête perpétuelle d'une situation plus favorable et d'une co-construction de standards toujours plus élevés. Il importe aussi que les promotions des enseignants en tiennent compte. Dans les critères d'avancement à l'UCAD, il y a trois paramètres : les résultats de recherche, l'apport pédagogique et les services à la citoyenneté. Certainement, le rapport pédagogique devrait être consolidé par les résultats de l'EEE.

Toutes ces mutations doivent s'opérer pour mettre l'étudiant au cœur du processus.

Les services aux étudiants

Le management au service des étudiants requiert la plus haute attention. Il faudrait veiller à leur information sur l'université et ses finalités, traiter de leur orientation dans les diverses filières avec les meilleures conditions de succès en tenant compte de leurs capacités, veiller à leur réorientation, si nécessaire, de manière à avoir le moins d'échecs possible, accorder une attention particulière à leur insertion. Les conditions de ressources, d'hébergement, de restauration, de sport, de santé ainsi que la vie culturelle et scientifique doivent aussi être au cœur du management universitaire. Certes, certaines institutions pensent que tout ceci relève du social, mais une des vocations de l'université est de bâtir un monde reposant sur plus d'équité, et d'être un ascenseur social en autorisant par la force de l'effort et du travail à gravir les échelons sociaux grâce aux diplômes de l'université. Naturellement, la vocation de l'université n'est pas de mettre toutes ses ressources à disposition de l'amélioration des conditions de vie des étudiants au détriment des conditions d'étude et de recherche. Chaque société invente ses solutions en tenant compte de son héritage, de sa situation socioéconomique, de sa compréhension de son propre devenir. Toutes les solutions doivent être envisagées, l'origine sociale doit être la base de traitement, l'environnement bancaire devrait être sollicité sans pour autant en arriver à l'excès qu'est le système d'endettement des étudiants américains.

Afin de prendre en charge ces besoins, certaines universités ont créé des services ou directions dédiés à certaines fonctions. Ainsi, on rencontre de plus en plus des services ou directions dédiés à l'information des élèves, l'orientation et la réorientation des étudiants et l'insertion des diplômés, à l'hébergement des étudiants en y corrélant non seulement les chambres, mais aussi les infrastructures sportives, la santé, l'animation culturelle et scientifique, les ressources financières des étudiants.

Goulard *et al.* (2015:28-29) préconisent quatre missions pour les services de l'accueil, de l'orientation, la réorientation et l'insertion des diplômés. Il s'agit de :

1. L'analyse approfondie du devenir des diplômés et des perspectives d'insertion (fonctions d'observation). Ce service suit la population étudiante tout au long de son parcours, enquête sur le devenir professionnel des diplômés (selon leur niveau d'études et selon les disciplines), il évalue ensuite les formations et les enseignements. Le service développe à cet effet des indicateurs, fournit des statistiques qui pourront être mises en avant pour montrer l'efficacité et la qualité des formations.

2. L'interaction avec les employeurs potentiels : l'analyse de la demande des entreprises, des administrations et de l'action sociale est suivie en permanence, en particulier dans le bassin d'emploi où se situe l'université. Le service organise des événements (*fora*, visites, présentations) pour développer les liens entre les étudiants et le monde du travail. Une autre tâche majeure du service consiste à organiser et à suivre des stages et des

formations en alternance. Le service veillera à ce que les différents outils de préparation à l'insertion soient activement mis en œuvre (notamment la formation par projet, les stages, les modules professionnalisants).

3. L'aide aux étudiants. La visibilité du service est très importante pour son succès auprès des étudiants, elle sera développée par des présentations sur le campus, surtout en multipliant les entretiens particuliers. Il s'agit de diffuser des informations, et tout particulièrement d'attirer l'attention des étudiants sur le fait que leur employabilité dépend d'abord des capacités personnelles qu'ils auront développées pendant la formation : cette notion est si nouvelle que les étudiants n'y consacreront le temps et les efforts indispensables que s'ils y sont encouragés en permanence. Le service enseigne aux étudiants l'art de rédiger des CV et de se faire valoir auprès des employeurs.

4. L'orientation tout au long du cursus. On décrit l'organisation d'aiguillage des étudiants à l'entrée dans les nombreuses filières du « système universitaire ». Cette activité doit se poursuivre le long du parcours de l'étudiant grâce à une évaluation plus précise de son niveau et de sa prise de conscience des métiers qu'il veut exercer. Il serait naturel que ces tâches d'orientation soient confiées au service d'insertion (qui devient ainsi le service d'insertion/orientation).

Il serait judicieux d'ajouter à ces quatre missions une cinquième : l'information des élèves sur les finalités des filières universitaires. Il apparaît que les élèves issus de certains milieux défavorisés n'ont aucune information sur les filières universitaires et leurs finalités. De sorte que le taux de bacheliers non scientifiques est de l'ordre de 70 pour cent au Sénégal alors que l'économie et les secteurs, avec la plus grande capacité d'absorption, sont fortement tributaires de la science et de la technologie. De toute façon, le système éducatif doit être traité de façon holistique et doit satisfaire tous les besoins en ressources humaines de sa société. Un dispositif adéquat doit être mis en place pour réguler les flux à la sortie de l'éducation de base (10 ou 13 ans), entre l'enseignement technique et l'enseignement général, au sein des filières de l'enseignement général, entre les humanités et les sciences.

En vérité, un doctorant sénégalais avait proposé un tel dispositif de guidage des étudiants. Au vu des charges et des contraintes, tout en reconnaissant la pertinence de la proposition, elle ne fut pas endossée faute de ressources financières. La réflexion sur les ressources est de la plus haute importance. En effet, ce service utilise un personnel conséquent et consacre un temps important aux étudiants, notamment ceux qui ont le plus de mal à s'insérer.

Prenons l'exemple de l'association pour l'emploi des cadres (APEC) de la France, qui est une organisation paritaire entre le patronat et les travailleurs. Les ressources proviennent essentiellement des cotisations des cadres prélevées directement à la source. Son site web, www.apec.fr, catalyse la rencontre entre les demandeurs d'emploi et les recruteurs.

N'est-il pas possible de faire financer ce service aux étudiants par des financements innovants, par exemple les contributions des cadres sortant de l'université ? Naturellement, il faudrait alors une administration particulière avec la présence du patronat et des syndicats. Au vu de l'importance des nouvelles missions, il est impératif de trouver les ressources structurelles qui autorisent la création de cette direction. Les ressources dédiées à cette direction attesteraient de la compréhension des nouvelles missions des universités, notamment sur l'efficience interne et externe.

Naturellement, ce service-direction devra faire appel aux enseignants-chercheurs, notamment dans le cadre de l'information des élèves, de l'orientation et de la réorientation des étudiants. Dans certaines universités, il est de la charge statutaire des enseignants de mener des sessions d'animation dans les autres ordres d'enseignement. N'est-il pas possible de consacrer une bonne partie des services à la société de l'université à l'animation des autres ordres d'enseignement et à l'information des élèves sur les filières et finalités des filières dans l'enseignement supérieur ? Cela aiderait les élèves à aller vers les filières scientifiques et catalyserait la nécessaire synergie entre les enseignants des différents ordres. Les enseignants de science, qualifiés avec un environnement de travail aux normes, devraient pouvoir aider les élèves à aller vers les filières scientifiques. Les meilleures dispositions doivent être prises pour l'inscription des étudiants, leur hébergement et la fourniture d'autres services connexes.

Inscription des étudiants

Les étudiants doivent pouvoir s'inscrire dans les délais prescrits et cette opération doit être facilitée dans les établissements d'enseignement supérieur. Cela importe pour le bon déroulement de l'agenda académique et pour permettre à l'étudiant de bénéficier de l'ensemble des dispositifs que son statut autorise. Les délais prescrits pour l'inscription des étudiants doivent être impérativement respectés. Il est inconcevable de continuer à inscrire les étudiants jusqu'à la veille des examens. L'université est l'une des premières structures d'ordre de la société formelle moderne, le respect du temps est sa première exigence. Le respect des normes temporelles est aussi un conditionnement pour le respect du temps dans la société.

Avec les outils informatiques, il est parfaitement possible, avec un guichet unique, de traiter toute la procédure d'inscription en un seul lieu et de délivrer la carte d'étudiant dans les meilleurs délais. De plus en plus, des cartes à puce sont utilisées pour les inscriptions et leur renouvellement, et ces dernières enregistrent les crédits validés ainsi que les ressources financières des étudiants. L'association des étudiants avancés est source de célérité pour l'inscription des étudiants. Elle a été explorée avec succès à la Faculté des sciences et techniques (FST). Dans l'enseignement supérieur, les étudiants constituent une main-d'œuvre disponible, efficace, compétente et peu coûteuse. Le développement des outils informatiques autorise le traitement de tout ou partie de l'inscription ou de la réinscription en ligne.

Dans le système d'inscription de l'UCAD, bien que géré par le service informatique de l'université, les opérations sont traitées au sein des établissements. Cette centralisation- décentralisation est très opérationnelle. La gestion informatique des inscriptions, outre la diligence qu'elle apporte, fiabilise les données sur les inscrits. Il reste à avoir plus d'intransigeance dans le respect des délais dans certains établissements. Une fois la carte ou la carte à puce en main, l'étudiant peut prétendre aux autres services. La dématérialisation du processus d'inscription est effective dans certains établissements.

Système d'hébergement et sa gestion

L'université, par sa place dans le système éducatif, joue le rôle de structure de transit entre la vie chez les parents et l'installation du diplômé dans son propre domicile. En effet, les étudiants, en venant à l'université, quittent souvent le domicile de leurs parents et, à la fin de leurs études, une fois insérés dans le monde du travail, acquièrent leur propre domicile. Beaucoup d'universités mettent en place un dispositif d'hébergement des étudiants ainsi que la restauration, les services sanitaires et une politique d'animation sportive, culturelle et scientifique. Cet environnement est une composante, et pas des moindres, des pratiques des universités de rang mondial. Certains partenaires ont essayé de faire croire le contraire. Un chef d'État africain a déclaré qu'il ne finance pas le sommeil des étudiants. Des structures sociales dédiées aux étudiants, héritées de la colonisation, ont ainsi été dans certains cas démantelées par ces prescriptions dévastatrices. Et pourtant, les universités de classe mondiale mettent aussi en avant la qualité de l'hébergement de leurs étudiants !

L'hébergement des étudiants est une question à traiter avec la plus grande attention. Il est difficile, voire peu souhaitable, d'avoir autant de lits que d'étudiants. Comment administrer la gestion des chambres ? L'hébergement des étudiants doit être pris en charge par l'université, mais aussi par l'environnement de l'université, le site d'implantation de celle-ci. Beaucoup de villes à travers le monde bénéficient de l'économie que procurent les étudiants. Le rythme de la ville y est fonction de l'activité de l'université. En effet, si une ville africaine accueille trente mille étudiants et que chaque étudiant consomme en moyenne l'équivalent de deux cent mille francs CFA par an (400 $US), cela fait un chiffre d'affaires cumulé de six milliards (12 millions $US). Ce volet de l'économie de l'enseignement supérieur explique, entre autres, la volonté des villes à accueillir des universités.

Pour l'attribution des lits dans les résidences universitaires, les critères doivent tenir compte de plusieurs paramètres, comme les ressources de l'étudiant et de ses parents, les primo-entrants, la résidence des parents, les résultats scolaires ou universitaires, les contraintes de la filière de formation. Les valeurs de solidarité doivent être utilisées pour une gestion équitable de l'attribution des lits. Il n'y a pas de critères universels. Dans certaines universités en Angleterre, les primo-entrants sont prioritaires pour les lits et les étudiants n'ayant pas la résidence de leur parent dans la ville bénéficient d'un bonus. Les chambres restantes sont attribuées aux autres étudiants en fonction des résultats académiques.

Dans des conditions de pauvreté, d'absence d'universités de proximité, de cherté des charges locatives dans les grandes villes, comment gérer l'attribution des chambres aux étudiants ? Les étudiants doivent participer aux commissions d'attribution sans que soit institué un système de cogestion. Les critères doivent traduire la compréhension que les dirigeants de l'université (membres internes comme externes) ont de ses missions. Les dirigeants des résidences doivent les diffuser largement et les appliquer en toute transparence. L'apprentissage de la transparence et de l'équité doit commencer à l'université (cf. chapitre VIII). La politisation de la gestion des services aux étudiants est un élément de perturbation du système de premier ordre.

Il reste à traiter les résidences en dehors des universités pour éviter la volatilité des prix autour des universités. En effet, tous les quartiers situés aux alentours de l'UCAD offrent des résidences pour les étudiants, mais les coûts sont sans commune mesure avec les ressources de la plupart des étudiants. Seuls les étudiants ayant des ressources certaines peuvent y accéder. Cette iniquité n'est pas sans effet sur les résultats des étudiants. Une étude de Ndoye & Sall (1989) sur les premières années a montré que les conditions sociales expliquent pour une large part les échecs à l'UCAD.

Au Sénégal, beaucoup de structures décentralisées se mobilisent pour l'hébergement de leurs étudiants à Dakar. D'une part, cet engagement demeure insuffisant et, d'autre part, l'endogamie qu'il génère ne correspond pas au brassage qu'incarne l'université. Certaines expériences comme la *Cité internationale de Paris*, qui a un statut de fondation, sont conformes aux valeurs de solidarité africaine. Pourquoi ne pas mutualiser l'intervention des villes et régions, réaliser une cité internationale et faire siéger les représentants des villes et régions dans sa structure de gestion ? Les pays qui font encore confiance à l'UCAD pour la formation de certains de leurs étudiants pourront aussi être sollicités. Une telle dynamique pourrait être portée par la fondation de l'UCAD. Elle fera appel aux anciens des universités ayant bénéficié des résidences universitaires pour réussir dans leurs études. Il s'agit, d'ailleurs, d'un des grands projets de la fondation UCAD.

L'existence de cette structure alternative de logement permet de réserver les logements du Centre des œuvres universitaires de Dakar (COUD) aux étudiants primo-entrants et venant de l'intérieur du pays, voire de l'étranger. Cela aussi permettra de lever l'objection de solidarité que les étudiants opposent à l'octroi des lits, prioritairement aux primo-entrants, faute de structure alternative acceptable de logement.

Le COUD disposait d'une infirmerie qui, avec le nombre conséquent des étudiants, a été élevée au rang de Centre de santé. Outre la visite médicale des étudiants, la structure prend en charge la gestion de leur santé. L'UCAD dispose d'un Centre médico-social qui est l'embryon de sa polyclinique. L'UCAD, qui compte environ 80 000 étudiants, plus de 2 500 employés, est donc plus peuplée qu'une ville moyenne et, à ce titre, devrait avoir sa propre structure hospitalière pour une bonne prise en charge de la santé des étudiants et du personnel. Cette structure devrait être un Centre hospitalier universitaire (CHU) et accueillerait certains étudiants de la FMPOS pour leur formation. La politique de santé ne doit pas seulement être curative, mais aussi préventive afin de donner aux étudiants le maximum d'outils pour gérer leur santé tout au long de leur vie. La pratique du sport est un des outils à cet effet.

Le COUD est doté d'infrastructures et des structures sportives comme le Dakar université club (DUC), qui permet aux étudiants de porter haut le prestige de l'UCAD dans les diverses compétitions nationales et internationales. Il faut remarquer que la qualité des infrastructures ainsi que leur nombre sont largement insuffisants par rapport au nombre d'étudiants. Le basket, par exemple, est pratiqué encore dans une aire non fermée et sans parquet. Les autorités ont voulu favoriser les arts martiaux pour, outre la santé des étudiants, les aider à mieux se maîtriser, donc à stabiliser davantage l'université. La promotion du sport auprès des étudiants est une excellente orientation en raison du bien-être que le sport leur procure lors de leurs études et après. Beaucoup d'anciens étudiants continuent à pratiquer des sports qu'ils ont découverts à l'université. Est-ce qu'il ne faudrait pas les intégrer dans les unités d'enseignement libre pour inciter davantage les étudiants à en faire ? Réserver une après-midi au sport ! Le sport d'animation, les championnats inter-établissements participent de l'animation et de la vie de l'université.

Certaines universités prennent des dispositions particulières pour encourager le sport de compétition de haut niveau. Ce sport permet à l'université de développer le sentiment d'appartenance des étudiants par les succès des équipes. Le stadium Marius Ndiaye a vibré pendant longtemps à cause des supporters des équipes de basket du DUC. Cet engagement auprès des joueurs et des joueuses a révélé des vocations et tracé des trajectoires. Dans certaines universités, les matchs sont des moments de retour des anciens et favorisent la rencontre entre les alumnis et les étudiants.

La formation dans l'enseignement supérieur englobe le savoir, le savoir-faire et le savoir être. Les résidences des étudiants, par leur animation scientifique et culturelle, prennent en charge une partie du savoir être des étudiants. Les étudiants, lors de leur vie universitaire, doivent apprendre la contradiction, l'altérité, l'acceptation de l'autre dans sa différence. L'animation culturelle et scientifique y contribue. Les résidences universitaires élargissent l'horizon des étudiants. Ce transit dans les résidences universitaires doit mettre les étudiants en situation, mais ne doit pas durer trop longtemps.

Les ressources financières conditionnent pour beaucoup le succès des études dans l'enseignement supérieur.

Les ressources financières des étudiants

Les étudiants ont besoin de ressources parfois importantes pour mener à bien les études universitaires. Dans les pays d'héritage francophone, des bourses sont distribuées aux étudiants pour leurs études. L'augmentation inexorable des étudiants ainsi que la décision d'octroi généralisé d'une allocation (bourse ou aide) ont fait exploser les coûts et engendré, paradoxalement, l'insatisfaction de toutes les parties. En effet, les bourses laissent nombre d'étudiants frustrés, les critères d'attribution bien que fondés sur les résultats académiques sont contestables, les bourses ne sont pas libérées à temps malgré la récente bancarisation. Le poids des bourses déséquilibre la répartition des ressources entre le pédagogique et le social. Il apparaît que ce système n'est pas viable. À la croisée des chemins, il importe d'inventer un système durable de financement des études des étudiants. Il faut allouer plus de ressources financières aux étudiants, mais le dispositif doit être soutenable dans la durée. Le système de crédits aux étudiants pratiqué dans certains pays serait une bonne orientation s'il est possible d'éviter l'endettement excessif que cela génère aux États-Unis.

Le système de crédits est un système complexe qu'il faut bien comprendre avant de l'envisager. Les expériences sont nombreuses à travers le monde et toutes n'ont pas été couronnées de succès. Il importe de mettre en place un dispositif d'accès au crédit transparent et équitable. Une attention particulière doit être accordée aux garanties de remboursement. Pour remédier aux difficultés des étudiants dont les parents ne peuvent offrir les garanties requises, les fondations d'universités et autres partenaires de l'université sont sollicités. La mise en place d'un capital-risque est un des points importants de ce dispositif. Les étudiants doivent être préparés pour bien administrer leurs ressources financières et sensibilisés dès l'abord pour le remboursement de leur crédit.

Plusieurs modèles existent (cf. chapitre III) : une alliance entre les universités, une fondation et la banque de crédit ; une université, sa fondation et la banque de crédit, etc. Dans certains pays, un dispositif fiscal adéquat est assuré aux anciens étudiants avec des délais différés de remboursement minutieusement étudiés. Dans d'autres pays, un dispositif d'exonération de remboursement est mis en place pour les diplômés qui acceptent d'entrer dans des métiers déterminés et/ou d'exercer dans des zones défavorisées. La construction d'un environnement externe propice est nécessaire pour garantir les recouvrements des remboursements des crédits. Le développement de l'informatique avec les bases de données qu'il est possible de croiser donne des capacités nouvelles aux pays en développement pour s'y engager.

Dans les pays africains où dans certaines filières, le taux de placement n'est pas garanti, le crédit n'est pas une pratique partagée. Une étude minutieuse ainsi qu'une application différenciée devraient permettre de construire progressivement un modèle durable, conforme aux valeurs de solidarité africaine. Les étudiants, en quittant le domicile de leurs parents, doivent avoir des ressources pour se consacrer exclusivement à leurs études au lieu de se disperser en travaillant en dehors de l'université. Il est vrai aussi qu'il n'est pas de la responsabilité des étudiants de nourrir leurs parents durant leurs études. L'accès équitable aux ressources financières est gage de plus d'efficience interne comme externe du système d'enseignement supérieur.

L'université moderne, malgré le développement de l'informatique et de l'enseignement à distance, c'est encore des murs. Les infrastructures des universités publiques attestent de la volonté d'une société d'assurer son propre devenir, la promotion de sa culture, sa capacité à accueillir les meilleurs talents, à favoriser l'installation des industries dans son territoire, à créer un bien-être partagé.

La gestion des infrastructures

La mise en place d'infrastructures de qualité et leur gestion sont une des tâches importantes de la gouvernance universitaire. L'UCAD a hérité un important patrimoine de la France tant au sein des infrastructures pédagogiques que de celles destinées à l'hébergement de son personnel, particulièrement enseignant. Des efforts ont été mobilisés pour construire UCAD II, la nouvelle FASEG, les nouveaux locaux de la FLSH, l'amphi de la FMPOS, le Centre de mesure, le Centre médico-social, pour ne citer qu'eux.

Les constructions sont, dans la plupart des cas, réalisées par l'État avec, certes, des délais de livraison largement supérieurs aux prévisions. L'État construit les locaux dans le cadre de son budget consolidé d'investissement. L'État s'ajuste aussi au moyen de son budget d'investissement. Avec les retards de paiement, l'UCAD a été obligée d'allouer une partie de ses propres ressources à la finalisation du chantier de la FASEG permettant l'installation de l'administration dans les délais, ainsi que le bon déroulement des enseignements. L'agenda des travaux influe sur l'agenda pédagogique et devrait donc être piloté par l'administration universitaire.

En plus de ses ressources propres, l'université essaie de mobiliser celles de la société par le biais de sa fondation. La fondation pourrait porter les nouveaux investissements, les nouvelles constructions seraient alors inscrites dans les grands projets de la fondation. L'État ne sera pas absous et verserait sa contribution dans le compte ouvert par la fondation dans le cadre de la campagne de réalisation de cette infrastructure. La fondation, en sollicitant tout le monde pour la réalisation de l'infrastructure, recevra non seulement la contribution de l'université elle-même, mais aussi celle de tous les autres segments de la société. La disponibilité des ressources autorise l'exigence, auprès de l'adjudicataire du marché, du respect des délais. Une commission composée des diverses parties prenantes, y compris l'État, devra veiller au respect des délais et des normes techniques. Encore faudrait-il que les compétences soient réunies à cet effet.

La Direction de la gestion du domaine de l'université (DGDU) était dépourvue de toute compétence technique en génie civil. Le département de génie civil de l'université à l'École supérieure polytechnique (ESP) n'était jamais associé aux travaux de l'université. Comment, dans ces conditions, faire un dossier d'appel d'offres cohérent, suivre l'exécution des chantiers, veiller au chronogramme ainsi qu'au respect des normes ? Comment entretenir les infrastructures ? Le suivi administratif exige des compétences techniques à ce niveau. La commission des marchés devra en bénéficier. La transparence doit prévaloir tout au long du processus.

Le patrimoine de l'université génère des ressources financières, mais pourrait en générer beaucoup plus. Le SAES avait signé un accord avec le gouvernement pour l'inaliénabilité des biens de l'université. En voyage au Japon, nous découvrons qu'une université avait vendu son site historique en plein centre-ville et, avec ces ressources, s'est dotée d'un patrimoine plus grand avec des normes conformes aux besoins actuels de l'université. Dans le secteur de l'enseignement supérieur, la flexibilité devrait être la norme si l'exigence éthique est respectée. En rapport avec la fondation, l'UCAD peut tirer davantage de ressources de son patrimoine (cf. chapitre III).

Conclusion

L'enseignement supérieur dans sa forme actuelle est un greffon de la colonisation. Des efforts, dans la durée, visent à la rendre efficiente pour les sociétés africaines. Outre les aspects culturels, la fonction technique est explorée pour tout le spectre des besoins de la société. Tenant compte de la massification-démocratisation, de la diversité des besoins de la société, du développement des TIC et de l'évolution des connaissances, diverses stratégies sont explorées pour satisfaire les attentes de la société, améliorer les flux de transit et renforcer les taux de placement tout en veillant à l'ouverture permanente de l'économie par les connaissances nouvelles. Sous ce rapport, à côté des filières disciplinaires, se développent des formations professionnalisantes.

La pédagogie universitaire est de plus en plus internalisée dans les systèmes d'enseignement supérieur. Des stratégies sont mises en place pour leur intégration dans le dispositif de formation. Avec le développement des TIC, les modes pédagogiques changent, les étudiants sont de plus en plus mis en situation pour construire leurs propres savoirs. Une fois les objectifs définis, un alignement complet est opéré avec les activités et les évaluations. Il reste à mieux maîtriser ces techniques pour les grands groupes et à mettre en place un dispositif de succès des étudiants, révélant chaque talent et détectant tous les génies.

Le développement de la pédagogie va de pair avec l'évaluation des enseignements. La culture de perfectionnement est partout présente et les dispositifs d'évaluation des enseignants-chercheurs sont appelés à évoluer en prenant à leur juste mesure les compétences pédagogiques. L'évaluation des enseignements permet aux départements de mieux assumer leurs responsabilités et de fonder leurs réunions sur des faits objectifs. Naturellement, l'évaluation ne concerne pas seulement les enseignements, mais aussi les programmes ainsi que tout l'environnement de l'apprentissage, y compris l'engagement des étudiants à apprendre à apprendre et à s'investir dans leurs études. Il faut le reconnaître, la recherche est l'élément prégnant tant dans l'évaluation des enseignants-chercheurs que des établissements. Ses outils d'évaluation sont les mieux maîtrisés. La plupart des classements internationaux se fondent sur les résultats de la recherche.

Les plus nombreux dans les établissements d'enseignement supérieur sont les étudiants. Certains pensent, ils ont certainement raison, que c'est dans cette composante qu'il y a la plus grande concentration d'intelligences. Il importe de mettre en place un dispositif adéquat pour bien les informer avant et pendant leur formation, les réorienter, au besoin, et suivre leur placement, voire mettre en place les dispositifs appropriés pour qu'ils créent leur propre entreprise. Il importe de veiller particulièrement à leurs ressources financières, à leurs conditions d'études, de vie, au sport ainsi qu'à la qualité de leur vie scientifique et culturelle. Les étudiants en transit à l'université y bouclent leur vie d'adolescents et y entament leurs vies d'adultes. Ils quittent assez souvent le domicile de leurs parents et, après avoir réussi dans leurs études, s'être insérés dans le monde du travail, créent leurs propres domiciles. Dans les universités de rang mondial, les plus grandes attentions leur sont portées.

Dans la gouvernance universitaire, une vigilance particulière est attachée à toutes les infrastructures, du pédagogique au social en passant par les infrastructures sportives et sanitaires ainsi qu'aux réseaux informatiques. Malgré le développement des TIC, ou/et à cause de celui-ci, le nombre et la qualité des infrastructures resteront au centre des préoccupations des établissements d'enseignement supérieur.

5

La recherche

Introduction

Durant le dernier siècle, l'économie mondiale a connu des transformations importantes, provoquées et facilitées par la science, et qui se prolongent encore. Le développement des économies est de plus en plus tributaire de la production, de la diffusion et de l'utilisation des connaissances, d'où l'économie du savoir. Le monde est à l'ère de l'économie de la connaissance et la valeur la plus sûre est devenue immatérielle. L'innovation se trouve au cœur de l'économie du savoir et constitue la clé de la croissance économique durable. Le développement des technologies de l'information et de la communication a irradié dans tous les secteurs d'activité, modifié les processus de production, dématérialisé les outils de production et d'échange, et consacré la globalisation. Les avantages comparatifs entre les pays découlent de plus en plus des innovations technologiques et de l'utilisation compétitive du savoir. La capacité d'une société à produire, sélectionner, adapter, commercialiser et utiliser le savoir est essentielle à une croissance économique durable et à l'amélioration des niveaux de vie.

Selon Binder, le XXIᵉ siècle est aussi marqué par : une intelligence distribuée ; des technologies complexes ; une force de travail diversifiée ; des transformations créatrices ; une innovation continue ; une économie globalisée ; des infrastructures renouvelées ; un développement durable aspiré ; un processus d'apprentissage permanent. Ainsi, les capacités scientifiques et technologiques dans les sciences tant fondamentales qu'appliquées connaissent une augmentation soutenue, voire exponentielle, les critères de performances des entreprises dépassent les objectifs à court terme de maximisation du profit, pour intégrer les impératifs de développement durable et de responsabilité sociale, le capital humain est devenu le principal enjeu de la compétition entre les organisations, les pays et les continents. Le progrès est soutenu par une industrie forte, voire robuste, un gouvernement visionnaire et anticipateur, et le leadership universitaire. Il se nourrit aussi du partenariat public-privé. Ces leaders créent des réponses nouvelles de gouvernance, ouvrent de nouvelles pistes et génèrent la prospérité.

Avec toute la précaution requise, il est établi que l'Afrique fait face à : une atomisation à outrance ; une absence de masse critique de chercheurs dans les différentes disciplines scientifiques ; un environnement de recherche inadéquat ; une faible mobilité des enseignants-chercheurs, y compris ceux de la diaspora à travers le continent ; des dispositifs de transfert de la science au marché encore embryonnaires.

Comment, dans un tel contexte, engager l'Afrique dans la société de la connaissance ?

Dans la plupart des pays africains et des universités africaines, aucune disposition structurelle n'est prise pour piloter la recherche et canaliser les retombées qu'elle procure pour la société. Dans la plupart des universités francophones d'Afrique, il n'y a pas de politique institutionnelle de recherche pour plusieurs raisons. Les ressources financières étant inconsistantes, les universités n'arrivent même pas à satisfaire les besoins de l'environnement pédagogique. Les multiples perturbations font que les universités consacrent énormément de temps et d'énergie à la « récupération » des années académiques. Les dirigeants ne disposent pas de ressources pour organiser et piloter la recherche. L'enseignant-chercheur ou le chercheur se débrouille tout seul. Ceux qui arrivent à travailler le font grâce à la coopération internationale et certains, qui sont formés au Nord ou en relation avec les laboratoires des pays développés, travaillent grâce aux liens avec leurs laboratoires de formation et/ou les laboratoires partenaires.

En effet, la plupart des fonds de recherche compétitifs proviennent des fonds des pays développés. Les thématiques sont alors dictées par le Nord et donc ont peu, voire pas d'impact sur les besoins des sociétés africaines. Il existe peu de fonds de recherche compétitifs dans les pays africains et là où ils existent, leurs montants attestent de la faiblesse des attentes des responsables politiques. Les chercheurs, notamment dans les disciplines scientifiques, mènent des recherches au standard grâce aux plateaux techniques des universités de pays développés partenaires. La recherche, pour l'essentiel, sert à se promouvoir et n'a que peu d'impact, voire aucun, sur le développement économique, culturel et social du pays.

Tenant compte de l'économie de la connaissance et des plus-values de la recherche, les pays et universités africains peuvent élaborer des politiques de recherche à partir de cinq paramètres que l'UCAD a expérimentés : la structuration de gouvernance de la recherche ; la construction des écoles doctorales dans une perspective transdisciplinaire, à défaut pluridisciplinaire ; l'amélioration de l'environnement de recherche ; le financement de la recherche ; les droits de propriété intellectuelle et la valorisation des résultats de la recherche.

Outre cette organisation, il est possible de construire en Afrique un environnement favorable au développement de la recherche par, entre autres, la création d'une fondation : la Fondation africaine de la recherche, de l'innovation et de la mobilité (FARIM).

Ce chapitre consacré à la recherche revient sur les orientations précédemment données, partage les résultats d'une expérience, explore de nouvelles possibilités et expose une partie des conclusions du symposium sur les États-Unis d'Afrique.

Organisation de la recherche

L'UCAD a réorganisé son dispositif de recherche à partir des cinq paramètres cités plus haut. Une analyse détaillée en a été faite dans *Les mutations de l'enseignement supérieur en Afrique : le cas de l'Université Cheikh Anta Diop de Dakar* (Sall 2012).

Gouvernance : conseil scientifique

L'UCAD a créé un conseil scientifique de la recherche en la chargeant de la structuration et du pilotage de la recherche. Le conseil scientifique de l'UCAD, ni trop grand ni trop petit, compte vingt membres ; trois proviennent des directions centrales (directeur de la recherche, directeur de l'enseignement et de la réforme, directeur de la coopération), sept sont directeurs des écoles doctorales et les dix autres sont des enseignants-chercheurs de talent, sélectionnés à travers toute l'université en tenant compte des disciplines et du genre. Il s'agit de regrouper les meilleures compétences scientifiques de l'université et de leur accorder une autonomie totale de pilotage. Dans toutes les universités, il y a des talents qui, assez souvent, agissent dans la discrétion. Il appartient aux dirigeants des universités de bien les identifier et de les faire travailler ensemble. Certains ne veulent et/ou ne peuvent s'associer à rien, mais ont du talent, qu'il faut par des voies appropriées exploiter dans une perspective de mutualisation. La nature de l'enseignement supérieur fait qu'ils sont davantage mobilisés par le bon fonctionnement de leur laboratoire et leur mobilité internationale. Devant assez souvent leurs moyens à la coopération internationale, ils sont extrêmement mobiles.

Le conseil scientifique de l'UCAD a légiféré sur tous les documents relatifs à la recherche, notamment le cadre juridique des écoles doctorales, le texte sur les droits de propriété intellectuelle, la charte éthique de la recherche, etc.

Écoles doctorales : transdisciplinarité ou pluridisciplinarité

Après avoir recensé son potentiel de recherche (enseignants-chercheurs, chercheurs, laboratoires, équipements scientifiques, production scientifique, formations doctorales), dans une perspective de mise en œuvre de la transdisciplinarité, l'UCAD a mis en place sept écoles doctorales dont une seule est transdisciplinaire, les six autres étant pluridisciplinaires. Ce processus a été une orientation forte au niveau central, piloté dans sa mise en œuvre par le directeur de la recherche avec le concours des leaders universitaires de la recherche. Les sept écoles doctorales sont :
- Eau, qualité et usages de l'eau ;
- Sciences de la vie, de la santé et de l'environnement ;
- Mathématiques et informatique ;

- Physique, chimie, sciences de la terre, de l'univers et de l'ingénieur ;
- Arts, cultures et civilisations ;
- Études sur l'homme et la société ;
- Sciences juridiques, politiques, économiques et de gestion.

Chaque école doctorale a ses formations doctorales.

En adoptant la thèse unique et les écoles doctorales, l'UCAD a bouleversé le mode d'organisation de la recherche. L'admission des doctorants est décidée par l'école doctorale sur présentation du directeur de thèse. Des normes strictes sont édictées tant pour l'admission que pour l'autorisation à la soutenance assumée par les curateurs aux thèses. La grande responsabilité des écoles doctorales est de former les doctorants aux standards internationaux et de veiller à améliorer leurs compétences, pas seulement dans leur spécialité, mais aussi dans tout ce qui tourne autour de la spécialité et, pour l'école transdisciplinaire, tout le spectre de l'eau. Les unités de formation, outre l'approfondissement dans la spécialité, doivent inclure la pédagogie universitaire non seulement pour mieux enseigner, mais aussi pour vulgariser des normes éthiques très élevées, maîtriser les TIC, développer les capacités génériques, rédiger des projets de recherche, etc.

Les écoles doctorales doivent aussi veiller à l'insertion des diplômés, et pas uniquement dans l'enseignement supérieur. Les doctorants, en baignant dans un environnement plus large que le laboratoire de leur propre spécialité, élargissent leurs compétences et acquièrent plus d'expertise. Ces doctorants seront mieux outillés pour entreprendre et transformer la nature de l'économie. La présence des docteurs de l'enseignement supérieur dans le secteur productif est un gage de la construction pérenne d'un dialogue, d'un partenariat à même de conduire vers de meilleurs horizons. L'ambition de l'enseignement supérieur, au-delà des docteurs, est de voir tous ses diplômés placés dans les différents segments de la société afin de mieux interagir avec cette dernière. Au terme de cette vascularisation des diplômés de l'enseignement supérieur dans tous les segments de la société, les universités pourront tirer davantage profit du nouveau management public.

Amélioration de l'environnement de recherche

L'UCAD, dans la réorganisation de la recherche, a accordé une attention particulière à l'environnement de recherche, entre autres par la bibliothèque centrale de l'université (BU), le centre de conférences, le réseau informatique, le centre de mesure, la polyclinique et la Maison de l'université.

La mise en œuvre du plan de développement de la recherche a bénéficié de la rénovation de la bibliothèque centrale (BU) grâce au programme d'appui à l'amélioration de l'enseignement supérieur du Sénégal (PAES), financé par la Banque mondiale. Une attention particulière a été accordée aux ressources de la BU, à la salle des doctorants, avec un campus virtuel associé au campus numérique de l'AUF, à la connexion Internet, etc. La BU de l'UCAD est une infrastructure majestueuse avec 1 750 places assises, un accès direct aux livres et une gestion totalement informatisée.

L'UCAD a construit un centre de conférences doté d'un amphithéâtre de 1 200 places, d'une salle de visio-conférence dont la matrice prend en charge l'amphithéâtre, une salle multimédia avec 50 ordinateurs connectés à Internet, trois salles ateliers et un restaurant. Corrélé à la Maison de l'université, qui, en fait, est un hôtel de trois étoiles avec ses 44 chambres-appartements, le centre de conférences a largement contribué à l'amélioration de l'attractivité de l'UCAD. La position géographique de Dakar est un atout pour l'UCAD qui a pu abriter nombre de rencontres scientifiques internationales de haut niveau. Cette capacité d'attraction est importante pour la recherche et particulièrement pour les doctorants. La construction d'une masse critique de compétences en est largement tributaire. Il faut espérer que l'attractivité induise la rétention, indispensable à la production des nécessaires transformations.

Afin d'apporter une contribution plus significative à la recherche, de pouvoir la mener de bout en bout localement et que cette dernière puisse soutenir efficacement et durablement la croissance, voire le développement économique, l'UCAD s'est engagée dans la construction d'infrastructures adéquates. C'est dans ce cadre que s'inscrivent le centre de mesure et le centre médico-social qui est l'embryon de la polyclinique universitaire. Avec les équipements lourds, les universités contribuent à l'amélioration de l'environnement de travail des académiciens, mais aussi des entreprises. Si le centre de mesure se réalise progressivement par des moyens endogènes, le centre médico-social est le fruit de la coopération avec la Turquie. C'est la TIKA qui a financé le bâtiment et les équipements du centre médico-social.

La réforme a aussi bénéficié d'un réseau informatique en fibre optique offert par la coopération française dans le cadre du projet d'appui à la réforme universitaire (PARU). Si le réseau avait au début une fin administrative, son objet a été élargi à la recherche et à la formation. Un programme spécial, dédié au renforcement de ce réseau, l'a rendu plus redondant avec une bande passante plus élargie. Ici, la gestion projet a été usitée et le budget de l'université mobilisé année après année. Le Sénégal vient d'interconnecter les réseaux informatiques de ses universités publiques, réalisant ainsi le Réseau d'enseignement et de recherche du Sénégal (RER-Sen) avec une bande passante de 300 Mégabits/s. Le projet AfricaConnect2, un projet afro-européen de 26,6 millions d'euros, le premier réseau panafricain pour l'éducation et la recherche, améliorera certainement la connectivité des universités africaines. Tout ceci va dans le sens de l'orientation de l'Union africaine de bâtir un réseau interafricain. Il faut relever l'avancée décisive du réseau Ubuntu.net en Afrique du Sud et de l'Est.

Ce souci de créer un environnement de recherche adéquat en Afrique est un challenge majeur. La recherche scientifique, en plus de la disponibilité de ressources humaines de qualité et de financements conséquents, requiert un environnement de travail spécifique. Naturellement, toutes les universités ne pourront bénéficier de tous les équipements et d'ailleurs, certains équipements lourds devront être financés par les communautés économiques régionales, voire de l'Union africaine. Tous les équipements lourds doivent être accessibles à tous les chercheurs, une mobilité efficace doit être mise en place à cet effet. La fondation africaine pour la recherche, l'innovation et la mobilité (FARIM) en constituera un outil majeur.

Financement de la recherche

L'UCAD explore quatre axes pour le financement de la recherche : les fonds publics ; une partie des ressources internes produite par la fonction de service ; les ressources de la fondation UCAD ; les fonds compétitifs.

Tout en maîtrisant davantage les ressources financières publiques dédiées aux voyages d'études, une attention particulière est accordée aux autres ressources publiques qui peuvent être affectées à la recherche. Les contraintes liées aux enseignements par leur volume et leur coût ne laissent pas de marge pour bien matérialiser cette orientation.

Avec les fonctions de service, notamment la formation payante, l'UCAD génère des ressources financières propres de plus en plus importantes. L'arrêté de 2004 organisant les clés de répartition des recettes de la fonction de service, modifié, affecte 40 pour cent de la part du rectorat à la recherche. Les revenus du patrimoine sont également alloués à la recherche. Les frais de gestion des fonds compétitifs sont mobilisés pour financer les chercheurs des humanités qui, assez souvent, ne bénéficient pas de financements internationaux. Ces ressources internes ont permis, avec l'environnement de travail, le financement des doctoriales, et autres rencontres scientifiques. Le temps n'a pas permis d'explorer l'environnement bancaire avec ses ressources pour l'acquisition d'équipements scientifiques lourds.

L'UCAD a impulsé la création de la Fondation UCAD. Cette dernière comptait mettre 50 pour cent de ses ressources financières dans le financement de la recherche. Cette orientation, aujourd'hui fragilisée, montre la volonté de doter la recherche par le concours de la société sénégalaise et de mieux en tirer parti.

Les enseignants-chercheurs de l'UCAD, en partenariat avec leurs pairs des universités des pays développés, remportent beaucoup de fonds de recherche compétitifs. Un dispositif spécifique a été mis en place pour bien gérer ces ressources, mieux rendre compte de leur utilisation et des résultats. Une des missions des écoles doctorales est de bien outiller la communauté dans la rédaction des requêtes, la gestion des fonds compétitifs de recherche et la reddition des comptes. Les techniques de rédaction et de gestion de projet ne devraient-elles pas être un module dans les formations doctorales ?

À l'image des autres pays, les États africains, les cinq communautés économiques africaines et l'Union africaine devraient mettre en compétition des fonds de recherche. La création de la FARIM permettrait de renforcer les dispositifs embryonnaires, pour ne pas dire le vide existant.

Droits de propriété intellectuelle et valorisation

Dans le processus de réorganisation de sa recherche, l'UCAD a élaboré un cadre réglementaire sur les droits de propriété intellectuelle et mis sur pied un comité d'éthique de la recherche. C'est ainsi que fut pris un arrêté portant sur le règlement en matière de propriété intellectuelle, de protection et de valorisation des résultats des recherches. Outre la vulgarisation des droits de propriété intellectuelle, cet arrêté fixe les modalités de gestion et de valorisation des droits de propriété intellectuelle à l'UCAD.

> L'article 6 de l'arrêté stipule que la division de la propriété intellectuelle et de la valorisation des résultats de recherche (DPIVAR) est chargée tout à la fois de suivre les différentes étapes du processus de valorisation et de proposer des positions que l'UCAD pourrait adopter dans les différentes situations concrètes auxquelles elle est confrontée.

La DPIVAR a aussi en charge la vulgarisation de l'arrêté sur les droits de propriété intellectuelle à l'UCAD tant auprès des enseignants-chercheurs, des chercheurs que des doctorants.

L'UCAD a aussi créé un incubateur INNODEV qui sert à héberger les porteurs de projet de création d'entreprises. L'UCAD a apporté une contribution décisive à l'attribution du concours du parc scientifique et technologique des Nations unies au Sénégal à côté du Ghana.

Par le biais de l'ESP, l'UCAD a expérimenté un *challenge entreprendre*.

Il s'agit d'un concours annuel destiné à récompenser les meilleures idées de projets de création d'entreprises envisagées par les étudiants ingénieurs, en master ou en doctorat, et les enseignants-chercheurs. Ce challenge a pour objectifs de stimuler au sein des composantes de la communauté universitaire des vocations d'entrepreneur en les mettant en situation de création d'entreprises, de créer un cadre approprié d'apprentissage dans le domaine de l'entreprenariat.

Le processus opératoire est le suivant :

- les étudiants, regroupés par équipes de six n'appartenant pas à la même discipline. Cette organisation cherche à tirer le meilleur parti de la transdisciplinarité qui est une des solutions aux questions complexes. Les groupes proposent des idées de projet de création d'entreprises ;
- un premier jury, composé d'enseignants-chercheurs et de personnes issues du milieu professionnel, est chargé de présélectionner les dix meilleures idées de projet ;
- les dix groupes sont encadrés pour mener les études de faisabilité de leur projet. Ils présentent leurs résultats à un second jury composé en majorité de professionnels. Son rôle est de sélectionner les trois projets qui seront présentés à la phase finale ;

- les équipes des trois meilleures études sélectionnées sont encadrées pour l'amélioration de leur étude de faisabilité. Les lauréats présentent leurs résultats devant un jury composé en majorité de banquiers, de représentants d'organismes financiers, du patronat et du comité de pilotage. Son rôle est de désigner le vainqueur du challenge. Le lauréat, depuis la création de l'incubateur, est supposé y être installé.

L'incubateur d'entreprises INNODEV est une copropriété de l'UCAD et de ses partenaires : l'Université Gaston Berger de Saint-Louis (UGB), l'Université Assane Seck de Ziguinchor (UASZ), l'Université de Thiès (UT), l'Université Alioune Diop de Bambey (UADB), l'Institut sénégalais de recherches agricoles (ISRA), l'Institut de technologie alimentaire (ITA), l'Institut de recherche-développement (IRD) et le Service de coopération et d'actions culturelles (SCAC). Toutes ces institutions, avec le secteur privé, ont joint leurs forces pour créer un incubateur d'entreprises afin de développer et de soutenir l'effort d'innovation au Sénégal. INNODEV est une structure de services d'assistance à la création d'entreprises à caractère innovant. Elle prépare à la création d'entreprises sur des bases de technologies innovantes.

Son rôle consiste à : évaluer et sélectionner les projets de création d'entreprises ; encadrer les créateurs et suivre les projets ; déterminer les prestations nécessaires aux projets et aux porteurs, les mettre en œuvre et en assurer le suivi ; qualifier la faisabilité économique et industrielle des projets ; aider à la recherche de financement et de partenariats. La durée de l'incubation est de 6 à 18 mois.

L'incubateur met à la disposition des incubés des locaux, du matériel, une assistance juridique et fiscale, une assistance économique (conseils pour l'élaboration du *business plan*, dans les domaines du marketing et de management), une assistance scientifique (conseil dans les domaines technologiques et dans la collaboration avec les laboratoires de recherche), une assistance stratégique (appui à la recherche et à l'organisation de partenariats), une assistance financière (accompagnement à la recherche de financement), et diverses autres facilités. Ce dispositif doit faciliter la création d'entreprises à partir des connaissances et des résultats de la recherche.

L'UCAD a créé une Société pour le développement des bio-industries (SODEBIO), elle n'a pas été incubée par l'incubateur INNODEV, mais par l'ITA. Les produits de SODEBIO sont des résultats de la recherche du laboratoire de biotechnologies de l'ESP. Ce laboratoire a bénéficié d'un financement de la coopération belge sur une longue période. SODEBIO est une création conjointe de l'ESP (UCAD), de l'ITA et de l'Université de Gembloux en Belgique. SODEBIO commercialise et assure la promotion de sept produits, tant sur le marché national que sur le marché international :

- un starter d'origine sénégalaise à utiliser pour la fermentation de la farine de mil ;
- un ferment lactique Wayaliine constitué de trois souches sélectionnées localement pour la production du lait caillé ;

- un starter de fermentation du néré qui permet d'améliorer la qualité hygiénique du nététou. ;
- la poudre d'hibiscus « bissap » instantanée ;
- le café Touba soluble ;
- le vinaigre de mangue ;
- le vinaigre d'alcool par acétateur.

Le produit phare de SODEBIO est la poudre de « bissap » instantanée. Une commande consistante des Japonais avait interpellé les autorités. Après vérification, ils voulaient utiliser le produit pour faire du rouge à lèvres biodégradable. À chaque société sa niche, il appartient aux chercheurs de la découvrir pour le plus grand bonheur des sociétés, tout est dans les imaginaires.

Tenant compte de son potentiel de recherche et des atouts différenciés du Sénégal, l'UCAD a orienté le Parc scientifique et technologique (PST) dans cinq directions : les TICS, l'agrobusiness, l'aquaculture, la biotechnologie et la confection. Il s'agit de construire, par les filières de formation, des ressources humaines à même de porter les industries dans leurs différents axes. Les Nations unies avaient recommandé de mettre en place une équipe tripartite composée d'académiciens/universitaires, de représentants du secteur public et du secteur privé. Cette synergie entre trois composantes peut apporter les transformations créatrices. Les formations dans ces domaines doivent, plus qu'ailleurs, se nourrir de l'entreprenariat et de projets de création d'entreprises. Ces capacités, corrélées avec la synergie entre les trois composantes, sont le terreau d'une attractivité des partenaires. Il était prévu d'organiser une manifestation : « Sénégal innovation » pour présenter les projets matures afin de trouver des partenaires internationaux.

Ces différentes expériences attestent qu'il est possible, en Afrique, de mettre en place des structures capables de la faire participer à l'économie de la connaissance. Il est impératif de renforcer la synergie entre les gouvernants, le secteur privé et les universitaires. Les scientifiques africains de la diaspora peuvent apporter beaucoup à ce processus. Outre l'apport scientifique, ils représentent un pont naturel avec les partenaires techniques et financiers internationaux, les firmes multinationales.

Est-ce que l'Afrique peut se doter d'une stratégie pour relever les défis et participer ainsi à l'économie de la connaissance ?

Fondation africaine pour la recherche, l'innovation et la mobilité (FARIM)

Une analyse de l'environnement de l'enseignement supérieur dans les pays développés révèle l'existence d'un dispositif conséquent pour permettre de mieux impulser la recherche scientifique et technique et ainsi tirer profit des dividendes. Tous les pays ont des mécanismes spécifiques pour financer la recherche et s'assurer du transfert de la science vers le marché. Ainsi, en Corée du Sud, il y a la *National*

Innovation System et la *National Science and Technology Council* (NSTC) présidée par le président de la République lui-même. Aux États-Unis, la *National Science Foundation* avait un budget de 7 626 milliards d'US $ en 2014, soit, 21 pour cent du budget fédéral de la recherche fondamentale. En Allemagne, plusieurs structures sont chargées de la promotion de la recherche. Au Japon, il y a une Fondation du Japon pour la science et la technologie. En France, il y a un financement étatique conséquent à travers les universités, le CNRS, l'IRD, l'INRIA, etc. Mieux, les pays se mettent ensemble pour développer des plates-formes et des entreprises innovantes. Pour se doter d'un environnement similaire, l'Afrique peut mettre en place une fondation pour la recherche, l'innovation et la mobilité.

Il n'est point besoin d'expliquer et de justifier la nécessité de créer un fonds pour financer la recherche. Les développements précédents expliquent et justifient la nécessité de la création d'un fonds pour financer la recherche. Tenant compte du contexte mondial et africain, il est suggéré d'y ajouter l'innovation et la mobilité, pourquoi ?

L'Afrique, pour rattraper son retard, a besoin d'un outil stratégique afin de financer des parcs scientifiques et autres incubateurs exploitant les résultats de la recherche, pour créer son industrie et ses entreprises. L'Afrique doit non seulement maîtriser la science, mais aussi explorer ses applications pour son développement industriel. Dans l'économie de la connaissance, l'immatériel est d'une importance considérable. L'objectif est de mettre des parcs scientifiques et incubateurs à travers tout le continent et de les interconnecter. La création d'un tissu économique grâce aux résultats de la science, outre le travail et les plus-values qu'elle procure, permet la dépolarisation de l'économie africaine. En déconstruisant cette polarité vers les pays développés, on s'oriente vers une dynamique centrée sur l'Afrique et ouverte au monde.

Le financement de l'innovation peut prendre la forme de capital risque afin de lever le maximum de ressources au sein de l'environnement bancaire ou des systèmes financiers. L'Afrique aura à développer ses propres banques et systèmes financiers, aucune banque étrangère ne peut prendre part à cette dynamique, les banques étrangères, et c'est normal, ont comme mandat d'accompagner les économies de leur pays d'origine.

En ce qui concerne la mobilité, plusieurs raisons concourent à sa prise en compte. Les pays africains, pris individuellement, n'ont pas une masse critique de chercheurs et d'enseignants-chercheurs dans tous les domaines. En levant les frontières et en considérant la diaspora, l'Afrique peut avoir une masse critique de chercheurs et d'enseignants-chercheurs dans bien des domaines pointus. Il est, en plus, impossible de doter toutes les universités d'Afrique d'équipements lourds. En favorisant la mobilité, les universitaires pourront accéder aux équipements lourds partout où ils trouvent. La mobilité permet aussi les rencontres entre pairs à travers le continent. La mobilité concerne enfin la diaspora scientifique africaine. Si l'Afrique veut rattraper son retard, elle devrait mobiliser les scientifiques en son sein, mais aussi ceux du monde entier, notamment ceux de la diaspora scientifique africaine, qu'elle soit de première ou de dernière génération. Est-ce que nos hommes et femmes d'État sont disposés à donner les passeports nouvellement créés dans l'Union africaine aux scientifiques africains de haut niveau et à ceux de sa diaspora ?

Il faudra doter la FARIM d'un système de gouvernance crédible et efficace, de ressources financières conséquentes et durables, garantir une bonne répartition des recettes en ciblant les points relevés ci-dessus, une reddition des comptes et un mécanisme continu d'amélioration des performances et de renforcement des synergies.

Mécanismes de la FARIM

Gouvernance

La FARIM aura une déclinaison au niveau panafricain, des communautés économiques régionales et étatiques. À chaque niveau, le conseil de fondation est quadripartite, composé de représentants des gouvernants, du secteur privé, du monde académique et de la société civile. Ainsi, au niveau continental, il aura des représentants de l'Union africaine, des académiques de haut rang d'Afrique et de la diaspora, la société civile et le secteur privé. Des prix Nobel et médailles Fields peuvent être cooptés comme observateurs. À l'échelle régionale, il aura des représentants de la communauté économique concernée, des académiques de haut rang, la société civile et le secteur privé. De même, dans les États, figureront des représentants de l'État, des académiques de haut rang, la société civile et le secteur privé.

Une culture de fondation ancrée, totalement ou en partie, sur la recherche, doit être promue à travers toute l'Afrique, y compris dans les universités.

Financement

Le développement durable est l'utilisation des ressources naturelles en tenant compte des intérêts des générations futures. En investissant une partie des recettes provenant des ressources naturelles d'Afrique dans la science, il est possible de servir la génération actuelle et celles à venir. Ainsi, il sera possible de créer plus de richesses et de veiller à un devenir plus radieux de l'Afrique.

La principale source de financement de la FARIM provient du développement durable de l'Afrique, 2 pour cent à 5 pour cent du produit de la vente des ressources naturelles d'Afrique. Ainsi, à titre indicatif, la clé de répartition entre les trois strates de la FARIM serait : 50 pour cent pour la fondation au sein de l'État, 30 pour cent pour la fondation au niveau régional et 20 pour cent pour la fondation au niveau continental.

Il sera organisé une collecte de fonds, un *fundraising*, pour le fonds de dépôt à terme, l'*endowment fund*. Des fonds de dépôt peuvent porter les noms des donateurs. La Banque africaine de développement (BAD) pourra être chargée de la collecte et de la gestion des ressources, en attendant la création de la Banque centrale africaine. Conformément à son mandat, elle peut assurer le leadership de la campagne de *fundraising*. La clé de répartition des ressources du fonds de dépôt fera l'objet d'une répartition périodique entre les trois niveaux en tenant compte des besoins et des orientations.

Démarche et répartition des ressources

À chaque niveau correspondront des responsabilités de financement spécifiques tenant compte de l'ampleur des coûts et de la complexité des tâches. Les financements stratégiques lourds sont dévolus au niveau continental, et ceux de moindre envergure seront dévolus aux antennes régionales et étatiques.

Tenant compte des objectifs indiqués plus haut, les ressources mobilisées peuvent être réparties ainsi : 30 pour cent pour le financement des projets de recherche ; 15 pour cent pour la mobilité ; 20 pour cent pour les infrastructures scientifiques, l'édition scientifique, la communication ; 10 pour cent pour les rencontres scientifiques ; 15 pour cent capital risque pour l'innovation ; 10 pour cent pour le fonctionnement de la fondation.

Tous les financements doivent être accessibles par compétition avec des règles transparentes d'appel à projets, de dépouillement, de publication des résultats. Les appels à projets doivent indiquer les critères d'évaluation. Une large campagne d'information et de formation à la rédaction des projets de recherche doit être menée dans tous les pays, dans toutes les universités, dans tous les centres de recherche.

Reddition des comptes et amélioration des synergies

Les FARIM à tous les niveaux, étatique, régional, continental, rendent compte annuellement à leur conseil de fondation conformément aux textes des fondations, postent leur rapport sur leur site web et en font une large diffusion, notamment auprès des États, du secteur privé, des universités, de la société civile et des autres partenaires de la fondation.

Toutes les fondations se rencontrent périodiquement (2 ou 3 ans) pour partager leurs expériences, résultats, objectifs et améliorer les synergies. Chaque fondation, à titre indicatif, pourrait avoir droit à deux délégués pour les FARIM au niveau étatique, quatre délégués dans les commissions économiques régionales et six délégués au niveau continental.

Quelques résultats du symposium sur les États-Unis d'Afrique (2009)

Sont ci-dessous restitués certains résultats du symposium sur les États-Unis d'Afrique que l'UCAD avait organisé en partenariat avec le ministère des Affaires étrangères du Sénégal et l'Union africaine, notamment la proposition de création d'une école ou d'un Collège doctoral pour les États-Unis d'Afrique. Serait-il possible de partager les axes et de renforcer la nécessaire tension scientifique sur le continent ? L'Afrique sera ce que nos intelligences croisées en feront.

École/collège doctoral états-unis d'afrique (EDEUA)

- Culture, langage et diversité
- Langage comme facteur d'intégration
- Gestion de la diversité linguistique
- La civilisation africaine
- Promotion de la culture africaine
- Les valeurs africaines et leur promotion
- L'histoire de l'Afrique
- L'histoire du panafricanisme
- Les diasporas africaines
- Les domaines de compétences du gouvernement de l'Union
- La Constitution des États-Unis d'Afrique
- La bonne gouvernance, la démocratie, les valeurs partagées, la transparence, l'intégrité, le principe de reddition des comptes
- Le principe de subsidiarité
- La souveraineté
- La mobilité des biens et des personnes dans les États de l'Union
- Quels États pour l'Union ? Qui ? Quand ? Comment ?
- L'intégration monétaire
- le Fonds monétaire africain
- La Banque centrale africaine
- la Banque africaine d'investissement
- La paix et la sécurité
- Comment la société civile peut-elle contribuer à l'élaboration d'une vision panafricaine d'intégration ?
- Comment les intellectuels africains peuvent-ils contribuer à l'accélération de la création des États-Unis d'Afrique ?
- Comment construire un partenariat entre les politiciens et les intellectuels ?
- Comment construire l'engagement civique africain ?

EDEUA/Les axes de développement de l'Afrique :

- l'énergie ;
- les infrastructures ;
- l'agriculture ;
- les mines ;
- l'industrialisation ;
- l'eau ;
- l'environnement ;

- la recherche scientifique et technologique ;
- le partenariat public-privé-académie ;
- les technologies de l'information et de la communication ;
- la mobilité des chercheurs africains et de la diaspora à travers le continent ;
- la politique d'édition en Afrique ;
- le Fonds africain de la recherche scientifique et technique ;
- les Centres d'excellence en Afrique.

Conclusion

Ce début de XXIe siècle est marqué par la globalisation, une économie de plus en plus libéralisée, la prédominance des multinationales, l'utilisation plus soutenue de la science et de la technologie dans tous les domaines. Plusieurs grands analystes s'accordent sur le rôle central que doit jouer l'Afrique dans la croissance mondiale. Après l'Europe, les Amériques, l'Asie, il semble que c'est au tour de l'Afrique de se développer et de permettre aux autres continents de se maintenir, voire d'améliorer leur croissance. Tous les pays cherchent des partenariats avec les États africains.

Mais est-ce que la fragmentation actuelle des pays africains est propice à la défense des intérêts de l'Afrique ? Est-ce que la déconstruction de l'héritage colonial est acceptée par toutes les parties ? Est-ce que la communauté internationale est disposée à mieux rémunérer le coût des ressources naturelles d'Afrique et à promouvoir le développement durable, entre autres par la FARIM ? Est-ce que l'Afrique a pris toutes les dispositions utiles pour défendre ses intérêts et promouvoir un humanisme conforme à son héritage culturel ? Certaines valeurs sont largement partagées à travers tout le continent par les populations. Est-ce que les États les reconnaissent, les endossent ?

L'Afrique doit prendre toutes les dispositions utiles pour ne pas handicaper les générations à venir en s'inscrivant dans une politique d'internalisation de la recherche scientifique et technique de toutes les sciences. Les conclusions du symposium sur les États-Unis d'Afrique en donnent un spectre relativement exhaustif. L'Union africaine se doit de prendre ce leadership et de mobiliser les ressources financières et humaines sur ces problématiques.

Il faut féliciter les rédacteurs du plan science de l'Afrique ainsi que les initiateurs des centres d'excellence. Certainement que la FARIM, qui se veut stratégique, complèterait utilement ces deux outils en irriguant les universités et centres de recherche sur le continent, en finançant la recherche, en favorisant l'innovation par des outils dédiés, en accélérant la mobilité des enseignants-chercheurs, des chercheurs, des étudiants avancés, de la diaspora scientifique à travers tout le continent.

Il est attendu des États qu'ils portent ce processus à travers divers outils, comme l'adhésion à la FARIM, la promotion des fondations des universités, l'adoption de dispositifs fiscaux à même de promouvoir la philanthropie qui est conforme à l'héritage culturel africain. Naturellement, les États doivent bâtir des environnements qui, tout en préservant leurs intérêts, libèrent tous et chacun. Les États pourront, après avoir amélioré l'environnement de recherche des établissements d'enseignement supérieur, contracter avec ces derniers afin de mieux remplir leurs missions. Le niveau de partenariat entre l'État, ses démembrements, le secteur privé et les institutions d'enseignement supérieur est révélateur de l'état d'avancement d'un pays, de sa société. La construction de ce partenariat est principalement du ressort de l'État, mais les établissements d'enseignement supérieur doivent y contribuer par le biais de leurs structures de recherche et de coopération.

Les établissements d'enseignement supérieur d'Afrique doivent accepter la politique de différenciation entre eux par la création d'établissements d'enseignement supérieur de recherche. Les membres des autres établissements doivent pouvoir accéder aux plateaux techniques des établissements d'enseignement supérieur de recherche. Rien ne doit rester figé, rien ne doit être définitivement acquis. En renforçant ses capacités de recherche, grâce à ses ressources humaines, ses plateaux techniques, ses résultats scientifiques, un établissement peut se hisser au niveau d'un établissement d'enseignement supérieur de recherche. Par ailleurs, reconnaissons-le, il est difficile, voire impossible, d'être au standard dans tous les champs de la science. L'Afrique doit adopter la différenciation soutenue par la mobilité et la flexibilité dynamique.

Les établissements d'enseignement supérieur de recherche doivent maîtriser davantage leur politique de recherche et rompre ainsi avec le laisser-aller ambiant. Ainsi est-il possible, à l'image de l'UCAD, d'explorer les cinq axes en les améliorant si nécessaire : le conseil scientifique avec les meilleurs talents de l'université et, pourquoi pas, de ses partenaires ; les écoles doctorales dans une perspective transdisciplinaire, à défaut pluridisciplinaire ; l'amélioration de l'environnement de recherche ; la politique de financement de la recherche ; les droits de propriété intellectuelle et la valorisation des résultats de la recherche. Les établissements d'enseignement supérieur de recherche s'associent avec les institutions polarisées pour mener ensemble les recherches et construire les réponses à leur environnement. Les animations scientifiques peuvent dès lors se déployer dans tous les établissements d'enseignement supérieur partenaires.

Ce dispositif devrait permettre à l'Afrique d'avoir une masse critique de ressources humaines hautement qualifiées. « La notion de masse critique de spécialistes d'un domaine de la science appliquée précis, pour être concurrentiel au niveau mondial, est également mise en avant » (Balme *et al.* 2012). L'apport de la diaspora scientifique africaine sera d'une grande utilité.

Ainsi, la maîtrise de la science et de la technologie, la maîtrise de tous les savoirs pourront autoriser un développement économique, social et culturel de l'Afrique, promouvoir son essor industriel en valorisant son savoir-vivre. La culture entrepreneuriale ainsi que les programmes de création d'entreprises doivent se multiplier dans les établissements d'enseignement supérieur d'Afrique. N'est-il pas temps de mettre fin à la commercialisation de certaines matières premières du sol africain sans aucune transformation additionnelle ? En interdisant la commercialisation des grumes, le Gabon a développé son industrie du bois et créé des emplois.

La stratégie doit aussi prendre en charge le transfert de la science vers le marché à travers, entre autres, les parcs scientifiques et technologiques, incubateurs et autres pépinières d'entreprises. Naturellement, tout ce mouvement devra se faire en rapport avec les partenaires techniques et financiers, mais dans un souci d'équité. Il est nécessaire que soit abandonnée une certaine forme de politique d'aide au développement, qui en réalité, profite plus aux économies des pays donateurs. Il est nécessaire que l'Afrique établisse un commerce équitable, mutuellement avantageux, que le co-développement devienne une réalité. L'Afrique devra promouvoir un nouvel humanisme fondé sur l'éthique et son héritage culturel. Les dirigeants des établissements d'enseignement supérieur doivent avoir une parfaite compréhension des enjeux et orienter leur institution vers ce qui transforme et crée.

6

La coopération

Introduction

La coopération entre les établissements est consubstantielle à l'enseignement supérieur. Le caractère universel de la science amène les établissements à interagir, à coopérer pour atteindre leurs objectifs. La science s'étant développée par mutualisation successive, tout résultat est partagé avec la communauté scientifique tout entière. Cette notion de communauté universitaire internationale est toujours une réalité malgré le développement des politiques de droits de propriété intellectuelle avec leur corollaire de protection des résultats.

Les grands savants, les détenteurs de connaissances sont toujours disposés à les partager entre eux et, généralement, avec tous ceux qui ont la volonté de savoir, la patience d'apprendre, dans une humilité qui n'a d'égale que leur érudition. « Une vision universelle de l'enseignement supérieur implique des coopérations multiples entre toutes les institutions dont les missions concourent à œuvrer à un développement humain durable et à une culture de la paix », (CMES 1998).

Le développement de l'économie cognitive explique et corrobore la coopération des établissements d'enseignement supérieur avec les différents segments de la société ; État, collectivité décentralisée, organisation non gouvernementale, grande-moyenne-petite entreprise, etc. La nature de ces partenariats est complexe et fonction des capacités des établissements d'enseignement supérieur à les susciter, à trouver des interlocuteurs fonctionnant sur la même longueur d'onde qu'eux.

Le principe de la solidarité et d'un partenariat authentique entre établissements d'enseignement supérieur du monde entier est essentiel pour que l'éducation et la formation dans tous les domaines aident à comprendre les problèmes mondiaux, le rôle d'une gouvernance démocratique et de ressources humaines qualifiées dans leur solution, et la nécessité de vivre ensemble avec des cultures et des valeurs différentes. La pratique du multilinguisme, les programmes d'échange de personnel enseignant et d'étudiants, et l'établissement de liens entre établissements pour promouvoir la coopération intellectuelle et scientifique devraient faire partie intégrante de tous les systèmes d'enseignement supérieur (CMES 1998).

Les partenariats et alliances entre parties prenantes – responsables de l'élaboration des politiques nationales et institutionnelles, enseignants, chercheurs et étudiants, et personnels administratifs et techniques des établissements d'enseignement supérieur, monde du travail, groupes communautaires – sont un puissant moteur pour diriger le changement. En conséquence, le partenariat fondé sur l'intérêt commun, le respect mutuel et la crédibilité devrait être une modalité essentielle de la rénovation de l'enseignement supérieur (CMES 1998).

Partenariats locaux

Il ressort de ce qui précède que les établissements d'enseignement supérieur doivent construire des partenariats avec les différents segments de leur société, les établissements d'enseignement supérieur de leur ville, pays, région et du monde entier. Ce partenariat doit nourrir les trois missions de l'enseignement supérieur : la formation, la recherche et les services à la société.

Les universités doivent nouer des alliances avec tous les segments de la société afin de percevoir leurs besoins, de construire avec eux des réponses tout en y diffusant les résultats de la science. Il est, sous ce rapport, attendu des universitaires qu'ils se rendent dans les autres ordres d'enseignement pour contribuer à leur animation, y diffuser la culture scientifique et susciter des vocations. À cet effet, il est attendu des établissements de l'enseignement supérieur qu'ils intègrent dans leurs structures de gestion les différents représentants de la société afin de construire les réponses appropriées. Cette représentation des membres de la société au sein des universités est seule à même de leur donner les outils, l'information utile pour une anticipation des besoins de la société et de sa contribution à l'expansion des activités économiques, culturelles et sociales à moindre coût. Les diplômés des universités sont leurs meilleurs représentants dans la société.

Combien d'établissements d'enseignement supérieur en Afrique disposent d'une base de données de leurs diplômés ? Combien sont-ils ? Qui sont-ils ? Que font-ils ? Quelles sont leurs relations avec leur *alma mater* ? Est-ce qu'ils donnent des retours d'information sur la qualité de leur formation, et des insuffisances s'il y a lieu ? Est-ce qu'ils sont disposés à siéger dans les différentes structures de l'université (comités de pilotage des filières, départements, facultés, écoles doctorales, assemblées de l'université/conseils académiques et conseils d'administration, etc.) ? Est-ce qu'ils accueillent les étudiants dans le cadre de stages ? Est-ce qu'ils sont disposés à partager leurs savoirs et savoir-faire dans les filières fléchées ? Est-ce qu'ils contribuent au rayonnement de leur établissement ? Est-ce qu'ils apportent leur contribution financière à la fondation de l'université ? Que font les établissements de l'enseignement supérieur pour valoriser leurs diplômés, les montrer en modèle et les aider à se requalifier en permanence ? Il y a là un gisement non encore exploité ou insuffisamment exploré.

Les établissements d'enseignement supérieur doivent bâtir des relations avec tous les démembrements de l'État, particulièrement avec les communautés décentralisées et, parmi elles, les plus démunies. L'UCAD, par le biais des camps citoyens des étudiants, a pu travailler avec des communautés rurales très défavorisées (Sall 2012). Le paquet de services des étudiants dans les camps (reboisement, campagne sanitaire, alphabétisation et initiation à l'informatique) a produit des résultats spectaculaires tant au sein des sites d'installation que chez les étudiants eux-mêmes. L'expérience montre que les communautés décentralisées peuvent et doivent accueillir beaucoup d'étudiants en stage et ceux-ci, tout en servant directement les populations dans les contrées les plus reculées, acquièrent des compétences pratiques indispensables à la consolidation de leur formation.

Les établissements d'enseignement supérieur en Afrique doivent bâtir des relations solides avec leur État. Les différents services de l'État peuvent accueillir nombre d'étudiants en stage, mener des recherches et enquêtes avec les établissements d'enseignement supérieur. L'exploitation des mémoires des étudiants peut contribuer à approfondir le traitement de certaines questions à des coûts moindres. Pourquoi ne pas envisager des synergies entre l'État et les établissements d'enseignement supérieur pour atteindre les objectifs de l'État ? D'ailleurs, en travaillant avec l'État, il est apparu que les cinq axes du Parc scientifique et technologique (PST) étaient quasi identiques aux axes de la stratégie de croissance accélérée élaborés par l'État. Pourquoi alors ne pas travailler en synergie en y incluant les industries et autres entreprises ?

Il est déjà postulé que le partenariat tripartite secteur public-établissements d'enseignement supérieur-secteur privé est un partenariat innovant porteur de transformations bénéfiques tant sur les plans économique, culturel que social. La collaboration entre les établissements d'enseignement supérieur, les industries et les entreprises est une impérieuse nécessité. Certes, en Afrique, il y a lieu de consolider le tissu industriel à partir des résultats de la science.

Les États doivent, dans le cadre de l'installation des grandes firmes internationales, négocier le transfert de technologie et y inclure un partenariat avec les établissements d'enseignement supérieur public. Il est clair qu'avec les micros-États en Afrique, il est légitime de se demander s'il est possible d'obtenir ce dont la Chine a pu bénéficier, à savoir le transfert de technologie des multinationales qui s'y installent. Le transfert de technologie est un impératif pour le développement des pays africains.

Les universités africaines doivent bâtir des liens entre elles au sein d'un territoire. Est-il possible d'envisager un seul système d'enseignement supérieur dans un pays avec des sites distants, mais travaillant ensemble ? La mutualisation-différenciation doit être explorée avec la plus grande attention. Au Sénégal, cette coopération existe dans la recherche, la formation, mais elle est informelle. Il reste aussi à explorer les synergies possibles dans le cadre de la gestion au quotidien des universités. Les universités peuvent unir leurs forces dans bien des domaines comme l'abonnement à des bases de données, la location de la bande passante pour le RER-Sen, la mutualisation des compétences pour les logiciels de gestion, la création de collèges doctoraux, le partage de filières, etc. Les structures d'enseignement et de recherche au Sénégal ont joint leurs forces au secteur privé pour créer l'incubateur d'entreprise INNODEV.

Il appartient aux chargés de la coopération dans les universités, en rapport avec les responsables des diverses filières, des départements, des établissements, des écoles doctorales et autres structures connexes, de bâtir les différents liens, de les suivre et de les évaluer en permanence afin de les améliorer. Dans cette perspective, les enseignants-chercheurs et les chercheurs doivent être conscients de leurs responsabilités.

Partenariats internationaux

La coopération interuniversitaire des établissements d'enseignement supérieur est de nature bilatérale ou multilatérale. Héritière de l'école de médecine, devenue par la suite la 18e université française, l'UCAD était sous le double parrainage des universités de Paris et de Bordeaux. Elle a développé un riche réseau de partenariat tant sur plan bilatéral que multilatéral.

Si beaucoup d'accords bilatéraux sont le fruit d'une coopération entre deux collègues, une attention particulière doit concerner leur institutionnalisation afin qu'ils survivent à leurs initiateurs. Nombre d'accords sont inactifs, suite au retrait de ces derniers. Il est aussi à relever que nombre d'accords noués au sommet ne donnent pas les résultats attendus, faute d'animateur à la base et/ou de financement. L'institutionnalisation passe par la mise en place d'un comité de pilotage des accords, chargé de leur suivi, de leur financement par des mécanismes appropriés, de leur évaluation afin de les améliorer.

La coopération interuniversitaire a permis à l'UCAD d'atteindre nombre d'objectifs liés à la formation, à la recherche, au financement de la recherche, aux services à la société avec les camps citoyens.

Dans le cadre de la formation, l'UCAD a profité de ses accords de coopération pour faire le *benchmark* des filières de formations ayant des contenus pertinents. Il avait été demandé à tous les enseignants bénéficiant de voyage d'études en 2003 de s'informer sur la réforme LMD et d'en porter la réalisation à l'UCAD. À défaut de co-diplomation, des collègues des universités partenaires ont travaillé avec leurs pairs de l'UCAD pour bâtir des maquettes dans le cadre de la réforme LMD et ont, par endroits, contribué à leur fonctionnement. Il faut noter qu'en sus de l'alignement sur un référentiel mondial, l'UCAD a cherché à bâtir des filières professionnalisantes afin de faciliter l'employabilité de ses diplômés et de renforcer ainsi son efficience.

Le travail par la coopération est sans doute une des manières les plus efficaces d'améliorer la fonction d'enseignement au sein des universités, car il est particulièrement approprié à la culture universitaire tournée vers la production de connaissances nouvelles (De Kettele 2009).

Ainsi, les filières ont un contenu comparable à celles des universités partenaires, ce qui favorise la mobilité des étudiants, et, dans certains cas, la double diplomation a été obtenue. Un des exemples les plus achevés est certainement le cas de la filière informatique de la Faculté des sciences et techniques (FST). Avec l'irruption de l'informatique, la FST a souhaité dispenser cet enseignement, mais n'avait aucune compétence pour ce faire. Grâce à la coopération française, elle fit appel à l'université de Paris-Dauphine qui y transféra son programme en informatique, animé par ses propres enseignants. Le programme d'appui incluait la formation des formateurs. Même si la FST n'a pas pu retenir les premiers docteurs en informatique formés à Paris-Dauphine, elle a réussi grâce, entre autres, à la formation par alternance à garder la seconde vague. Aujourd'hui, les enseignants-chercheurs sénégalais font tourner la section, y compris au sein de la formation doctorale, dans certaines spécialités de l'informatique telles que les réseaux et les bases de données.

L'UCAD a aussi bénéficié de la coopération interuniversitaire dans la reconstruction de son dispositif de recherche en général, de la mobilité de ses enseignants-chercheurs, chercheurs et doctorants, et dans le financement de sa recherche en particulier. La coopération interuniversitaire a permis d'impliquer les collègues des universités partenaires dans la réorganisation de la recherche de l'UCAD, d'élaborer avec eux des programmes communs de recherche.

Les collègues des universités, partenaires ou non, accueillent les enseignants-chercheurs, chercheurs et doctorants de l'UCAD dans leurs laboratoires en leur faisant bénéficier d'un environnement de travail, avec des équipements scientifiques lourds, un accès à la bibliographie qui ne sont pas toujours disponibles à l'UCAD. Chaque année, la moitié des enseignants-chercheurs ou chercheurs bénéficie d'un voyage d'études. Avec ce dispositif, l'UCAD explore à fond la mobilité de ses enseignants-chercheurs ou chercheurs afin de les maintenir au fait de ce qui se passe dans leurs disciplines, pour les requalifier en permanence. Ce sont les collègues des autres universités qui accueillent leurs pairs de l'UCAD. Ce mouvement vers les plateaux des universités françaises tend à se diversifier, mais ne touche pas encore suffisamment l'Afrique. Celle-ci n'a pas encore développé suffisamment d'outils pour favoriser la mobilité des scientifiques de haut rang en son sein. Il est urgent de dépolariser la mobilité des universitaires africains et de les réorienter vers l'Afrique. La FARIM a comme ambition, entre autres, de combler ce déficit, pour ne pas dire ce vide.

L'essentiel des fonds de recherche compétitifs de l'UCAD provient de l'extérieur. Les enseignants-chercheurs et les chercheurs de l'UCAD s'associent avec leurs pairs en général des universités du Nord pour s'engager dans la compétition. Est-ce que les thématiques de ces appels d'offres sont pertinentes pour l'Afrique ? L'UCAD a pris des dispositions utiles pour bien gérer les fonds de recherche compétitifs, assumant sa responsabilité et encadrant le lauréat du fonds pour assumer sa responsabilité scientifique.

L'Afrique, en créant la FARIM, se dotera d'un outil pour financer la recherche, l'innovation et la mobilité. Elle pourra ainsi favoriser la collaboration horizontale en Afrique et aider davantage à la création des masses critiques pour la prise en charge de son développement et de ses intérêts dans la globalisation. Sans outil à la mesure des défis, il serait peu probable d'atteindre les objectifs.

L'UCAD accueille beaucoup d'étudiants internationaux. Ces dernières années, certains s'y sont inscrits pour un court séjour. Nombre d'étudiants étrangers occidentaux viennent pour apprendre la culture africaine, mais aussi mieux comprendre les structures africaines afin d'en faire bénéficier leur pays dans le contexte de la globalisation. Il arrive que quelques-uns tombent amoureux des pays africains et mobilisent beaucoup d'énergie pour les engager sur la voie du développement. L'autre disait que l'Afrique « corrompt ».

Avec ses camps citoyens des étudiants, l'UCAD a accueilli des étudiants internationaux qui ont vécu avec leurs pairs de l'UCAD dans des zones défavorisées du Sénégal et ont participé aux succès des activités citoyennes : reboisement, campagne sanitaire, alphabétisation et initiation à l'informatique. Cette immersion des étudiants internationaux au cœur des sociétés africaines avec leurs pairs africains contribue à une meilleure connaissance mutuelle, au développement de la culture de la coexistence pacifique, de la tolérance, donc favorise l'essor d'un nouvel humanisme.

Pendant ces camps, un appel a été lancé pour la construction de la Grande muraille Verte (GMV) par les étudiants africains accompagnés par leurs pairs du monde entier. La GMV est un projet à la mesure des grands défis que pose l'environnement. Les étudiants, en endossant ce projet, soutenus par la communauté internationale, ont exploré à fond les résultats de la science tant en biologie, en énergies renouvelables, en hydraulique, en sciences de la santé qu'en climatologie. En travaillant ensemble et en cherchant à trouver une solution à une équation planétaire, le réchauffement climatique, ils s'apprécieront davantage et vont bâtir un nouvel humanisme. La culture de la paix se nourrit d'actions concrètes.

L'UCAD accueille beaucoup de collègues des universités partenaires et, dans la durée, a bâti un réseau dense pour assumer ses missions, notamment d'enseignement et de recherche. La rénovation de la Maison de l'université, une sorte de résidence des hôtes, le restaurant des enseignants qui la jouxte, le réseau informatique et sa bande passante ont permis à l'UCAD de les recevoir dans les conditions de meilleur confort. Cet environnement a favorisé la signature d'accords asymétriques : l'UCAD s'engageait à loger les collègues des universités partenaires qui, elles, prenaient en charge les frais de séjour de leurs pairs de l'UCAD dans leurs pays. Naturellement, le partenaire mobilise plus de ressources, mais chacun contribue, en fonction de ses moyens, à l'effectivité et au succès de la coopération.

S'agissant de la coopération multilatérale, il est possible de citer les plus usités par l'UCAD : le REESAO, le CAMES, l'AUF, l'AUA, l'UNESCO et L'ISESCO.

Le Réseau pour l'excellence de l'enseignement supérieur en Afrique de l'Ouest (REESAO) a été mis en place pour mutualiser les ressources humaines des universités membres afin de mieux engager les universités francophones d'Afrique de l'Ouest dans la réforme Licence master doctorat (LMD). Cette mutualisation porte sur les enseignements dans les diverses filières ainsi que sur la recherche. Cette généreuse orientation mérite un soutien financier qui, malheureusement, lui fait cruellement défaut. Les universités mobilisent leurs propres ressources financières, ce qui est loin de satisfaire les besoins. Il serait tout à fait indiqué qu'en plus des États, l'UEMOA en soit partie prenante. La dernière rencontre de l'UEMOA sur l'enseignement supérieur est-elle allée dans cette direction ? Cette coopération devra explorer à fond les TIC afin de mutualiser davantage les ressources humaines des universités de la région. L'exploration du *bend learning* serait certainement une solution à la portée des universités.

Le Conseil africain et malgache de l'enseignement supérieur (CAMES) a été mis en place pour l'évaluation des enseignants-chercheurs et des chercheurs, l'évaluation et l'accréditation des programmes de formation. Le CAMES a favorisé la mobilité des étudiants et des enseignants dans la région. Il cherche à se positionner maintenant comme une structure d'assurance qualité. Tous les États membres font obligation à leurs universitaires de passer par le CAMES pour passer d'un grade à un autre. Le CAMES organise des Comités techniques spécialisés (CTS) et des concours d'agrégation à cet effet. Dans son dernier plan stratégique, il cherche à promouvoir la recherche dans son réseau, s'engage vers des financements innovants et explore à fond les TIC tant pour sa visibilité que pour l'opérationnalisation de ses programmes.

L'Agence universitaire de la francophonie (AUF) est une association des établissements d'enseignement supérieur partiellement ou entièrement d'expression française. Les programmes phares de l'AUF sont les allocations de mobilité de recherche des doctorants, les missions d'enseignement dans la région, la promotion des TIC avec les campus numériques. L'AUF est un opérateur de l'Organisation internationale de la francophonie.

L'Association des universités africaines (AUA) est une organisation régionale qui a pour vocation de rassembler toutes les universités africaines. Il s'agit d'un cadre important que les universités d'expression française n'explorent pas suffisamment. Contrairement aux organisations favorisées, avec l'ancien colonisateur, l'AUA est une organisation africaine pour les établissements d'enseignement supérieur en Afrique qui transcende les clivages linguistiques et certains héritages historiques. Elle devrait absorber toutes les associations interuniversitaires africaines. À cet effet, elle devrait mieux se structurer avec une déclinaison dans les cinq régions économiques et, en sus de ses programmes, embrasser les volets d'accréditation, de promotion des enseignants-chercheurs et des chercheurs, et de coordination de la recherche.

L'UNESCO a beaucoup apporté à l'UCAD. Les conclusions de la CMES ont beaucoup inspiré l'UCAD dans l'élaboration de sa Visio-actions. En agissant sur les imaginaires, l'UNESCO donne à toutes les parties prenantes les outils de leur propre émancipation. L'ouverture des chaires des sciences de l'éducation à la FASTEF et de l'eau et du littoral à la FLSH constitue un important exemple de coopération avec l'UNESCO. Il faut aussi citer le programme UNITWIN/Chaires UNESCO. Selon Davies, les mécanismes prévus pour les réseaux et la coopération interuniversitaires ont pour but (1997) :

- de faciliter la réalisation d'études et de recherches communes dans des domaines hautement spécialisés ;
- de favoriser l'élaboration de programmes internationaux de développement qui, tout en étant basés dans un lieu particulier, ont une portée suffisamment large pour répondre aux besoins régionaux et sous-régionaux ;
- de contribuer à l'essor et à l'amélioration de la qualité des établissements d'enseignement supérieur dans les pays en développement ;
- d'attirer des spécialistes et des chercheurs de renom international, qui pourront ainsi faire profiter les pays en développement de leurs connaissances, de leurs expériences, de leurs compétences et de leur concours d'une manière qui réponde aux besoins régionaux.

Les actions de l'ISESCO, organisation islamique pour l'éducation, les sciences et la culture, méritent aussi d'être citées et reconnues. L'ISESCO devrait être mieux utilisé pour vivifier les valeurs humanistes, d'érudition et de solidarité de l'islam. Il appartient aux musulmans du monde entier d'œuvrer ensemble pour promouvoir les idéaux humanistes, la mutuelle compréhension et l'acceptation des différences.

Les universités bénéficient aussi de la coopération bilatérale entre les États. L'UCAD a ainsi participé à plusieurs sessions d'évaluation des coopérations bilatérales interétatiques. La coopération interétatique concerne, entre autres composantes, la mobilité des étudiants. C'est à ce titre que l'UCAD a eu à prendre part à plusieurs sessions de comité paritaire interétatique. Les États africains doivent aller au-delà de la mobilité des étudiants, en explorant, entre autres, la recherche et les applications des résultats de la recherche. Il est possible, dans ce cadre, de renforcer la coopération universitaire entre les États africains avec des financements publics conséquents.

À l'évaluation, la coopération bilatérale entre universités africaines demeure faible, faute de mécanisme de financement durable. Les pays africains ne disposent pas d'une masse critique de compétence dans tous les domaines de la science, mais en levant les frontières et en considérant les collègues de la diaspora, l'Afrique a certainement une masse critique de compétences dans bien des domaines. Il est urgent de le comprendre et de s'y engager résolument.

La coopération interétatique a produit bien des résultats à l'UCAD. Les actions de la coopération française sont diverses. Notons le réseau informatique de base de l'université, le financement des bourses de mobilité des étudiants doctorants, et même, à une certaine époque, le financement d'équipements et de produits de laboratoire. La coopération italienne a apporté sa contribution en renforçant les capacités des ressources humaines tant des enseignants que du personnel, en dotant l'UCAD en équipements scientifiques, sans compter l'apport pour l'enseignement de l'italien. D'ailleurs, beaucoup de pays ont appuyé l'UCAD pour une bonne prise en charge de l'enseignement de leur langue et, par conséquent, de leur culture : Allemagne, Russie, Espagne, Royaume-Uni, Arabie Saoudite, Iran, Chine, etc. La coopération turque, la TIKA, a financé le Centre socio-médical, aussi bien le bâtiment que les équipements. L'Inde apporte son concours dans le cadre de son appui à l'Union africaine avec la télémédecine. Un grand centre de télémédecine est installé au Centre hospitalo-universitaire (CHU) de l'hôpital Fann. La coopération canadienne a permis la mise en place de l'école des journalistes de l'UCAD, CESTI. La coopération chinoise vient de réaliser un des plus grands Instituts Confucius à l'UCAD et a jumelé l'UCAD avec une université chinoise. La coopération américaine a injecté d'importantes ressources dans le projet USAID-ERA pour soutenir le développement de l'agriculture dans des universités sénégalaises, dont l'UCAD. La coopération belge a financé la recherche en biotechnologie à l'UCAD sur une longue période.

L'UCAD a essayé d'explorer la mobilisation de sa diaspora scientifique. C'était dans le cadre de la célébration de son cinquantième anniversaire, en 2007. Elle a cherché à associer cinquante scientifiques sénégalais de haut rang aux célébrations du cinquantenaire. Ainsi, afin d'organiser la journée de la diaspora scientifique, l'UCAD a lancé un site web destiné exclusivement à préparer cette rencontre. Ce site web a été réalisé grâce à un travail collaboratif entre Madiagne Diallo, qui exerçait à l'Université pontificale de Rio au Brésil, et le service informatique de l'université. L'UCAD a clairement indiqué ses attentes : partage des formations dans le cadre de la réforme LMD, notamment dans les masters fléchés ; partage de la recherche dans les écoles doctorales, notamment pour la recherche de fonds de financement de la recherche et le co-encadrement de doctorants ; création d'entreprises à partir des connaissances nouvelles découlant de la recherche scientifique et technique.

Trente-quatre scientifiques sénégalais de haut rang ont pu faire le déplacement et ont animé la célébration de la journée de la diaspora scientifique sénégalaise par des propositions concrètes dans ces trois directions. Tous les participants ont pris la parole en plénière pour exprimer leurs engagements, des réunions de pair à pair ont été organisées par la suite. La rencontre avec la diaspora a été élargie à toutes les universités sénégalaises. Tous les participants ont été nommés ambassadeurs de l'UCAD et se mobilisent pour, à côté de leur université, en élever les standards. La mobilisation de la diaspora scientifique requiert, entre autres, l'usage des TIC, un réseau des scientifiques de la diaspora, une équipe réduite dédiée exclusivement à cet effet et, naturellement, des ressources financières.

Après les Nations unies, la fondation CARNEGIE s'est engagée dans le retour de la diaspora scientifique africaine en Afrique en mandatant le programme *Fullbright*. N'était-il pas plus adéquat, pour un programme africain, de responsabiliser le CODESRIA ou une organisation africaine similaire ? Quand est-ce que l'Afrique comprendra que sa diaspora scientifique est une niche pour rattraper son retard et peut l'aider à s'engager dans la haute science ? La FARIM, à travers la question de la mobilité, se propose de prendre en charge cette question.

Eu égard au rôle important qu'elles jouent dans l'internationalisation des processus, certains considèrent que les compagnies multinationales doivent être responsabilisées et appelées à collaborer dans la formation des diplômés de l'enseignement supérieur des pays en développement. Des projets de coopération associant des entreprises multinationales et des établissements l'enseignement supérieur devraient donc avoir comme objectif de former des professionnels qualifiés de haut niveau et qui pourraient ainsi assumer des fonctions traditionnellement dévolues à un personnel venant des pays développés. Les multinationales ont assez souvent des relations avec les universités de leur pays d'origine. Il serait alors parfaitement envisageable d'avoir un partenariat tripartite : université du pays d'origine / firme internationale / université du pays d'exploitation. La diaspora scientifique africaine peut, ici aussi, jouer un rôle important.

De la même manière, puisque les entreprises multinationales travaillent souvent en sous-traitance avec des petites et moyennes entreprises, des projets de coopération pourraient prendre comme cible le développement d'un esprit entrepreneurial chez des personnes susceptibles de créer des petites et moyennes entreprises répondant à des besoins non satisfaits. Les institutions d'enseignement supérieur peuvent aussi s'impliquer dans la création de parcs scientifiques, regroupant des sociétés, petites ou grandes, à haute valeur ajoutée en termes de développement des connaissances, de technologies nouvelles et de transfert de connaissances. « Le soutien aux diplômés pour créer leur emploi est donc un objectif important de la coopération. Les expériences de banques coopératives ou l'initiative de la *Grameen Bank* au Bangladesh méritent une attention particulière. » (CMES 1998)

Toute cette coopération a été facilitée et amplifiée par l'utilisation des TIC. Ainsi, les échanges ont été plus rapides. Les dossiers, tant administratifs que d'enseignement ou de recherche, partagés avec une plus grande célérité. Cette rapidité des échanges des résultats scientifiques grâce aux TIC a permis de raccourcir les délais de publication. Les TIC ont aussi renforcé le travail collaboratif dans la formation. Elles ont servi à maintenir un lien permanent entre la communauté scientifique de l'UCAD et la communauté scientifique internationale. Avec le Centre de ressources technologiques et pédagogiques (CRTP), le réseau informatique plus redondant et qui est maintenant relié aux réseaux des autres universités via le RER-Sen, la bande passante passée à 300 Mégabits/s, l'UCAD continue à chercher sa voie dans l'utilisation des TIC tant pour l'enseignement que pour la recherche.

Conclusion

Il ressort de ce qui précède que la coopération est nécessaire et devrait être utilisée par les établissements d'enseignement supérieur des pays en voie de développement pour renforcer leurs missions d'enseignement, de recherche et de services à la société. Les responsables doivent :

1. bâtir un partenariat avec tous les segments de leur société ;
2. explorer la coopération interuniversitaire, bilatérale et multilatérale ;
3. renforcer les partenariats interétatiques en élargissant le périmètre, notamment à l'utilisation des résultats de la recherche, pour créer des entreprises ;
4. coopérer avec les sociétés multinationales pour, entre autres, une introduction plus hardie par les États dans le cadre du transfert de technologies et de développement de petites et moyennes entreprises pour accompagner leurs interventions dans les pays africains ;
5. mobiliser la diaspora scientifique africaine.

L'analyse de ce qui précède atteste que l'UCAD et les universités francophones et anglophones d'Afrique n'ont pas encore suffisamment déconstruit le modèle que les colonisateurs avaient mis en place pour l'enseignement supérieur. C'est un modèle polarisé vers le pays colonisateur, satisfaisant ses intérêts. La plupart des structures multilatérales sont encore fonction de la langue de l'ancien colonisateur, REESAO, CRUFAOCI, CAMES, AUF, etc. Ce qui est avéré pour l'UCAD l'est aussi pour l'essentiel, sinon toutes les universités d'expression française africaines et certainement les anglophones aussi. Les francophones citent les francophones et les anglophones les anglophones. Comment, sous ce rapport, mieux travailler avec sa société, collaborer avec les autres universités d'expression anglaise, lusophone, arabe, consolider les unions économiques africaines, l'Union africaine et demain créer les États-Unis d'Afrique ?

Avec le financement de la recherche par des fonds provenant des pays développés, comment mieux intégrer les préoccupations et intérêts des sociétés africaines ? La plupart des scientifiques africains de haut rang, même vivant et travaillant en Afrique, connaissent mieux les problématiques des pays du Nord que celles de l'Afrique. Le développement des établissements d'enseignement supérieur est aussi fonction de l'environnement dans lequel ils baignent. Il est temps que l'Afrique se réorganise pour créer une polarité conforme à ses intérêts, parce qu'orientée vers l'Afrique tout en étant ouverte sur le monde, en brisant les barrières linguistiques – d'autant que ces langues dominantes sont des langues étrangères, mais nous servent à communiquer entre nous et avec les autres.

7

Les valeurs

Introduction

La CMES a recommandé à l'enseignement supérieur de promouvoir le savoir, le savoir-faire et le savoir être. Si la formation et la recherche prennent en charge le savoir et le savoir-faire, leur production et leur diffusion, quels sont les dispositifs pour la large vulgarisation du savoir être ? À côté des filières disciplinaires classiques, se développent de plus en plus des filières professionnalisantes qui s'articulent autour du savoir-faire. Le développement des filières fléchées illustre la volonté des établissements d'enseignement supérieur de tenir compte des besoins du marché et de l'insertion rapide de leurs diplômés. S'il est vrai que les compétences fléchées permettent un placement rapide, les diplômés utilisent rapidement des compétences génériques pour avancer dans leur carrière : communication, écoute, diriger des réunions et des groupes, faire des rapports, présenter des résultats, leadership, etc.

Il est largement partagé que la différence fondamentale entre les êtres humains dans la société ne s'explique pas uniquement par les compétences liées aux spécialités des uns ou des autres, mais par les valeurs que les uns ont et que les autres n'ont pas. La Déclaration des droits de l'homme précise, dans l'alinéa 2 de l'article 26 :

> L'éducation doit viser au plein épanouissement de la personnalité humaine et au renforcement du respect des droits de l'homme et des libertés fondamentales. Elle doit favoriser la compréhension, la tolérance et l'amitié entre toutes les nations et tous les groupes sociaux ou religieux, ainsi que le développement des activités des Nations unies pour le maintien de la paix.

Les étudiants arrivent à l'université entre 18 ans et 21 ans et en sortent avec leur parchemin entre 23 ans et 26 ans. Ils terminent ainsi leur adolescence à l'université et y commencent leur vie d'adulte. Comment l'enseignement supérieur ne prend-il pas en charge les valeurs à promouvoir afin que tous ces étudiants partagent ces valeurs et les diffusent dans la société pour la transformer en l'améliorant en permanence ? Outre la promotion de l'économie, l'enseignement supérieur doit promouvoir la culture et le social, donc l'être.

La responsabilité incombe à l'enseignement supérieur de veiller à l'amélioration de la société, d'y vulgariser les meilleures pratiques, d'aider au développement économique, social et culturel. Les étudiants sont les meilleurs vecteurs de la transformation positive de la société sur tous les plans. Il est dès lors fondamental de leur donner des savoirs et compétences au cours de leur transit à l'université et de leur faire partager les valeurs que cherche à promouvoir l'université. Encore faudrait-il que l'université s'accorde de façon explicite sur ces valeurs et sur la stratégie à mettre en œuvre pour les promouvoir.

Comment s'accorder sur les valeurs à promouvoir ? Comment les mettre en œuvre au sein du campus ? Comment s'assurer que toutes les composantes partagent et portent les mêmes valeurs ?

Comment s'accorder sur les valeurs ?

La recommandation concernant le personnel enseignant de l'enseignement supérieur stipule au point 35 :

> Les enseignants de l'enseignement supérieur devraient s'efforcer de se conformer à des normes aussi élevées que possible dans leur activité professionnelle, leur condition dépendant dans une large mesure de leur comportement et de la qualité de leurs prestations.

Comment dès lors accepter la profusion de contre-valeurs dans nos universités ? Comment comprendre que des enseignants de l'enseignement supérieur ne donnent pas un enseignement au standard et que les enseignements ne se renouvellent pas sur une longue durée ? Comment accepter l'absentéisme chronique de certains enseignants ? Comment accepter que des examens soient retardés soit parce que le sujet n'est pas disponible, soit parce que les surveillants ne sont pas en nombre ? Comment accepter que des enseignants retardent des délibérations parce qu'ils n'ont pas terminé leurs corrections ? Certains disent corriger mille copies ou plus, où est l'équipe pédagogique ? Est-ce qu'ils encadrent des doctorants ? Est-il acceptable que des enseignants ne viennent pas siéger dans leur jury ? Le jury est une instance fondamentale et obligation doit être faite à tous ses membres d'être présents pour délibérer en traitant minutieusement chaque cas et en tirant des leçons pour améliorer les résultats, mais aussi les enseignements. Il s'agit d'une action pédagogique majeure.

Est-ce acceptable que des étudiants utilisent la violence au sein du campus pour imposer leur volonté ? Comment comprendre que les renouvellements des amicales et associations des étudiants dans les établissements soient marqués par des violences dans certains établissements, avec utilisation d'armes blanches ? Comment comprendre que la commission de discipline soit chaque année fournie en cas de tricherie ? Comment comprendre que certains veuillent faire du campus un lieu de non-droit ?

Comment comprendre qu'à l'université des comptes soient mal gérés et que certains cas de détournement soient détectés ?

Au Sénégal et en Afrique de l'Ouest, la plupart des dirigeants sont les diplômés des universités. Comment comprendre la profusion de délinquants en col blanc ? Comment comprendre la profusion des contre-valeurs : corruption, concussion, frivolité, légèreté, chronophagie, pouvoir excessif de l'argent et du matériel, du paraître, etc. ? Tout ce qui est non éthique et contre-productif est nocif pour le développement harmonieux des pays d'Afrique.

Le libéralisme dominant pousse de larges segments de la société vers une recherche effrénée de l'argent et du matériel, certains enseignants du supérieur n'y échappent pas. Il n'est pas dit, comme le juge Kéba Mbaye, que l'argent sert à régler des problèmes, et qu'au-delà, il ne sert à rien. Une collaboratrice avait relevé, elle a peut-être raison, que c'est un luxe de pouvoir le dire.

Avec le développement de l'enseignement supérieur privé pendant ces dernières années, ce sont des enseignants de l'enseignement supérieur public qui font tourner la plupart des établissements d'enseignement supérieur privés. Un enseignant a même eu l'outrecuidance d'utiliser la toge de l'université pour la leçon inaugurale d'un établissement privé. En plus des enseignements, ils y assument des responsabilités administratives. Ils consacrent plus de temps et d'énergie aux structures privées qu'à leur université. Comme on dit, ils passent juste à l'université. Certains ont poussé loin le bouchon en créant eux-mêmes des établissements d'enseignement supérieur privés sans jamais avoir démissionné de l'université. En somme, il s'agit d'une concurrence déloyale menée au détriment de l'université.

Nombre d'enseignants-chercheurs ou de chercheurs sont sur le marché de la consultance sans que l'université en tire un quelconque dividende ni financièrement, ni encore moins humainement par l'association et la formation des étudiants. Ainsi, ceux qui devaient promouvoir les valeurs éthiques ont des comportements totalement aux antipodes de celles-ci et l'université ne développe aucune stratégie pour se défendre et rétablir en son sein des comportements conformes aux idéaux qu'elle se doit de promouvoir.

Les occasions d'indignation sont nombreuses, il y a beaucoup de comportements non éthiques. C'est certainement une des raisons pour lesquelles la leçon du juge Kéba Mbaye avait eu comme thème : « L'éthique, aujourd'hui. »

Et pourtant, les enseignants du supérieur devraient avoir une éthique très élevée, et ce, d'autant que les étudiants les prennent comme référence et essaient de reproduire leurs comportements. Ils doivent être les premiers à promouvoir, entre autres, le respect de l'heure, la rigueur, l'assiduité, le travail bien fait, la disponibilité, l'ouverture, l'érudition, etc.

En animant un séminaire sur l'élaboration des plans d'orientation stratégique des universités, un collègue canadien, le professeur Yvon Fontaine, au moment de discuter sur les valeurs, a distribué un lot de cartes avec une valeur sur chacune d'elles. Les participants, par groupes, devaient en proposer trois et ensuite les exposer pour emporter l'adhésion des autres sur la prégnance de ces dernières. Naturellement, les groupes sont arrivés à des valeurs différentes, mais tout aussi essentielles les unes que les autres.

Pour bien appréhender la question des valeurs, deux cas de figure sont à considérer : la création d'une nouvelle université et une université déjà existante.

Dans le cadre de la création d'une université nouvelle, les valeurs peuvent être choisies en considérant les maux qui gangrènent la société et les éléments qui peuvent la sublimer. Il est possible de mener une consultation au sein de la société sur la question.

Pour une université existante, il est possible de prétexter de la définition des valeurs pour créer un débat à travers le campus et en dehors. Le choix des valeurs d'une institution est un moment unique et exceptionnel. Assez souvent, les valeurs doivent être conçues à la création de l'université et vont avec les missions. Mais dans la plupart des universités, aucun système de valeurs n'est mis en avant et là où cela existe, aucune disposition n'est prise pour les vivifier, tout est fait de façon implicite. Les autorités peuvent lancer le processus en trois étapes : a) lancer un appel à proposition de valeurs avec ou sans un document de base comportant des valeurs, une fois celles-ci recensées ; b) organiser le plaidoyer pour trois valeurs. Les participants feront la promotion des valeurs qu'ils portent individuellement ou collectivement sur les supports de leurs choix, un portail étant ouvert sur le site de l'institution à cet effet. Pour favoriser le débat contradictoire, des plénières peuvent être organisées pour permettre aux porteurs des valeurs de les présenter et de plaider en leur faveur ; c) le processus d'adoption par vote de trois valeurs à mettre au fronton de l'établissement, tout le monde vote, des enseignants aux étudiants en passant par le personnel et pourquoi pas les partenaires, notamment les anciens étudiants. Il est loisible à l'institution de pondérer ou pas le vote des différents membres de sa communauté et de ses partenaires externes.

Comment promouvoir les valeurs ?

En préparant la CMES, toutes les conférences régionales se sont prononcées sur les valeurs et leur vulgarisation. Ainsi, le document de Palerme avance que les valeurs culturelles, dans un contexte européen aussi bien que mondial, « devraient pénétrer tous les curricula de l'enseignement supérieur, leur transmission, notamment en ce qui concerne les considérations éthiques, ne devrait pas se limiter à certains cours ». La conférence de La Havane demande « l'incorporation des valeurs les plus significatives, à savoir la liberté, les droits de l'homme, la responsabilité sociale, l'éthique et la solidarité ». La conférence de Tokyo suggère que

> Les établissements d'enseignement supérieur : a) instruisent tous les étudiants des fondements philosophiques, historiques, psychologiques et anthropologiques des connaissances concernant l'humanité, son environnement et ses diverses sociétés ; b) soutiennent les recherches et les projets en matière de programmes qui procurent des compétences facilitant l'accès aux découvertes scientifiques et

technologiques modernes, mais aussi qui débouchent sur la compréhension, l'appréciation, l'internationalisation et la diffusion des valeurs humaines et sociétales, tout spécialement en ce qui concerne les objectifs de paix et de démocratie et la protection de l'environnement.

La conférence de Dakar incite les établissements d'enseignement supérieur « à produire des stratégies permettant de développer une culture de paix et de résoudre les problèmes liés à un développement durable (notamment la réduction de la faim et la protection de l'environnement) », (CMES 1998).

Les enseignants-chercheurs de l'UCAD, ainsi que les chercheurs, sont recrutés après une procédure relativement bien élaborée par les départements. Mais ils ne signent aucun contrat avec l'université pour connaître leurs droits ainsi que leurs devoirs. Si les syndicats se chargent de les aider à défendre leurs droits, qui rappelle les devoirs ? Rien n'est explicite et malheureusement, ici aussi, les choses ne vont pas de soi. Oui, l'accompagnement dans le laboratoire ou dans le département joue un certain rôle, mais il faut tout expliciter. L'université publique n'est pas une administration classique, située au bout de l'échelle de la formation, elle a plusieurs responsabilités pour le bon fonctionnement de sa société.

Il n'y a pas une charte de l'établissement qui fixe les attentes ainsi que les procédures de toutes les étapes : les inscriptions, les enseignements, la recherche, les examens, les services à la société, la coopération, le financement, l'utilisation des TIC, l'environnement, etc. S'il y a un dérapage qu'il faut corriger rapidement, ce sont les inscriptions des étudiants qui, dans certaines facultés, se déroulent jusqu'à la veille des examens. Oui, il y a des dispositifs parcellaires qui ne sont pas connus de tous.

D'une structure d'ordre, du fait d'un laisser-faire collectif dans la longue durée, l'UCAD est transformée dans certains établissements en une structure sans règles, tout le monde a des droits, personne n'a de devoirs.

Et pourtant, la recommandation concernant le personnel enseignant de l'enseignement supérieur demande

> aux établissements d'enseignement supérieur d'élaborer, selon un processus collégial et/ou par voie de négociations avec les organisations représentant le personnel enseignant de l'enseignement supérieur, et dans le respect des libertés académiques et la liberté de parole, des déclarations de principes ou des codes de déontologie pour guider les enseignants du supérieur dans leurs activités d'enseignement, d'étude, de recherche et autres activités péri-universitaires.

Les établissements d'enseignement supérieur en Afrique devraient avoir comme priorité d'aider la société à mieux internaliser l'enseignement supérieur, à mieux comprendre sa place dans le monde moderne. Ceci est d'autant plus nécessaire que, sous sa forme actuelle, l'enseignement supérieur n'est pas le fruit de l'évolution de la société africaine. Oui, il y a eu çà et là de hauts lieux d'érudition, mais l'enseignement supérieur, dans sa forme actuelle, est un greffon de la colonisation. Elle est toutefois universelle même si elle se nourrit des éléments culturels, sociaux et économiques de son site d'implantation. Ce plaidoyer pour l'enseignement supérieur doit être permanent. Tout le monde doit comprendre ce qu'est l'enseignement supérieur dans ce monde, ce que sont sa fonction et son rôle. Les enseignants et les étudiants doivent aussi être sensibilisés. Tout le monde se prévaut de ses droits et personne n'a de devoirs. Certains étudiants, comme d'ailleurs des enseignants, ont une mauvaise compréhension des franchises universitaires et des libertés académiques. Non, l'université n'est pas un endroit de non-droit, encore faudrait-il qu'elle explicite ses règles et procédures, ses principes et autres codes de déontologie, les vulgarise largement et se dote de moyens de défense et de coercition.

Les valeurs de l'université ne doivent pas être implicites, mais bien explicitées, au fronton de l'université, avec une stratégie très claire pour les vulgariser à travers toute l'institution auprès des enseignants, des étudiants en passant par le personnel administratif, technique et de service. Il est tout à fait envisageable que les établissements d'enseignement supérieur, conformément à la recommandation concernant le personnel enseignant de l'enseignement supérieur, se dotent :

1. de charte éthique des enseignants ;
2. de trois valeurs à promouvoir ;
3. de contrat à signer par les enseignants ;
4. de code de déontologie pour les enseignements et les évaluations ;
5. de charte éthique pour la recherche ;
6. de code d'honneur pour les étudiants ;
7. de pétition pour la citoyenneté de ses membres, notamment des étudiants ;
8. de charte de l'environnement ;
9. et d'autres règles strictes pour son bon fonctionnement, avec une compréhension de tous.

Un code de déontologie devrait définir des engagements éthiques clairs et indiquer les bonnes conduites à tenir vis-à-vis de toutes les parties intéressées : étudiants, enseignants, collaborateurs, gouvernements, donneurs d'ordre. Un tel support, utile à tous, serait un formidable vecteur de promotion des valeurs du système éducatif autant qu'un outil fédérateur interne pour améliorer et valoriser les bonnes pratiques (Amara 2004).

Les établissements d'enseignement supérieur devraient s'accorder sur les valeurs à promouvoir, un processus est proposé ci-après. Ce nombre de valeurs doit être limité, le plus souvent à trois, et doit être promu par des mécanismes définis. Il ne suffit pas de s'accorder sur les valeurs, de les mettre au fronton de l'institution. Encore faudrait-il les faire vivre. Toutes les actions passant à travers l'institution doivent se nourrir de ces valeurs qui, en permanence, les inspireront et seront pendant toutes les manifestations de l'institution mises en exergue. D'ailleurs, pourquoi ne pas en faire des modules d'enseignement à créditer ?

Le contrat à signer par les enseignants-chercheurs et les chercheurs lors de leurs recrutements devrait, sur une page au plus, fixer les droits et devoirs des deux parties (le recruté et l'institution). Ce que l'institution assure au recruté et ce que l'institution attend de ce dernier. Ce que l'institution assure : un salaire décent, une couverture sanitaire à l'employé et à sa famille, un cadre de travail propice, une promotion dans la carrière en fonction de ses résultats, etc. Ce que l'institution est en droit d'attendre : une recherche pertinente et féconde, un enseignement de qualité, un engagement dans le fonctionnement de l'établissement, une disponibilité à l'endroit des étudiants, une contribution à la mobilisation de ressources financières, des services à la société, etc. Ce contrat devrait être signé entre le recruté et la plus haute autorité de l'université.

En ce qui concerne le personnel, enseignant comme administratif, technique et de service, il est attendu un code de déontologie et, pour les étudiants, un code d'honneur. Les étudiants, en s'inscrivant, signent l'engagement à respecter le code d'honneur et celui-ci leur est rappelé à toutes les évaluations ainsi que par des mécanismes appropriés, notamment lors de certaines manifestations.

Dans le cadre de la gestion de la propriété intellectuelle, toutes les universités doivent se doter d'une charte éthique pour la recherche.

Quelques exemples de charte

La charte pédagogique de l'Université catholique de Louvain (UCL) est reproduite ci-dessous en guise d'exemple (Denef 2015).

La Charte pédagogique de l'UCL

Les objectifs de la formation universitaire

- Aider l'étudiant à construire un savoir critique de haut niveau. L'enseignement universitaire vise principalement la transmission de connaissances et l'acquisition de compétences. Il s'agit non seulement pour l'étudiant d'acquérir des savoirs, mais aussi des savoir-faire impliquant la faculté d'adaptation, et des savoir être (qualités humaines, intégration, etc.).

- Promouvoir le développement personnel de l'étudiant. Sur la base des motivations de l'étudiant, l'université l'aide à s'adapter aux exigences des études universitaires, à s'impliquer personnellement dans sa formation en y développant ses capacités personnelles, ainsi qu'à acquérir des outils de base et à communiquer.- Préparer les étudiants à leur rôle de citoyens responsables en les sensibilisant à l'éthique et en valorisant la solidarité. L'apprentissage de la démocratie se fait notamment par la participation à diverses instances facultaires et au mouvement étudiant. L'université favorise la solidarité entre les étudiants par les travaux en équipe, la vie associative, etc.

Les finalités de l'UCL

La formation des étudiants est une œuvre commune qui implique non seulement les enseignants et les chercheurs, mais les intéressés eux-mêmes. Elle prépare les étudiants à prendre des responsabilités dans la vie sociale et professionnelle.La recherche scientifique, intimement liée à l'enseignement, est une des caractéristiques de l'université : elle concerne tant les chercheurs que les enseignants et les étudiants. Elle suppose la capacité de se documenter, d'apprécier de manière critique, de synthétiser, de remettre en question, de créer, etc.Les autres services à la société se vivent dans l'accueil équitable des étudiants, dans la collaboration avec les autres centres de formation et de recherche et dans la contribution au développement de sociétés plus justes et plus harmonieuses.

La recherche de sens s'inscrit dans le cadre d'un humanisme inspiré par les valeurs évangéliques et le message du Christ : solidarité, justice, respect des personnes, priorité à l'humain.

Les attentes respectives et leurs implications

L'étudiant attend :

- des enseignants à la fois chercheurs et pédagogues ; ce qui veut dire que l'UCL veillera à la formation scientifique et pédagogique des enseignants, soucieux de mettre en œuvre les pratiques pédagogiques et technologiques appropriées ;
- une évaluation formative et certificative, visant à le rendre autonome par l'acquisition réussie de savoirs et de compétences, qui le mène à une insertion sociale et professionnelle ;
- un cadre participatif, social et culturel qui favorise son autonomie, sa participation et le développement de son projet personnel social, culturel et intellectuel, moyennant la mise en œuvre de moyens financiers et d'infrastructures adéquats.

L'étudiant se doit

- d'adhérer aux objectifs et exigences pédagogiques de l'UCL et de s'engager dans toutes les activités qui en découlent ;
- de répondre positivement à l'investissement consenti par la société pour sa formation, en développant ses capacités à l'aide de l'ensemble des moyens mis à sa disposition par l'UCL ;
- de participer aux différentes formes de vie sociale, culturelle et intellectuelle de l'UCL.

L'enseignant attend

- la reconnaissance professionnelle de son investissement pédagogique tout autant que la prise en compte de sa compétence scientifique ;- les moyens humains et matériels indispensables à l'accomplissement optimal de ses tâches ;- un cadre favorable à l'exercice de la liberté académique.

L'enseignant se doit

- d'adhérer au projet pédagogique de l'UCL, à ses objectifs, exigences et pratiques ;
- de veiller à développer ses compétences pédagogiques, par exemple en participant à des activités organisées dans ce but ;
- de participer aux différentes formes de vie sociale, culturelle et intellectuelle de l'UCL.L'UCAD, taraudée par des perturbations récurrentes, a adopté un Pacte académique et social (Sall 2012).

Pacte académique et social de l'UCAD

Nous :

- Recteur, président de l'assemblée de l'Université Cheikh Anta Diop de Dakar (UCAD) ; doyens de facultés ; directeurs d'écoles et d'instituts ;
- Responsables de syndicats et d'amicales d'enseignants-chercheurs, d'étudiants, du personnel administratif et technique ;
- Conscients que l'intelligence collective et les mécanismes institutionnels peuvent et doivent aider à prévenir, gérer et régler les conflits :

1. Reconnaissons et défendons le caractère public, laïc, républicain, démocratique, sénégalais, panafricain et international de l'Université Cheikh Anta Diop de Dakar (UCAD) ;
2. Reconnaissons et cultivons son option de centre d'excellence et de convergence des savoirs, savoir-faire et savoir être ;
3. Respectons les diversités culturelles, linguistiques, religieuses, confrériques, politiques, philosophiques et idéologiques à l'UCAD, dans la société sénégalaise et dans le monde ;
4. Prenons l'engagement de cultiver la tolérance, d'étudier, de respecter, de diffuser et d'améliorer constamment les franchises universitaires et libertés académiques ;
5. Saluons la mise en place de l'institution de prévention des conflits, de médiation et de facilitation au sein de l'UCAD ;

6. Prenons l'engagement de lui apporter suggestions, soutiens et de recourir à elle chaque fois que les procédures habituelles (assemblées aux niveaux inférieurs et supérieurs dans les établissements, départements, laboratoires, etc.) n'ont pas produit les effets escomptés ;

7. Prenons l'engagement de cultiver les vertus de la transparence et du dialogue ;

8. Refusons le recours à la violence sous toutes ses formes pour le règlement de différends entre membres de la communauté universitaire et entre eux et les autres segments de la société.Dakar, le 26 juillet 2006.

L'UCAD vient également de publier en 2016 une charte universitaire pour l'environnement. Est-ce qu'il ne faut pas faire de toutes les universités africaines des universités vertes ? L'enseignement supérieur est une structure d'ordre et doit édicter des procédures claires et transparentes connues de tous.Les règles relatives aux enseignements et évaluations de l'UCAD sont périodiquement publiées. Le calendrier académique est, chaque année, arrêté par l'assemblée de l'université. Il serait indiqué d'y rappeler la nécessité de réécrire une charte de la formation et de l'évaluation en insistant sur le quantum horaire ainsi que les modes d'enseignement, les règles de l'évaluation, et surtout sur la présence au jury et le respect du calendrier des évaluations.Pour aider les étudiants à réussir leur transit de l'adolescence à l'âge d'adulte mûr et responsable des transformations positives dans la société, il serait indiqué de leur confier des responsabilités au cours de leurs séjours à l'université. Cette mise en situation peut prendre diverses formes : emplois d'étudiants sur le campus (tutorat, moniteurs, vacataires dans les différents services, notamment les bibliothèques, etc.), en veillant à ce que le temps de travail ne diminue pas celui de la formation ; activités culturelles, sportives, environnementales ; services à la communauté, etc. Ce sont les étudiants qui ont permis de prolonger les heures d'ouverture de la bibliothèque, en les faisant passer de huit heures à vingt-deux heures.

Mise en situation des étudiants

L'UCAD avait, pour construire le savoir être de ses étudiants, mis en place chaque année un programme de camps citoyens des étudiants. Les étudiants, par groupes de cinquante, séjournent pendant quinze jours à l'intérieur du Sénégal et dans différents terroirs pour offrir quatre services : le reboisement, les soins de santé, l'alphabétisation et l'initiation à l'informatique. À la fin de chaque édition, une assemblée est organisée sur le site pour permettre aux étudiants de présenter leurs résultats dans les quatre domaines ; les populations et partenaires apportent leurs appréciations sur les opérations et le recteur s'adresse aux différentes parties. Le recteur axe ses interventions, outre les remerciements des partenaires, sur la qualité du travail des étudiants, leurs capacités collectives et individuelles à transformer les choses, leur engagement, leurs capacités d'adaptation, leur courage, mais ne manque jamais de relever un paradoxe : dans les camps, tous reconnaissent les compétences et la discipline des étudiants alors que, sur le campus, ils se distinguent par des voies de fait et autres formes de perturbation. Avec la tenue des différents camps citoyens, les étudiants y ayant pris part ont pu peser de tout leurs poids pour une stabilité et une meilleure image de l'UCAD. Les étudiants reviennent des camps confortés dans leur capacité à changer les choses, mieux informés de la situation des populations ainsi que de leurs responsabilités futures, mais aussi ayant plus foi en eux-mêmes et en leurs pairs, en fait un peu plus aguerris. Une cérémonie est organisée au sein du campus pour présenter les résultats de tous les camps, remettre des attestations aux participants et les montrer en exemple.Il n'y a pas encore une évaluation exacte, quantitative et qualitative sur le devenir des étudiants ayant pris part aux camps citoyens. Certains sont maintenant devenus des enseignants-chercheurs dans les universités, d'autres, rencontrés par hasard, au Sénégal et en dehors, se réjouissent de l'apport positif des camps. À la cérémonie de lancement de l'ouvrage *Les mutations de l'enseignement supérieur en Afrique : le cas de l'Université Cheikh Anta Diop de Dakar*, nous avions associé certains anciens pensionnaires des camps citoyens. Après le lancement, nous avons cru bon d'offrir aux organisateurs un pot, question de les remercier et de prendre du bon temps ensemble. Un des étudiants des camps affirma que lorsqu'ils revenaient des camps, c'était comme s'ils étaient bénis par le Bon Dieu, ils avaient la main heureuse en tout et tout leur réussissait.Les étudiants étaient aussi responsabilisés dans l'organisation de « UCAD en Fêtes ». Ils mobilisaient les ambassades de leur pays et apprenaient à mieux se connaître, à cultiver la tolérance et le respect mutuel. « UCAD en Fêtes » a pu mettre en exergue les valeurs partagées à travers tout le continent africain : la famille, le respect des anciens, la solidarité, etc. La promotion du sport dans les établissements d'enseignement supérieur est pertinente pour développer l'endurance, mais aussi pour la santé des composantes, particulièrement des étudiants. L'UCAD a voulu promouvoir particulièrement les arts martiaux pour tirer profit de la sagesse qu'engendre la pratique de ces disciplines sportives et réussir ainsi à lutter contre la violence en son sein.Il appartient aux universitaires de construire, à travers les valeurs à promouvoir, une chaîne de solidarité pour le succès de tous les étudiants ou du moins du plus grand nombre. Les dispositions nouvelles d'accueil, d'orientation et de réorientation sont fondamentales à cet égard. Les étudiants avancés, dans le cadre du tutorat, peuvent parfaitement encadrer les primo-entrants et leur donner les clés de la réussite à l'université. Il devrait être possible de vulgariser les valeurs culturelles de solidarité et de haute probité morale des sociétés africaines. Naturellement, toutes les occasions, notamment lors des cérémonies de remise des diplômes, doivent être saisies pour rappeler les valeurs et les vivifier.

Viatique pour les étudiants

Il y a quelques années, lors de son discours de promotion, le recteur Marcel Crochet de l'Université catholique de Louvain (ULC) présentait aux étudiants nouvellement diplômés leur rôle dans la société et leurs responsabilités vis-à-vis des autres (Denef 2015).Il résumait ces responsabilités en 5 C, que l'on pourrait appeler les 5 compétences de base :

- Compétence : un universitaire doit veiller à être et à rester compétent dans la discipline qu'il a choisie et pour laquelle il est porteur d'un diplôme ;
- Critique : tout diplômé de l'université doit être capable de se remettre en question et être critique, d'abord vis-à-vis de lui-même, mais aussi vis-à-vis des personnes avec lesquelles il va travailler et vivre ;
- Créateur : cette attitude critique doit être un moteur le poussant à innover, à trouver de nouvelles solutions pour des problèmes inédits, à s'améliorer pour rendre de nouveaux services, etc.... ;
- Communicateur : dans le monde actuel où les médias (dés)informent la société de manière envahissante, un universitaire doit être capable d'expliquer, d'argumenter, de démontrer les valeurs qui le guident dans sa vie personnelle et professionnelle ;
- Citoyen : ce terme couvre tous les aspects de l'éthique et de la responsabilité sociale des universitaires dans leur environnement professionnel et dans la société.

Il arrivait assez souvent au recteur de l'UCAD, lors des cérémonies de remise de diplôme, de rappeler aux étudiants les valeurs de solidarité qui fondent la société africaine en général et sénégalaise en particulier :

- solidarité envers ses parents. En Afrique, plus qu'ailleurs, les parents s'investissent beaucoup dans les études de leurs enfants. En Afrique, celui qui ne partage pas avec sa famille, au sens large, ne compte pas ;
- solidarité envers sa société qui a financé son éducation ;
- solidarité à l'endroit de son institution qui, en lui remettant son parchemin, consacre sa réussite dans les études et lui souhaite une réussite dans la vie tout en attendant sa contribution à son rayonnement.

Il terminait ses allocutions en rappelant aux récipiendaires le piège de devoir se requalifier tout au long de leur vie.

Les Assises de l'éducation et de la formation du Sénégal (ANEF) ont recommandé la vulgarisation de quatre valeurs par le système éducatif sénégalais : le respect ; la foi ; la créativité ; la solidarité.

Les ANEF ont ainsi décliné les trois premières valeurs :

- le Respect doit être compris comme le respect de soi, de l'autre, de la parole donnée, etc. Il est ainsi gage de tolérance, de dignité, d'humilité, de solidarité, de respect des règles établies, de justice, de respect du bien public, d'honnêteté, de responsabilité, d'intégrité morale, citoyenne, de respect des valeurs fortes du terroir, de respect de l'environnement, etc. ;
- la Foi, elle doit être entendue comme une confiance inébranlable en nous, en nos convictions religieuses, philosophiques, politiques, une forte croyance aux potentialités du peuple, un patriotisme ardent, une constance dans nos choix et objectifs, une persévérance et un courage avérés, le culte du travail bien fait, etc. ;
- la Créativité renverrait à une tension permanente pour innover toujours, pour résoudre les situations et problèmes en restant inventif, car capable de valoriser les diverses compétences acquises, pour être capable d'entreprendre pour créer de la richesse.

L'ancien recteur de l'UCAD a repris ces huit valeurs à son compte pour les soumettre à l'appréciation des jeunes qui lui font l'honneur de lui demander d'animer leur rencontre, en y ajoutant le travail et l'entreprenariat. À propos du travail, il le prône en ces termes :

- Travailleur : rien n'est au-delà des capacités humaines, vous avez tous les capacités de vous élever, il vous appartient de travailler pour révéler vos talents. Nous avons tous des neurones, le même nombre, il vous appartient d'exciter les connexions interneuronales.

Et il leur recommande de s'engager dans l'entreprenariat en l'associant à la création innovante, tout en leur signifiant que les premières générations ont étudié pour être des employés, alors qu'il faut étudier pour être employeur. Les postures ne sont pas les mêmes : si les premiers ont une limite objective, les seconds sont sans limites.

Conclusion

L'enseignement supérieur se doit de promouvoir des valeurs en son sein parce qu'il est situé au bout de la chaîne éducative, phase de transition de l'adolescence à la vie d'adulte pour les étudiants de la formation initiale, outil par excellence de promotion économique, culturelle et sociale de sa société. Les établissements d'enseignement supérieur doivent se donner les moyens d'empreindre les étudiants de ces valeurs lors de leur formation-éducation. Les enseignants-chercheurs ont l'obligation d'avoir des comportements très relevés et de porter haut le flambeau en promouvant les valeurs de l'université. La responsabilité des enseignants est énorme à ce niveau, car les étudiants les prennent comme modèles. Les enseignants munis de principes et codes de déontologie stricts doivent baliser la voie et les y inscrire rigoureusement.La transformation de la société ne repose pas seulement sur les transformations économiques que les résultats de la science autorisent, mais aussi et surtout sur la qualité des ressources humaines. L'enseignement supérieur doit aussi prendre en charge sa vocation humaniste pour la co-construction d'un monde de diversités, de mutuelle compréhension, de tolérance et de paix. L'adoption et la promotion des valeurs sont un puissant outil d'affirmation de l'identité de l'institution et de ses composantes. Toutes les actions de promotion des valeurs convergent nécessairement vers la réalisation d'un même objectif : l'amélioration et l'élévation de l'être, de tout l'être.

8

La communication

Introduction

À la lumière de ce qui précède, il apparaît que les transformations dans l'enseignement supérieur sont profondes, rapides et se perpétuent dans la durée. L'économie mondiale s'est globalisée et les technologies de l'information et de la communication ont fini de relier tous les points du globe, de sorte que la circulation de l'information est quasi instantanée. L'économie est devenue de plus en plus cognitive. Dans cette compétition mondialisée, les différents pays cherchent à se doter d'institutions d'enseignement supérieur à même de leur fournir la masse critique de ressources humaines qualifiées pour prendre en charge leurs intérêts tant économiques que sociaux et culturels.

Il en ressort que diverses formes de mutations sont en cours dans l'enseignement supérieur : passage d'un management autocentré à un management plus ouvert et redevable, des filières classiques aux filières classiques consolidées et aux filières fléchées, de la recherche pour le savoir, le beau, le vrai à une recherche finalisée, d'un financement presque exclusivement étatique à un financement diversifié sollicitant tous les segments de la société, d'un placement étatique des diplômés à un placement distribué dans la société – voire à l'ouverture du marché par l'entreprenariat des diplômés à travers les incubateurs, parcs scientifiques, etc. En fait se dessine une organisation de plus en plus complexe, mieux apte à révéler et à exploiter les talents tant individuels que collectifs des étudiants dans toutes les offres de formations : initiale, continue et à distance.

Afin de mieux assumer ces mutations, les établissements d'enseignement supérieur mettent en place des politiques de communication de plus en plus élaborées. Comment doivent se mettre en place ces politiques de communication interne et externe ? Avec quels effets sur l'image des institutions ? Quels impacts auront-elles sur les missions, les perceptions et les attitudes des différentes parties prenantes ? Quelles sont les évolutions et les tendances notables qui se dessinent dans ce domaine ?

Les universités et les établissements d'enseignement supérieur ne sont pas des entreprises. Ils sont plus que cela. Ils ont une histoire, des traditions, des valeurs et de formidables expertises qui sont autant d'atouts à valoriser, mais qui ne suffisent plus dans le contexte de compétition d'aujourd'hui. Il leur faut communiquer par tous les moyens, promouvoir leur capital image et défendre leur réputation (Amara 2004).

La communication vise à valoriser et à promouvoir l'image de l'université. Elle constitue un enjeu stratégique et l'excellence doit sans cesse prévaloir.

Pourquoi communiquer ?

Les établissements d'enseignement supérieur d'Afrique se doivent de communiquer afin de faire internaliser l'enseignement supérieur par tous les segments de la société, particulièrement l'État, les collectivités locales, les entreprises, la société civile, les étudiants et leurs parents. En effet, l'enseignement supérieur tel qu'il se présente actuellement n'est pas le fruit de l'évolution de la société sénégalaise. Certes, il est admis que la science a pris sa source en Afrique où existaient de hauts centres d'érudition. En revanche, l'organisation universitaire, fondée sur des rationalités bien définies, est un greffon de la colonisation. Il appartient aux établissements d'enseignement supérieur de faire comprendre à la société ce qu'ils représentent et ce qu'ils peuvent apporter à tous ses segments.

Comment faire pour vulgariser le fait que les établissements d'enseignement supérieur constituent des concentrations d'intelligence qui ont, entre autres, pour objet de résoudre les problèmes de tous les membres de la communauté ? Comment faire pour aider tous les segments de la société à nouer des alliances mutuellement bénéfiques avec les établissements d'enseignement supérieur et avec les universitaires ?

En animant une émission sur l'ouvrage *Les mutations de l'enseignement supérieur en Afrique : le cas de l'Université Cheikh Anta Diop de Dakar* dans une radio, nous avions expliqué que l'université a pour fonction de résoudre les problèmes de toute la société. Dans la foulée, un auditeur a cherché et trouvé notre contact pour soumettre son problème personnel. Il fut facile de l'orienter vers la structure compétente, non sans lui avoir demandé d'avoir un comportement éthique avec l'équipe, mais surtout avec les étudiants qui seront sollicités.

La sollicitation des établissements d'enseignement supérieur n'est pas une démarche naturelle en Afrique, y compris au sein de l'État et de ses démembrements. Il a été postulé que le développement peut aussi se mesurer à l'aune des relations entre les établissements d'enseignement supérieur et les différents segments de la société. S'il y a de multiples liens, la société avance, sinon elle est en danger.

Il appartient aux établissements d'enseignement supérieur en Afrique d'en prendre conscience et de développer les alliances avec les différents segments, non seulement en les informant largement sur les possibilités que peuvent offrir les établissements d'enseignement supérieur, mais aussi en menant des actions pour les convaincre de leur utilité, de leur pertinence. Ici, les services à la société prennent tout leur sens et les camps citoyens des étudiants de l'UCAD constituent un exemple à partager.

Grâce à ces camps et à la communication qui les accompagne, les populations de terroirs très défavorisés ont bénéficié de services des étudiants et ont une haute appréciation de l'enseignement supérieur. Certaines ont donné des terres à l'UCAD pour plus de proximité avec elle : Niakhène, Wendou Tiengoly. L'UCAD a même renoncé à la proposition de donation de Sokhone.

Dans les établissements d'enseignement supérieur francophones d'Afrique, la communication doit aussi se pencher sur la mobilisation contre les perturbations. Les institutions d'enseignement supérieur y courent de grands risques à cause des perturbations incessantes. Il faut reconnaître que l'absence de transformation dans la durée a engendré une situation peu reluisante qu'il faut traiter avec la plus grande célérité. Beaucoup d'acteurs pensent que l'État leur doit tout et qu'eux n'ont pas de devoirs. Il faudra, par la communication, insister sur les mutations, sur la place et les rôles des établissements d'enseignement supérieur, lever les équivoques sur les franchises universitaires et libertés académiques, insister sur l'autonomie avec son corollaire, la reddition des comptes.

Comment structurer une direction de la communication ?

Des extraits du livre de *L'agence Noir sur Blanc* : *Communication et stratégie dans l'enseignement supérieur* sont reproduits ci-dessous. Ils sont commentés à la lumière de l'expérience de l'UCAD.

Vouloir communiquer ne suffit pas. Encore faut-il savoir sur quoi et comment communiquer. Car la communication n'est pas un simple accessoire qu'on peut greffer sur l'activité sans rien y changer. Elle est au contraire le reflet de la réalité, de l'identité, du projet de l'institution. Elle doit traduire, exprimer son positionnement stratégique. Et cela, non pas de façon ponctuelle ou par intermittence, mais de façon permanente et durable. Mieux, elle doit constamment questionner, stimuler et même faire progresser ce positionnement.

Communication et stratégie vont de pair, comment avoir une politique de communication si l'on ne sait pas vraiment ce que l'on est, où on va ?

Il est apparu dans ce texte que les établissements d'enseignement supérieur mobilisent leurs compétences internes : enseignants/étudiants/personnels et leurs partenaires extérieurs pour élaborer leur plan stratégique. La communication est essentielle dans toutes les étapes ; de la préparation à la mise en œuvre en passant par l'adoption des plans stratégiques.

Le principal intérêt de la démarche de communication, son utilité première, c'est précisément qu'elle oblige l'institution à s'interroger sur son image, son positionnement concurrentiel, ses points forts et ses faiblesses, ses marges de progrès, ses facteurs de risque... En un mot, à se doter d'une stratégie. Pour qui veut émerger dans le contexte actuel, c'est un enjeu majeur incontournable.

1. Se doter d'une vraie direction de la communication, interne et externe, reconnue au plus haut niveau de l'institution.
2. Cette direction de la communication doit travailler en liaison étroite avec le Comité de rédaction du plan stratégique.
3. Cette direction de la communication doit être organisée et travailler de façon professionnelle.

Cette « dircom » doit être dirigée par un(e) spécialiste de haut niveau possédant une connaissance approfondie du métier et de ses enjeux, et doté du recul nécessaire. La direction de la communication doit, bien sûr, disposer d'un budget de fonctionnement propre, avoir des effectifs adaptés à la mission qui lui est confiée, et utiliser des outils et méthodes évolués.

La communication d'un établissement d'enseignement supérieur évolue dans un environnement divers et varié. De ce fait, elle a des tâches de plus en plus nombreuses.

Plus concrètement, cela signifie notamment :

1. prendre en charge le design, le graphisme et l'identité visuelle de l'institution ;
2. élaborer des supports de communication de l'institution : brochures ; plaquettes ; divers documents ;
3. veiller au contenu, à la mise à jour et à l'animation du site web, première vitrine de l'institution ;

   L'UCAD a consacré énormément de temps et d'énergie pour mettre à jour et animer son site web. Elle a dû recourir à des archivistes et bibliothécaires pour aider les établissements qui la composent à introduire et à mettre à jour leurs pages sur le site web de l'université. Le travail fut exécuté sous la coordination de la chargée de communication de l'UCAD, Mme Alimatou Diop Keita, fraîchement sortie de l'école de journalisme (CESTI), mais avec une certaine expérience dans une radio de la place (Sud FM). L'expérience de l'université de Mulhouse a consisté à confier l'analyse, voire la conception de son site à un étudiant dans le cadre de son mémoire de fin d'études et, par la suite, à l'aider à créer une entreprise au sein de l'université et à lui accorder le marché de la mise à jour du site. Les étudiants sont les plus disponibles au sein du système et les plus compétents dans les technologies. Leur contribution devrait permettre de construire et de mettre à jour systématiquement les sites des universités. La confection et la mise à jour du site web de l'institution requièrent un dispositif spécifique que la direction de la communication doit prendre en charge, en rapport avec les autres services de l'institution.

4. organiser des événements ou y participer (colloques, séminaires, doctoriales, conférences, foras, journées portes ouvertes, compétitions estudiantines, anniversaires, alliances, lancement de nouveaux programmes, cérémonies d'attribution de Doctorat honoris causa, leçons inaugurales, etc.) ;

L'université de Nantes, quant à elle, a créé une cellule événementielle pour accompagner toutes les manifestations organisées dans l'université. À l'UCAD, la chargée de communication, appuyée par les secrétaires du recteur et du secrétaire général, assumait cette fonction.

5. piloter les relations avec la presse ;

La chargée de communication de l'UCAD conviait systématiquement toute la presse aux manifestations : de l'invitation à la couverture de la manifestation à leur installation, à la gestion de leur mobilité, ainsi qu'à la publication des articles et à la diffusion à travers les télévisions. Pour ces dernières, elle ne manquait pas de leur donner une maquette prête à diffuser, notamment pour la Radio télévision sénégalaise (RTS). La cellule de communication de l'UCAD a essayé de mettre en place un réseau de journalistes pour mieux les fidéliser et mieux les assister dans la connaissance de l'université et de ses divers talents. Les vraies stars de l'enseignement supérieur sont les enseignants-chercheurs et chercheurs, qui par la qualité de leurs travaux scientifiques et leur érudition fondent sa réputation. Oui, l'enseignement a une grande et croissante importance, mais dans ce milieu, pour longtemps encore la réputation sera fonction des qualités de publications, des brevets, et du niveau des ressources financières mobilisées. Comment mobiliser les meilleurs enseignants-chercheurs et autres chercheurs, les faire intervenir dans la presse pour fonder la foi en l'université ? Les enseignants-chercheurs et les chercheurs les plus compétents, par leur mobilité, ne sont pas facilement mobilisables.

6. organiser des campagnes de publicité ;

7. publier des études ou des sondages ;

8. prendre en charge le marketing de l'institution, notamment en direction des étudiants et des entreprises ;

Il est de la responsabilité de l'enseignement supérieur, notamment de ses enseignants, d'informer sur les filières et leurs finalités. Il leur appartient aussi de mettre l'accent sur les conditions d'accès aux filières ayant des taux de placement plus élevés. Beaucoup de jeunes, particulièrement ceux issus de familles défavorisées, faute d'informations suffisantes, s'orientent dans le secondaire vers des filières non scientifiques et se privent ainsi de plusieurs opportunités. Évidemment, ce n'est pas la seule raison du nombre élevé de bacheliers littéraires. Il faut prendre aussi en compte le déficit en enseignants de sciences qualifiés, notamment en mathématiques, corrélé avec le manque d'équipements scientifiques. La répartition des flux des apprenants entre la formation générale et la formation professionnelle est une autre équation à résoudre. Une large diffusion des données relatives au potentiel de recherche de l'institution facilite les relations avec les différents segments de la société, comme les entreprises industrielles, l'État et ses démembrements. L'environnement lourd de recherche dans les universités est une composante non négligeable de l'environnement des entreprises, des industries et de certains ministères.

9. piloter et diffuser des newsletters ;

    L'UCAD a publié, pendant un certain temps, un journal appelé « Interface ». L'intitulé du journal traduit son objet : une meilleure connaissance mutuelle entre l'université et sa société. D'ailleurs, l'ombudsman n'avait de cesse de publier des newsletters pour informer la communauté. Dans cette concentration d'intelligence qu'est l'université, il y a beaucoup de choses à partager, des bonnes comme des moins bonnes.

10. participer à la coédition d'ouvrages ;

    Une synergie avec les presses universitaires serait à envisager et la direction de la communication serait en charge de la diffusion des ouvrages au sein et en dehors de l'université.

11. organiser les prises de vues (photos et vidéos) de l'institution ainsi que leur diffusion ;

12. assurer une veille sur les blogs, les forums sur Internet, les réseaux sociaux, les communautés ;

13. prévoir un dispositif de communication de crise ;

    Pour mieux gérer les perturbations, devenues récurrentes dans les institutions d'enseignement supérieur francophone, l'UCAD avait pris une disposition particulière. En mettant en place l'ombudsman, l'UCAD a voulu apporter une solution structurelle, mais le mal est très profond et est lié, dans une large mesure, à une méconnaissance du rôle et de la place de l'enseignement supérieur dans la société d'aujourd'hui et certainement celle de demain. La communication, en temps de crise, permet une gestion plus transparente et plus inclusive du processus, toutes les composantes sont informées de l'évolution des discussions, les avancées comme les blocages éventuels.

14. gérer l'édition et la vente de produits dérivés ;

15. mobiliser et animer les réseaux internes (anciens, professeurs, associations estudiantines, syndicats…) ;

16. veiller à la cohérence des messages émis par les différentes composantes de l'institution (rectorat/présidence de l'université ; établissements ; départements) ;

> Les différentes composantes sont restreintes aux structures administratives qui doivent parler le même langage, et le plan stratégique y contribue beaucoup quand il est bien mené. Toutefois, la liberté de pensée, voire de penser en opposition aux tendances dominantes est aussi une singularité que l'enseignement supérieur endosse. L'essentiel est que les arguments soient à la hauteur. L'enseignement supérieur doit aider les étudiants à accepter le débat contradictoire, à avoir une analyse critique et autocritique, à développer les sens de la nuance, à éviter de baigner dans des certitudes, à comprendre et accepter les positions de l'autre et à n'utiliser que les idées comme « arme ».

17. animer l'intranet et les outils de communication interne, mailing-list, groupe de discussion, blog, etc. ;

> Ainsi conçue et organisée, la communication pourra être le levier non seulement d'une amélioration de l'image, mais d'un véritable saut quantitatif dans le fonctionnement et la marche en avant de l'institution.

Quels publics ? À qui s'adresser en interne et en externe ?
Difficultés de l'hétérogénéité du public tant à l'interne qu'à l'externe.
En interne :

- les étudiants, individuellement, par groupe homogène et collectivement ;
- les associations étudiantes ;
- les professeurs ;
- les syndicats des professeurs ;
- l'ensemble du personnel ;
- les diplômés et leur association.

En externe :

- les candidats, les prospects y compris à l'étranger ;
- les parents d'étudiants ;
- les professeurs, les responsables de l'enseignement secondaire. Ils ont un rôle prescripteur très important auprès de leurs élèves ;
- la presse, les médias traditionnels ;
- les nouveaux médias notamment sur Internet : sites généralistes ou spécialisés, blogs, forums ;
- les entreprises (locales, nationales, internationales, directions générales, DRH, campus managers, anciens diplômés, salariés, etc.) ;
- les organisations professionnelles ;
- les cabinets de recrutement ;

- les autorités de tutelle, les pouvoirs publics à tous les niveaux : CCI, gouvernement, collectivités locales, etc. ;
- les acteurs de l'environnement économique et politique local ;
- le grand public en général.

Naturellement, la communication adoptera aussi des politiques de ciblage afin de mieux orienter son action et de s'assurer de ses succès auprès des destinataires bien identifiés. Il ressort de ce qui précède que les charges de la direction de la communication sont diverses. Elle se trouve à l'intersection des intelligences distribuées sur le campus. En fait, être au courant de tout ce qui se fait sur le campus : des manifestations institutionnelles aux manifestations des écoles doctorales, des laboratoires, des enseignants, des étudiants et de leurs associations, des rencontres sportives et autres n'est pas ce qu'il y a de plus aisé et requiert une bonne organisation doublée d'une méthode, pour ne pas parler comme le poète. Il s'y ajoute qu'à l'université, chacun se croit à l'épicentre du système.

La communication suppose aussi des supports avec des finalités précises. Le site web a déjà été évoqué. Les difficultés liées à sa mise à jour permanente ont été soulignées. Les réseaux sociaux, le *mailing-list*, la presse écrite (journaux, *newspapers*, flyers, plaquettes, etc.) ont fait l'objet d'une utilisation soutenue. L'ombudsman, Babacar Diop, dit Buuba, ne pouvait admettre une université sans presse écrite informant au quotidien sur la vie du campus. Et donc, pourquoi ne pas tenter une presse électronique ? Buuba publiait régulièrement des flyers pour partager des informations sur son champ de responsabilité. L'offre de formation se renouvelant avec la mise en place du LMD, les plaquettes et autres informations sur les filières doivent être régulièrement mises à jour. L'UCAD vient d'éditer des plaquettes sur ses écoles et formations doctorales. Il faut aussi prendre en compte la radio et la télévision. Ce dernier média est à mettre en relation avec le développement conséquent du numérique et de la télévision numérique. Dans nombre de campus, ces supports sont utilisés pour améliorer la communication interne et externe. Les radios campus sont des outils formidables qui aident à l'accompagnement des étudiants dans leur transition de l'adolescence à l'adulte. Le développement prodigieux de la télévision numérique est une opportunité supplémentaire.

Conclusion

La globalisation, l'internationalisation et le renforcement de la compétition économique et culturelle obligent les institutions d'enseignement supérieur à faire face au changement pour mieux répondre à un environnement complexe, exigeant et de plus en plus concurrentiel. Ce changement tous azimuts recouvre toute une série de dimensions et de questions de fond qui tendent à remettre en cause les missions et à déterminer de nouvelles perspectives (Amara 2004).

Les établissements d'enseignement supérieur se doivent de communiquer pour mieux asseoir la compréhension de leur place et rôle dans la société et mieux partager leurs compétences. Il ne s'agit pas seulement de communiquer, mais de bien s'organiser pour mieux communiquer. Il faut articuler la communication avec le plan stratégique, améliorer la compréhension des acteurs à l'interne et favoriser les alliances à l'externe. Il s'agit en permanence de mettre en valeur les talents de l'université afin d'agir sur les imaginaires des uns et des autres concernant la place et le rôle de l'université. Mais il faudra surtout se garder de la communication mensongère, d'un marketing non éthique.

Une attention particulière doit être portée sur le coût de la politique de communication au regard des contraintes budgétaires : multiplicité des objectifs et affectations et insuffisance des recettes. Les arbitrages doivent s'opérer entre les moyens pour la communication et les multiples et diverses exigences de l'enseignement supérieur, particulièrement la formation, la recherche, les services à la société, l'administration. La communication est une composante des services à l'université et à la société. Les dirigeants des établissements d'enseignement supérieur doivent prêter une attention particulière à leur politique de communication.

9

L'élaboration d'un plan stratégique

Introduction

Les changements dans l'enseignement supérieur sont rapides, multiples et complexes. La société attend des établissements d'enseignement supérieur les outils de sa modernité, de son essor économique, social et culturel. Afin d'assumer complètement leurs missions, les établissements d'enseignement supérieur mènent simultanément diverses activités. De l'administration à la recherche en passant par la formation et les services à la société. Dans chacun de ces quatre domaines, diverses activités sont menées en mobilisant les financements adéquats. Afin de canaliser l'énergie de l'institution ainsi que celle de ses partenaires, il est de plus en plus recommandé aux établissements d'enseignement supérieur d'élaborer un plan stratégique. Pour ce faire, une méthodologie est d'abord proposée. Ensuite, l'expérience de l'UCAD avec sa Visio-actions est décrite.

Élaboration d'un plan stratégique

Les étapes préconisées pour la confection d'un plan stratégique sont inspirées de l'exposé de Guy Morrison, présenté lors du séminaire sur la gouvernance universitaire tenu à Dakar en décembre 2003.

Les étapes sont les suivantes :

1. État des lieux et analyse du contexte.
2. Mise en place de l'équipe du plan stratégique.
3. Consultation sur le plan stratégique.
4. Rédaction du plan stratégique.
5. Validation du plan stratégique.
6. Mise en œuvre du plan stratégique et son évaluation.
7. Contractualisation avec l'État.

État des lieux et analyse du contexte

Il s'agit de bien cerner l'état des lieux et de bien analyser le contexte.

En ce qui concerne l'état des lieux, il s'agit de mesurer toutes les activités endossées par l'établissement pour assumer sa mission. Cela couvre, entre autres, l'administration, sa gouvernance, le financement, le patrimoine, les services aux étudiants, les personnels, la recherche, la formation, la coopération, les services à la société, etc. Pour chaque élément, il faut cerner les processus en cours, en analyser les forces et les faiblesses.

Cette analyse est importante. Il ne s'agit pas de se tresser des lauriers, encore moins de s'auto-flageller. Il est relevé des états des lieux considérant des formateurs de qualité sans en donner la base objective. Il est possible, entre autres, de traiter les points suivants :

- la gouvernance : vérifier sa structure et ses actions et les confronter à la satisfaction des missions, aux mutations en cours ;
- le financement : vérifier les sources, leur volume, les confronter aux besoins, aux dépenses et à leurs natures ;
- le patrimoine : l'évaluer à l'aune des besoins de l'institution ;
- les services aux étudiants : vérifier l'information des élèves, l'information et la guidance des étudiants, les procédures d'inscription, l'hébergement, la restauration, le sport, la santé et l'animation culturelle ;
- personnels académiques : enseignants-chercheurs et chercheurs, leur nombre et leur niveau de qualification, le genre ;
- personnels administratifs, techniques et de service, en termes de nombre et de niveau de qualification, de sexe et d'âge ;
- la recherche, savoir comment elle est organisée, quelles sont ses performances en termes de publications, de thèses, de brevets, d'animation scientifique, de création d'entreprises, de taux de placement des docteurs et de leurs lieux d'insertion, etc. ? Est-ce qu'elle adresse les besoins de sa société ?
- la formation : savoir quelles sont les filières, leurs effectifs d'apprenants, ceux des formateurs ainsi que leurs niveaux de qualification, les taux d'encadrement globaux et spécifiques, les méthodes pédagogiques utilisées, les flux de transit, les taux de placement des diplômés, la satisfaction des besoins de la société, etc. ;
- la coopération : les partenariats locaux, internationaux bilatéraux – multilatéraux ; le niveau de satisfaction des attentes ;
- les services à la société : recenser les activités de l'établissement pour la société et les analyser sous le prisme de ce que la société est en droit d'attendre de lui.

Après avoir décrit l'état de l'établissement, identifié ses forces et ses faiblesses, il faut analyser son environnement pour percevoir les menaces et opportunités. L'analyse concerne les structures de formation d'enseignement supérieur dans la localité, le pays, la région. Outre l'analyse des structures de formation potentiellement concurrentielles, l'étude concerne le contexte économique, social, culturel, local, national, sous-régional, régional, africain et mondial. Quelles sont les orientations économiques, sociales et culturelles du pays, des communautés économiques sous-régionales, aux niveaux continental et mondial ? Est-ce que les orientations engendrent des risques pour l'établissement et/ou présentent des opportunités à saisir ?

Cet état des lieux permet de faire l'analyse des forces, des faiblesses, des menaces et des opportunités (SWOT en anglais). Cette activité est menée sous la responsabilité des dirigeants de l'établissement, notamment sous la responsabilité du dirigeant le plus élevé.

Une analyse SWOT permet d'identifier les forces et faiblesses de l'université ainsi que les opportunités et menaces que peut constituer son environnement extérieur, afin de l'aider à atteindre sa mission, de promouvoir et de soutenir toutes les formes de collaborations entre ses membres et d'inciter ceux-ci à travailler ensemble en vue de satisfaire ses missions et d'offrir des services de qualité aux étudiants et à la société.

Ce document de travail, sous la responsabilité de la direction, doit être le plus concis possible, 10 à 20 pages, par exemple.

C'est à partir de ce document que le chef de l'établissement, conformément aux missions de l'établissement et aux valeurs que celui-ci veut promouvoir, propose une vision articulée autour des ambitions de l'établissement. Ce document, en donnant l'état des lieux, le contexte, fixe la commande qui est inspirée par la direction.

Mise en place de l'équipe du plan stratégique

Une fois le document de base élaboré, il faut mettre en place l'équipe chargée de confectionner le plan stratégique : le comité de pilotage du plan stratégique. Les questions classiques sont : Combien de membres ? Qui ? Pourquoi ?

Il est suggéré une équipe restreinte, pas trop réduite ni trop grande, et capable de travailler dans les délais. Il n'y a pas de normes immuables, chaque cas étant un cas particulier. En revanche, il est suggéré de ne pas avoir une équipe trop homogène, encore moins trop hétérogène, et de considérer l'aspect genre ainsi que le générationnel. L'art consiste ici à piloter tout le processus sans en donner l'impression. À cet effet, le chef d'établissement, en mettant en place le comité de pilotage du plan stratégique, peut désigner un membre de l'équipe de direction comme coordonnateur/rédacteur. Ce dernier est la tête et les bras de l'administration dans le processus, il est en contact permanent avec le chef de l'établissement, prend ses avis, remonte les informations, reste attentif aux orientations, mais aussi aux demandes du terrain.

La lettre de mission du comité de pilotage, venant du chef de l'établissement, doit être claire sur la commande, les objectifs, la stratégie et les délais.

Conseil

Il est d'usage d'avoir recours à des consultants, mais la règle d'or est que ceux qui mettront en œuvre le plan stratégique doivent être ceux qui le conçoivent.

La consultation

Les questions à cette étape sont : Qui consulter ? Quand les consulter ? Comment les consulter ? Comment mobiliser la communauté universitaire et les partenaires autour du plan stratégique de l'université/établissement ?

Consulter

Qui ?

- *La consultation doit être interne et externe ;*
- Il faut consulter tous les acteurs qui détiennent des connaissances pertinentes, des capacités réelles d'influence dans la mise en œuvre ; les bénéficiaires : étudiants, employeurs, gouvernement ; la société civile, les anciens étudiants, les bailleurs de fonds, etc.

Méthodologie

- Démarche associant l'ensemble des départements, des établissements.
- Démarche associant tous les partenaires extérieurs.
- Démarche « de la base au sommet » associant les acteurs de terrain par la création de groupes de travail thématiques.
- Utilisation du « brainstorming » dans différentes thématiques, associant des membres de l'établissement et des membres extérieurs à l'établissement, de manière à susciter la créativité, une fécondation mutuelle, dans les actions proposées.
- Les résultats des différents brainstormings sont synthétisés, planifiés en actions et budgétisés pour être validés par le comité de pilotage du plan stratégique.

Quand ?

- Avant de commencer, avec le document de base de la direction.
- À mi-chemin, pour tester des hypothèses d'orientation.
- À la fin, pour valider des choix.

Questions posées

- De quoi s'agit-il ? Quels sont les éléments, les actions qui caractérisent la situation ?
- Quels sont les acteurs, et qui est en charge de l'implémentation ?
- Où se situe l'action ?
- Quand ? À quel moment se situe l'action et avec quelle périodicité ?
- Comment ? Quelles sont les procédures et les modalités ?
- Combien ? Quel est le budget à prévoir ?
- Pourquoi ? Quels sont les objectifs poursuivis ?

Conseil

Il est particulièrement recommandé d'accorder une attention particulière au bon équilibre entre l'interne et l'externe. En effet, un plan trop influencé par l'externe risque d'être irréalisable, alors que s'il est trop influencé par l'interne, il risque de perpétuer le *statu quo* et protège les intérêts en place.

Quelques principes directeurs

1. Garantir l'autonomie des établissements.
2. S'appuyer sur un principe de subsidiarité : il convient de déléguer les activités qui, si elles sont mutualisées, apporteront une valeur ajoutée.
3. Dans le respect du principe de subsidiarité, passer d'une logique facultaire à une logique universitaire pour les activités mutualisées.
4. Changer de vision dans l'espace.
5. Affirmer une identité au travers des spécificités, des synergies et des complémentarités.

Rédaction du plan stratégique

Rédiger progressivement le plan stratégique en partant du document de base de la direction et en tenant compte des amendements et suggestions des divers acteurs internes et externes. Après chaque consultation, voir ce qui impacte le document. S'accorder sur les enjeux (domaines à améliorer), définir les objectifs, décliner les objectifs en actions et préciser comment mesurer les actions par des indicateurs. Ainsi, de rencontre en rencontre, le document est amélioré et prend progressivement forme. Attention, des rencontres peuvent recommander les mêmes choses.

Ainsi, le chef du comité de pilotage du plan stratégique, en parfaite intelligence avec le chef de l'établissement, assure la coordination de la rédaction du plan stratégique et veille à ce qu'il soit concis, précis et explicite (20 à 30 pages).

Formuler le plan stratégique

Comment ?

- Réécriture successive d'un document qui devient progressivement le plan, de rencontre en rencontre avec des groupes de discussion de l'interne, de l'externe, mixtes.
- Consultation qui épouse des structures existantes : faculté, département, étudiants, professeurs, partenaires, secteurs d'activité.
- Ou qui mêle les origines et les statuts, pour créer des interactions créatives :
  - consulter sur un bilan, une analyse de contexte ;
  - consulter sur des énoncés d'orientation ;
  - consulter sur un plan tout fait proposé à titre d'hypothèse de travail.

Formuler la stratégie

Les responsables du comité de pilotage doivent veiller à la cohérence entre l'état des lieux, le contexte, les enjeux, les objectifs, les actions, les indicateurs. Ils doivent formuler les objectifs de manière à ce que l'on puisse vérifier – sinon mesurer – s'ils sont atteints. Ils doivent formuler pour chaque objectif les actions à dérouler de manière à pouvoir suivre la mise en œuvre et donner les indicateurs de leur évaluation. Ils doivent évaluer le coût de toutes les activités et élaborer le chronogramme d'exécution.

Validation du plan stratégique

Le comité de pilotage doit faire un dernier tour pour présenter le plan stratégique aux divers groupes consultés, à l'identique ou regroupés et/ou recomposés. Il doit présenter le plan stratégique à toutes les instances délibérantes des établissements : facultés, écoles, instituts. Le comité de pilotage tiendra compte des dernières observations dans le rapport final qu'il présente au chef de l'établissement, recteur, président du conseil d'administration, président de l'université. Il restera la validation du plan stratégique par l'instance la plus élevée de l'institution, assemblée de l'université, conseil d'administration avec le conseil académique, etc.

Il est recommandé que cette dernière validation, sous la présidence de la plus haute autorité, soit effectuée sous la responsabilité du recteur/président de l'université. Le comité de pilotage présente le plan stratégique et le chef de l'établissement endosse les réponses aux interpellations et gère l'approbation du plan par l'instance. Cette session valide le plan stratégique dont la mise en œuvre relève de la responsabilité de la direction, en rapport avec tous les segments de l'institution ainsi qu'avec les partenaires extérieurs. Le chef de l'établissement ajoute un préambule qui explicite la vision, le processus et les objectifs majeurs. Le rapport adopté et le préambule du chef de l'établissement constituent le plan stratégique de l'institution.

Mise en œuvre et évaluation

Il appartient au chef de l'institution de faire diffuser largement le plan stratégique, tant à l'intérieur qu'à l'extérieur de l'institution. Tous les enseignants, tous les étudiants, l'ensemble du personnel administratif, technique et de service, doivent être informés du contenu du plan stratégique. Les différentes structures administratives doivent recevoir la version finale du plan stratégique afin que tout soit transparent. Tous les partenaires extérieurs doivent recevoir la version finale du plan stratégique.

Outre sa large diffusion, il appartient aux responsables d'orienter le budget afin de prendre en charge les actions à mener. Un plan d'action sans budget pour le réaliser est un vœu pieux. Tout ce qui mérite d'être fait requiert, certes, une organisation, mais aussi, et surtout, des ressources financières dont la mobilisation est l'indication de la volonté de l'établissement d'atteindre ses objectifs. Si le budget peut ne pas tout prendre, le plan est exécuté jusqu'à la limite autorisée par le budget et le reste fait l'objet d'une gestion de projet. Le plan stratégique est l'outil de contractualisation avec l'État et de partage avec les partenaires.

L'institution peut maintenant s'engager dans la mise en œuvre de son plan stratégique. La durée des plans stratégiques varie de trois à cinq ans en général. Les changements dans les établissements d'enseignement supérieur requièrent du temps, de la patience dans la persévérance. Le temps ne doit être ni trop court au point que rien ne puisse se faire, ni trop long, parce que les changements dans le secteur sont rapides et profonds.

L'institution, en mettant en œuvre son plan stratégique, s'auto-évalue en rendant compte chaque année de ses résultats ainsi que de l'utilisation des ressources financières mobilisées. Ces sessions de reddition, moments de suivi-évaluation, sont aussi des moments pour analyser les impacts du plan stratégique avec les retours du terrain. Les enseignements du terrain doivent être pris en compte pour ajuster le plan stratégique.

Les établissements d'enseignement supérieur doivent rendre compte. Le compte rendu sert d'abord l'institution elle-même. Elle y apprend ce qu'elle est, ce qu'elle a pu faire et ce qu'elle n'a pas bien réussi. Le recul qu'autorise la recherche, ainsi que les partenaires extérieurs, procurent à cette analyse toute la distance nécessaire.

Mettre en œuvre et évaluer

Les évaluations périodiques permettent de tenir compte des retours du terrain et d'affiner la stratégie.

Dans l'enseignement supérieur, les établissements se fixent des standards à atteindre et, avant même de les atteindre, s'en fixent d'autres, encore plus élevés. Il appartient aux dirigeants d'insuffler cette tension positive et permanente à leur établissement.

On peut faire tout ce qui est écrit dans le plan et ne pas atteindre les objectifs. On peut atteindre les objectifs en faisant autre chose que ce qui est écrit dans le plan. Mais il est difficile d'agir sans objectif. Et, encore plus, d'agir sans une certaine forme d'appréciation de l'état de réalisation des objectifs (Morrison 2003).

La contractualisation avec l'État

En France, la matrice du contrat de contractualisation entre l'État et les établissements d'enseignement supérieur se présente ainsi qu'il suit :

1. les formations ;
2. la recherche ;
3. la modernisation de la gestion ;
4. la maintenance lourde ;
5. la vie des étudiants ;
6. la documentation ;
7. l'action sociale ;
8. les emplois.

Le dialogue contractuel porte à la fois sur la performance et sur la stratégie de l'établissement, décomposée en cinq éléments :

1. la vision stratégique portée par l'établissement;
2. l'analyse de l'environnement ;
3. le diagnostic stratégique et de performance et le bilan du contrat précédent ;
4. les chantiers stratégiques pour atteindre le positionnement visé et les cibles de performance ;
5. les modalités de mise en œuvre et de suivi (Balme *et al.* 2012).

Le contrat doit être resserré (une vingtaine de pages) et global ; il synthétise le projet stratégique et les actions à mettre en œuvre pour atteindre les objectifs définis. Les indicateurs contractuels communs aux universités françaises sont les suivants :

- taux de passage de L1 à L2 ;
- taux de réussite à la licence en trois ans ;
- attractivité des masters ;
- insertion professionnelle des diplômés (30 mois après leur sortie de l'université) ;
- revenus consolidés de la valorisation de la recherche ;
- variation des horaires d'ouverture du Service commun de documentation (SCD) ou du Service interuniversitaire commun de documentation (SICD) ;
- endo-recrutement des enseignants-chercheurs ;
- auto-évaluation du pilotage ;
- taux d'occupation des locaux ;
- auto-évaluation du pilotage immobilier (Balme *et al.* 2012).

Expérience de la Visio-actions de l'UCAD

On décrit, ci-dessous, l'expérience de l'UCAD dans l'élaboration de son document de Visio-actions. Le travail avait été effectué en 2003 avant la tenue du séminaire sur la gouvernance universitaire.

Équipe de confection des quelques axes de travail

Dès notre nomination en qualité de recteur, nous avons fait appel à une équipe restreinte constituée de nos anciens camarades du bureau national du Syndicat autonome de l'enseignement supérieur du Sénégal (SAES) : Mouhamed El Bachir Wade, Coumba Ndoffène Diouf, Mouhamadou Samba Kah. L'objet était de proposer les axes d'un plan de travail. Nous avions, au nom du SAES, participé à la conférence mondiale sur l'enseignement supérieur au XXIe siècle qu'avait organisée l'UNESCO en 1998 et partagions les orientations du document final. À ce titre, nous avions reçu avant la conférence et largement diffusé la recommandation concernant le personnel enseignant de l'enseignement supérieur.

Les quatre paramètres de la CMES ont servi de charpente : la qualité ; la pertinence ; la coopération ; le financement et la gestion des finances pour héberger les actions à mener. Deux paramètres sont ajoutés : l'Internet et la communication ; les étudiants. Les membres du groupe ayant l'habitude de travailler ensemble ont élaboré le document et les quelques axes de travail en une séance. Il y avait des propositions très avancées, mais la connaissance et/ou méconnaissance du terrain amena à adopter une démarche prudente et progressive. Il faut reconnaître que malgré notre vécu de secrétaire général du SAES pendant cinq années et celui de doyen de la FST pendant trois années, nous n'avions pas encore une connaissance parfaite et totale de l'UCAD, tellement ses structures sont diverses et variées.

Équipe de visite des établissements et des corporations

L'équipe est constituée du recteur, du secrétaire général de l'université, de la chargée de communication et du conseiller spécial du recteur.

Tour des établissements et des corporations

Avec le document sur les axes de travail, déclinés dans les six paramètres, l'équipe a rendu visite à tous les établissements ainsi qu'aux diverses corporations : syndicats des enseignants (SAES, SUDES) ; syndicat du personnel administratif technique et de service (STESU, SATUC) ; amicales des étudiants.

À chaque rencontre, les axes de travail sont présentés, les suggestions et commentaires des participants recueillis et enregistrés. Après chaque visite, le point est fait par le recteur et son conseiller spécial, Samba Kah. Ils étudient les suggestions consolidantes et nouvelles qu'ils retiennent de la rencontre et les ajoutent au document de travail, de sorte qu'à l'étape suivante, ce sont les axes de travail enrichis des avis formulés lors des visites précédentes qui sont présentés.

Rédaction du plan au fur et à mesure en tenant compte des observations et amendements

Comme indiqué plus haut, la Visio-actions a été rédigée progressivement en présentant les quelques axes de travail aux divers segments de l'université et en tenant compte progressivement des avis, amendements et suggestions. Pour donner au document un contenu programmatique, y furent ajoutés les dix grands projets qui devraient en être les piliers. Profitant d'une courte mission au Mali pour les besoins du CAMES, nous en avons rédigé la première ébauche. Elle fut amendée et consolidée par Samba Kah qui, entre-temps, est devenu le conseiller spécial du recteur.

Présentation de la synthèse au Conseil restreint

Une fois l'avant-projet du document rédigé par Samba Kah et le recteur, il a été soumis au conseil restreint composé du recteur, du secrétaire général de l'université, des doyens et directeurs d'écoles et d'instituts. Après l'adoption du document par le conseil restreint, il est dénommé Visio-actions de l'UCAD en s'inspirant du document de la CMES, et l'assemblée de l'université est immédiatement convoquée pour son examen.

Présentation de la Visio-Actions à l'assemblée de l'université

La session de cette assemblée de l'université avait comme point essentiel la présentation, l'étude et l'adoption de la Visio-actions de l'UCAD. C'était une première dans l'histoire de l'UCAD. La Visio-actions fut adoptée sans difficulté, les uns et les autres reconnaissant les orientations qu'ils avaient d'ailleurs partagées, voire inspirées.

Ainsi, en un mois, l'UCAD a pu solliciter tous les segments de l'université et s'accorder sur un plan de travail, validé par la plus haute instance.

L'UCAD n'a pas pu associer ses partenaires externes, en dehors de ceux qui étaient membres de l'assemblée de l'université, à sa réflexion. Elle a tenu compte des diverses concertations sur l'enseignement supérieur, des propositions qui n'étaient pas mises en œuvre pour une raison ou une autre. Elle a écouté les acteurs du moment et pris connaissance par divers canaux des expériences de ses dirigeants.

Conférence de presse

Une fois la Visio-actions adoptée par l'assemblée de l'université, une conférence de presse fut convoquée dans la foulée pour en informer l'opinion nationale et internationale. La conférence de presse pour présenter la Visio-actions avait constitué une innovation et la presse tant nationale qu'internationale était conviée et présente. Cette conférence de presse fut organisée par la chargée de communication de l'UCAD : un nouveau poste, porté par une jeune journaliste, madame Alimatou Diop Keita.

Large diffusion de la Visio-actions

La conférence de presse a été largement relayée par la presse locale et internationale présente à la conférence de presse. Dès le lendemain, les journaux en firent leur une, les télévisions et radios en diffusèrent de larges extraits.

La Visio-actions fut tirée à vingt-cinq mille exemplaires qui furent largement diffusés au sein et en dehors du campus. Dans le cadre des vœux de nouvelle année du recteur, un exemplaire fut envoyé à chaque enseignant-chercheur ou chercheur. Tous les partenaires de l'UCAD ont aussi reçu leur exemplaire et la Visio-actions a servi pendant longtemps de plaquette à l'université. Elle fut en bonne place sur le site web de l'université.

Un professeur de philosophie, et pas des moindres, n'a pas manqué de relever le courage des responsables qui ont osé devant des universitaires de diverses disciplines et des érudits proposer une Visio-actions qui, d'ailleurs, a eu le mérite de bénéficier de l'adhésion du plus grand nombre, sinon de tout le monde.

Aucune œuvre n'est parfaite, toute œuvre s'améliore avec le regard pluriel des uns et des autres.

Réorganisation de l'organigramme du rectorat

La Visio-actions avait amené les autorités à réorganiser l'organigramme du rectorat conformément aux orientations et exigences de mise en œuvre des différentes actions par les directeurs académiques centraux. Les directeurs centraux sont ainsi devenus les principaux responsables de la mise en œuvre de la Visio-actions.

L'UCAD venait d'élaborer de façon concertée un plan de travail, l'a segmenté et a confié des éléments à des directeurs centraux académiques pour leur mise en œuvre. Chaque directeur central académique est le représentant du recteur dans son champ de compétence. Il serait peut-être utile pour le lecteur de savoir comment l'équipe avait été constituée.

Nous avions eu un peu de chance, en arrivant au rectorat. Certains membres de l'équipe sortante avaient exprimé le souhait de ne pas rester, ce qui nous avait permis de procéder à un renouvellement presque complet de l'équipe de direction. Avec notre passé de syndicaliste, notre volonté était de bâtir une équipe capable de transcender les cadres partisans parce que regroupant toutes les sensibilités présentes à l'UCAD. Ainsi, nous avons sollicité un ami dans l'autre syndicat des enseignants du supérieur, le SUDES SUP, pour nous proposer un directeur et pas des moindres. D'autres compétences extérieures aux corporations furent aussi sollicitées. Nous profitions des audiences pour élargir la participation à des représentants de certains établissements. Conformément à une des recommandations de la CMES, des arbitrages furent réalisés pour renforcer la présence des femmes au niveau central.

En ce qui nous concerne, la présence d'un représentant des établissements au niveau central devrait faciliter l'accès au recteur, mais aussi l'identification des membres des établissements aux actions proposées par les dirigeants, de sorte que les collègues disposent, outre leur chef d'établissement, d'un autre membre de leur établissement au niveau central. Est-ce que l'objectif du nouveau management public pouvait être atteint par ce biais ?

L'équipe de direction rectorale a été complétée par deux membres qui n'apparaissaient pas dans l'organigramme, mon épouse Diariatou Gningue Sall et Mallé Kassé. Mon épouse et moi avons fait nos études ensemble. Elle est professeure de chimie comme moi et a été très utile par ses conseils et retours de situation à la base. Nous avions dû protester durement de temps en temps pour pouvoir dormir, tant les critiques n'en finissaient pas.

Avec Mallé Kassé, nous avions travaillé au syndicat, il était le chargé de la communication du SAES. Il serait plus juste de dire qu'il nous a tenu la main au syndicat. Il était toujours à mes côtés lors des manifestations. Nous avions, une fois, été chargés par le syndicat d'aller chercher ensemble l'accord pour lequel, la veille seulement, les camarades ne nourrissaient aucune espérance. Il nous a toujours félicité quand nous faisions de bonnes choses et ne manquait jamais de nous critiquer si, à ses yeux, nous prenions une mauvaise orientation. Il savait pouvoir nous joindre à tout instant et nous dire ce que bon lui semblait. Nous avions entièrement foi en lui et savons que cette confiance était partagée.

Rencontres périodiques avec les directeurs centraux

Nous avons laissé les directeurs centraux travailler en toute autonomie. Il faut reconnaître que, par la démarche de structuration, nous avions des directeurs centraux compétents, notamment pour les grandes directions. En dehors des réunions de coordination qui, il faut le reconnaître, ne se tenaient pas aussi fréquemment qu'on l'aurait souhaité, nous tenions des séances de travail en tête-à-tête avec certains directeurs centraux, notamment ceux chargés de l'enseignement et de la réforme, de la recherche, de la coopération, de l'informatique de gestion, de l'animation culturelle sportive et de la communication. Nous avions créé un poste de conseiller spécial afin de lui permettre d'être présent partout et d'épauler chaque fois que de besoin les directeurs centraux académiques.

Lors de ces rencontres, les directeurs nous rendaient compte des activités et avec les suggestions des collègues visiteurs, les diverses rencontres au niveau international, nos diverses lectures, nous procédions ensemble à l'affinement des orientations. Il n'est pas tout à fait exact que les choses ont été telles qu'on les avait voulues au départ.

Nous soutenions de toutes nos forces les directeurs centraux afin qu'ils réussissent leurs missions. Nous les avons félicités lors des rencontres publiques et avons mobilisé des ressources financières pour la réussite de leurs missions.

Influence des directeurs centraux dans les orientations budgétaires

Lors des sessions de partage avec les directeurs centraux académiques et une fois le périmètre d'activité et les actions cernés, ils en profitaient pour faire valider le budget à cet effet. Naturellement nous prenions bonne note et lors de la conférence budgétaire, ces financements étaient en bonne place dans la mesure autorisée par le budget. Ce qui n'est pas pris en charge dans le cadre du budget faisait l'objet d'une gestion projet. En écrivant les projets, nous avions pu, dans certains cas, sans financement externe, année après année, les réaliser. La rédaction des programmes sous forme de projets permet une meilleure compréhension de ce qu'il faut faire ainsi que des étapes qui les structurent.

Session de compte rendu annuel à l'assemblée de l'université

Comme indiqué précédemment, l'UCAD organisait chaque année une session de reddition des comptes. Toutes les structures présentaient leurs résultats ainsi que les moyens qui leur avaient permis de les obtenir. Le recteur et son équipe sont les premiers à s'y prêter.

Au rectorat, les directeurs centraux présentent les résultats, le recteur se charge de répondre aux interpellations des participants. Les chefs d'établissement présentent leurs résultats ainsi que les éléments de mobilisation et de répartition des ressources financières qui leur ont permis de les atteindre. Ces sessions permettaient d'avoir une connaissance plus étendue et plus approfondie de l'université et de partager la mise en œuvre fructueuse des orientations et autres initiatives.

La session prenait du temps : trois à quatre jours, mais elle permettait une révision totale de l'université. Il était possible de vérifier dans quelle mesure les établissements avaient endossé les orientations de la Visio-actions. Comment des établissements avaient-ils mobilisé des ressources additionnelles ? Comment des établissements, en mettant en œuvre la Visio-actions, se transformaient-ils ? Cette session créait une tension positive sur tout le campus et une atmosphère de situation d'urgence qui bousculait les uns et les autres dans la mobilisation pour la réalisation des différents objectifs. Sans ce sentiment d'urgence, aucune transformation n'est envisageable.

C'est ainsi que l'UCAD a essayé de se transformer, d'assumer sa mission et d'être encore plus utile à sa société. L'UCAD a mené plusieurs actions pour engager davantage sa société dans la société cognitive et l'économie de la connaissance. Elle a inventé des voies, s'est nourrie des expériences des autres, parfois en les tropicalisant, et a pu sortir des sentiers battus. Dans ce cadre, une rupture, voire une innovation opérée dans la mise en œuvre de la réforme LMD, serait peut-être utile à partager.

Les leçons du processus pour le LMD

Après la décision prise dans la Visio-actions de renouveler les enseignements et de se lancer dans la réforme Licence master doctorat (LMD), en fait un référentiel qui s'est mondialisé et qui reprend le modèle d'organisation du monde anglo-saxon, l'UCAD a incité tous ses enseignants-chercheurs et chercheurs à s'y engager, à mobiliser des ressources et à inviter des collègues d'universités partenaires pour les instruire de leurs expériences. Le directeur de l'enseignement et de la réforme a assisté les établissements pour la mise en place des équipes de rédactions des curricula. Au moment où certains comités finissaient de rédiger leur curriculum, l'idée d'une retraite fut lancée.

La retraite consiste à sortir de l'université, pour aller dans un hôtel de la belle côte sénégalaise, avec les donneurs d'ordre de l'université comme invités : État, secteur privé, société civile, partenaires au développement, pour présenter l'offre de formation de l'UCAD sous son format LMD.

L'annonce de la retraite a réorienté et impulsé la réforme. En effet, les collègues ont unanimement décidé de bien revoir leurs copies à l'interne avant de s'ouvrir à l'extérieur. Ainsi, un examen minutieux a été mis en place par la commission enseignement : les collègues se sont auto-évalués, des formations ont été fusionnées, d'autres amendées, voire tout simplement rejetées. Il ne s'agissait pas seulement d'étudier le programme, mais aussi les objectifs de la formation, les domaines de placement des diplômés, en fait l'ensemble du curriculum.

L'UCAD n'était pas habituée à organiser des retraites. La suggestion venait de l'ombudsman, le professeur Babacar Diop dit Buba, qui en avait eu l'expérience lors de son séjour *Fullbright* aux États-Unis. En empruntant cette expérience, l'institution a été poussée à aller le plus loin possible, à décloisonner le dialogue entre les départements, les facultés, les écoles et instituts. Il apparut très clairement que l'organisation classique de l'université convenait pour l'enseignement disciplinaire, mais s'agissant de formations fléchées requérant plusieurs disciplines, ses limites apparaissaient rapidement. Il est parfaitement possible de maintenir l'organisation classique, mais d'y ajouter une organisation pluridisciplinaire afin d'y héberger les formations professionnalisantes.

La retraite, en associant plusieurs segments de la société, va dans le sens de la construction de ce pacte si nécessaire entre l'université et les donneurs d'ordre que sont le gouvernement, les entreprises et la société civile. Elle va dans le sens qui fonde le nouveau management public en associant différents segments de la société à l'élaboration des réponses.

La retraite a produit des résultats divers et variés. Les membres extérieurs à l'université l'ont appréciée. Les représentants de l'État et des entreprises (certains étaient d'anciens étudiants) ont exprimé leurs attentes par rapport aux formations et aux compétences attendues. Les membres de l'université étaient satisfaits de l'exercice bien qu'il fût contraignant et nouveau. La stratégie de la retraite a été retenue par tous les établissements pour finaliser leurs offres de formation. Cette validation sociale a été un bon propulseur de la réforme LMD à l'UCAD.

Conclusion

Les établissements d'enseignement supérieur, en apprenant de leurs homologues, en s'évaluant et en analysant leur contexte, peuvent, malgré la modicité des moyens, ainsi que les limites objectives de leur niveau d'autonomie, avoir une gamme variée d'activités pour atteindre leurs objectifs. Il n'est pas possible de tout faire en même temps. Il faut faire les choses stratégiques, c'est-à-dire qui apportent une transformation profonde. La répétition des activités à l'identique d'une année sur l'autre n'est pas signe de stagnation, mais bien de déclin.

Il appartient aux dirigeants des établissements d'enseignement supérieur d'engager leur institution dans la voie du changement en y associant les meilleurs talents tant à l'intérieur qu'en dehors de l'établissement. Afin de canaliser toutes les énergies, les établissements d'enseignement supérieur élaborent leurs plans d'orientation stratégique, associent toutes les compétences, internes comme externes, à cet effet et les mettent en œuvre en les évaluant en permanence.

Outre l'alignement des objectifs sur les missions ainsi que la visibilité et le partage des objectifs, l'identification des actions à mettre en œuvre ainsi que des indicateurs pour les évaluer, cette approche permet la génération d'un tableau de bord, outil de pilotage et de visibilité de l'institution. Les plans stratégiques créent une saine tension dans les établissements d'enseignement supérieur, tension sans laquelle rien de grand, rien de décisif ne se construit. Ce sentiment d'urgence qu'induit le plan stratégique dans l'enseignement supérieur, habitué à la patience dans la persévérance, autorise des transformations de l'institution et l'accomplissement de ses missions dans la durée.

La contractualisation avec l'État se fait sur la base du plan stratégique. Les ressources sont alors allouées pour atteindre des objectifs. Sous les tropiques et même ailleurs, les ressources de l'État sont complétées par diverses autres recettes.

10

Le leadership

Introduction

Ce chapitre sur le leadership n'était pas prévu dans cet ouvrage. En effet, en répondant à la sollicitation du CODESRIA, le plan proposé ne comportait pas de chapitre sur le leadership. C'est sur l'insistance du secrétaire exécutif du CODESRIA, Ebrahima Sall, lors du séminaire de Tanzanie sur la gouvernance universitaire, qu'il fut décidé d'ajouter un tel chapitre. Le séminaire de Tanzanie sur la gouvernance universitaire avait aussi beaucoup insisté sur le leadership.

L'auteur n'est ni spécialiste en sciences du management ni philosophe, alors écrire tout un chapitre sur le leadership dans un délai relativement court est un challenge à relever. Certes, l'auteur avait quelques *slides* sur le leadership dans ses présentations sur la gouvernance. Il a été secrétaire général du SAES pendant cinq années, doyen de la FST pendant trois années, recteur de l'UCAD pendant sept années, et expert consultant sur l'enseignement supérieur depuis. Ainsi, l'expérience enrichie de quelques investigations a permis de circonscrire le périmètre de la question en partageant quelques définitions du leadership. L'auteur relève quelques résultats obtenus, étudie dix cas en faisant ressortir les points d'inflexion et partage dix principes à partir de son expérience et de ce que lui dicte la pratique.

Quelques définitions du leadership

Qu'est ce que le leadership ?

D'après Wikipédia,

> C'est une relation de confiance temporaire (et parfois éphémère) et réciproque (le leader doit autant avoir confiance dans le groupe que la majorité du groupe a confiance en lui). Elle se manifeste par sa capacité à fédérer et à mobiliser les énergies autour d'une action collective et se traduit par une élection formelle ou informelle, explicite ou implicite, au cours de laquelle la majorité des membres du groupe reconnaît un des leurs comme le leader légitime et lui délègue son pouvoir de décision (leur liberté de décider).

Le leadership vient de l'anglais leader, le chef, désigné par ses pairs, d'un parti politique en Grande-Bretagne, et du suffixe – ship. D'une manière générale, il peut être défini comme « la capacité d'un individu à influencer, à motiver, et à rendre les autres capables de contribuer à l'efficacité et au succès des organisations dont ils sont membres ».

La capacité de communiquer est sans contredit l'une des qualités essentielles d'un bon leader. Une personne ne peut exercer une influence que si elle est capable de communiquer avec les autres. Bien exprimer ses idées (vision, mission, valeurs et objectifs) de manière claire et ordonnée.

D'après la National Health Service (2006-2012), les différentes compétences nécessaires au leadership consistent à :

- faire preuve de qualités personnelles ;
- être capable de travailler avec les autres ;
- être capable de gérer une instance, une faculté, un service… ;
- être capable de faire progresser l'instance, la faculté, le service dont on est le responsable ;
- être capable d'assurer des missions de direction.

Pour Antonin Gaunaud (2016), le leadership c'est :

- la capacité d'une personne à influencer et à fédérer un groupe ;
- pour atteindre un but commun ;
- dans une relation de confiance mutuelle ;
- et pour une durée limitée.

Selon lui, le leadership est une autorité d'influence, basée sur les relations que le leader noue avec les membres d'un groupe. Être leader est une reconnaissance, et non un statut.

Il explicite les quatre points ainsi qu'il suit :

1. Influencer et fédérer un groupe

   Le leadership est une autorité d'influence, basée sur les relations que le leader noue avec les membres d'un groupe. Cela implique pour le leader de :
   1.1. Communiquer efficacement avec les membres du groupe ;
   1.2. Faire adhérer l'équipe à un but commun ;
   1.3. Motiver les membres de l'équipe à atteindre les objectifs fixés.

2. Pour atteindre un but commun

   Un groupe se définit par la réalisation d'un but commun, qui se manifeste à trois niveaux :
   2.1. Une vision, qui a pour objet d'inspirer les membres de l'équipe et de donner du sens à l'action ;
   2.2. Un ou plusieurs buts, qui ont pour objet de cadrer l'action. Les buts constituent une « mise en mots » de la vision ;

2.3. Plusieurs objectifs – stratégiques et opérationnels – qui ont pour objet d'orienter l'action. Les objectifs sont les buts à atteindre traduits en indicateurs mesurables et organisés dans le temps.

3. Dans une relation de confiance mutuelle, un leader tient son autorité des membres du groupe, qui le reconnaissent comme tel, cela implique :

3.1. Une confiance du groupe envers le leader et une confiance du leader envers le groupe ;

3.2. Un respect mutuel et une écoute réciproque ;

3.3. Et bien entendu l'exemplarité du leader, s'il veut conserver la confiance du groupe dans le temps.

4. Pour une durée limitée

On ne peut pas être un leader à tout moment, sur une longue période, l'environnement joue un rôle prépondérant. Il appartient au leader d'être capable – lorsque la situation l'exige – de lâcher son leadership, ce qui implique :

4.1. D'utiliser un leadership participatif ;

4.2. D'être capable de laisser la place aux autres ;

4.3. De faire preuve d'humilité, car un leader n'existe que par l'intermédiaire de son équipe.

Steven Sample (2005) conclut son ouvrage « *Cultiver son leasership* », en énonçant les quinze principes suivants :

1. Adopter la pensée nuancée : essayez de ne pas porter un jugement tranché et définitif sur telle personne ou telle idée si rien ne vous y oblige.

2. Pratiquez la pensée affranchie : exercez-vous à aller au-delà du brainstorming habituel en considérant des approches et des solutions vraiment extravagantes.

3. Écoutez avant de parler ; et sachez écouter avec sagacité.

4. Les experts peuvent vous être utiles, mais ils ne remplaceront jamais votre esprit de discernement et votre sens critique.

5. Méfiez-vous des théories soi-disant scientifiques qui énoncent des faits soi-disant indéniables et des vérités soi-disant inattaquables ; elles ne serviront pas vos intérêts ni ceux de l'organisation que vous dirigez.

6. Avancez en lisant les grands textes et en découvrant les trésors qu'ils recèlent, pendant que vos concurrents font du sur-place en feuilletant la presse professionnelle et d'autres publications éphémères ; vous n'avez qu'à demander à vos collaborateurs de vous tenir au courant des nouvelles importantes.

7. Ne prenez jamais vous-mêmes une décision que vous pouvez raisonnablement déléguer à l'un de vos collaborateurs, et ne prenez jamais le jour même une décision que vous pouvez raisonnablement remettre au lendemain ;

8. Oubliez vos échecs et vos erreurs passés ; les décisions que vous prenez ici et maintenant ne peuvent influer que sur l'avenir ;

9. N'humiliez pas inutilement un adversaire vaincu ;

10. Sachez pour quelle cause vous êtes prêt à mourir, c'est-à-dire à céder sur tout le reste ;

11. Travaillez pour ceux qui travaillent pour vous ; engagez les meilleurs collaborateurs disponibles, puis consacrez l'essentiel de votre temps et de votre énergie à les aider à réussir ;

12. Nombreux sont les individus à vouloir être des leaders, mais rares sont ceux à vouloir exercer le métier de leader ; si vous appartenez à la première catégorie, laissez le leadership à d'autres ;

13. Sachez qu'un leader ne peut pas vraiment être aux commandes de son organisation, mais seulement diriger des individus qui, ensemble, constituent cette organisation et la font fonctionner ;

14. Ne vous faites pas des idées en pensant que les êtres humains sont intrinsèquement meilleurs ou pires qu'ils sont en réalité ; efforcez-vous plutôt de valoriser ce qu'ils ont de meilleur en eux et de neutraliser ce qu'ils ont de moins bon, et appliquez ce principe à vous-mêmes ;

15. Ne cherchez pas ailleurs que dans des idées neuves et des approches originales le moyen d'atteindre l'excellence.

Le leader :
- est innovant ;
- gère efficacement ses relations internes comme externes ;
- a la culture de l'organisation efficace et du management ;
- développe et s'appuie sur une organisation interne efficace ;
- développe des plans stratégiques.

Ainsi, il apparaît que le gestionnaire fait bien les choses, mais que le leader choisit les bonnes choses à faire. La matrice ci-dessous donne un classement des différents niveaux du management (Goulard 2015).

Si vous gérez bien votre agenda, réalisez un travail efficace et maîtrisez les outils technologiques, vous êtes un bon professionnel. Si, en sus, vous dirigez bien une équipe, gérez des services ou des projets, vous êtes un bon gestionnaire. Si vous animez et faites progresser des organisations, vous êtes un leader. Chaque lecteur pourra s'auto-évaluer selon cette grille.

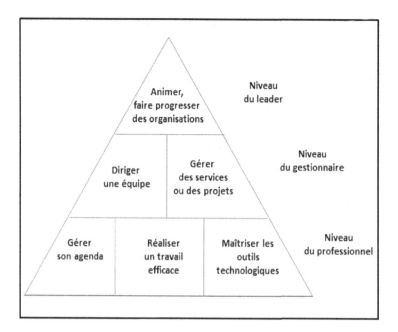

Quelques résultats importants

En parcourant notre itinéraire, nous avons sélectionné trente actions qui peuvent être partagées, du syndicat aux Assises nationales de l'éducation et de la formation en passant par le décanat, le rectorat et la consultance. Il ne s'agit pas d'un classement d'ordre, il n'est pas exhaustif :

1. Accords entre le gouvernement et le SAES en 1997, la deuxième cité des enseignants (340 appartements : 20 F2, 120 F3, 60 F4 et 140 F5).
2. L'élaboration de la Visio-actions de l'UCAD.
3. La mise en place de la réforme LMD à l'UCAD (première université francophone d'Afrique noire à s'y lancer).
4. La politique du numérique à l'UCAD, hard et soft.
5. La diversification de la coopération et la gestion des fonds compétitifs de recherche.
6. La réorganisation de la recherche à l'UCAD.
7. Le concours du parc scientifique et technologique des Nations unies.
8. La diversification des finances à l'UCAD et la politique de compte rendu.
9. L'exploration de l'environnement bancaire par le crédit.
10. Les camps citoyens des étudiants de l'UCAD et UCAD en fêtes.
11. UCAD rurale à Niakhène, l'observatoire de la Grande muraille Verte à Wendou Tiengoly.
12. La mise en place de l'ombudsman.
13. Le renforcement de la présence des femmes dans les directions du rectorat et le projet de leadership des femmes.

14. La mise en place du dispositif de formation et de requalification du personnel administratif et technique.
15. Le changement des critères d'avancement au choix : recherche ; enseignement ; services à la communauté.
16. Le centre de conférences.
17. Le centre médico-social.
18. L'Institut Confucius.
19. Le Centre de mesure.
20. Le Centre de ressources technologiques et pédagogiques (CRTP).
21. La création de la fondation UCAD.
22. Le renforcement des infrastructures de l'UCAD.
23. Le réseau de vidéo-surveillance pour la police universitaire.
24. Les célébrations des cinquante ans de l'UCAD.
25. L'animation scientifique et les doctoriales.
26. Les leçons inaugurales, notamment le « testament » du juge Kéba Mbaye, les cérémonies de docteur honoris causa.
27. La mise en place de l'incubateur INNODEV et la création de la SARL SODEBIO.
28. Les Assises nationales de l'éducation et de la formation.
29. La case des tout-petits de Bongré à Kaolack.
30. Le centre Pémel de Podor.

Le premier constat de cette liste pas tout à fait exhaustive est qu'il est impossible à une seule personne de faire tout cela dans un délai défini. Tout ceci est le fait d'une œuvre collective avec une responsabilisation des différents acteurs. Dans les développements précédents, il a été expliqué comment la Visio-actions a été élaborée et comment l'équipe de direction a été constituée, comment les collègues ont été mobilisés individuellement et collectivement, comment étaient organisées les interactions avec les directeurs centraux responsables dans la mise en œuvre des orientations partagées, comment des collègues compétents ont été identifiés et mis à contribution, comment, tout en laissant les directeurs académiques travailler, le recteur a été à leur côté en affinant chaque jour les cibles, comment les collègues étaient reçus, écoutés, comment le portefeuille relationnel a été utilisé pour satisfaire les projets des enseignants-chercheurs et chercheurs tout en essayant de les rattacher aux dynamiques communes. La communication et curieusement la chance ont été des facteurs déterminants.

La chance a été bel et bien un facteur. L'équipe a eu beaucoup de chance et à plusieurs reprises. Elle a bénéficié d'un alignement exceptionnel ; le ministre de l'Enseignement supérieur était un professeur des universités, ancien recteur de l'UCAD et le président de la République était lui-même un universitaire, ancien doyen de la Faculté des sciences juridiques et économiques. Ils n'ont fixé aucune orientation, ils ont laissé le recteur travailler librement en harmonie avec la communauté universitaire, selon des normes admises dans la communauté universitaire internationale. Les universités africaines n'ont pas une assez grande autonomie, il appartient donc à leurs dirigeants d'utiliser à fond les petites marges d'autonomie pour proposer des orientations convaincantes pour leur communauté et emportant l'adhésion des autorités. L'équipe a été installée au moment où l'État du Sénégal, sortant de la période d'ajustement structurel, avait libéré son fonds de contrepartie du Projet d'amélioration de l'enseignement supérieur, de sorte qu'elle a pu réaliser les équipements du Centre de conférence, le réseau de vidéosurveillance, et financer des équipements scientifiques pour les établissements.

L'équipe a beaucoup communiqué pour partager largement la Visio-actions de l'UCAD, pour responsabiliser les enseignants-chercheurs et les chercheurs sur la réforme et les y engager davantage. Elle a communiqué sur le nécessaire respect des libertés et franchises universitaires par toutes les composantes, sur les résultats de l'université, sur l'exemplarité des étudiants dans les camps citoyens. Toutes les cérémonies étaient des occasions pour revenir sur le plan de travail de l'université : les avancées, les contraintes et les perspectives. La chargée de communication du rectorat, madame Alimatou Diop Keita, ainsi que le responsable du journal *Interface*, Mamadou Sy, ont joué des rôles importants dans la définition et la mise en œuvre de la stratégie de communication.

Quelques points de rupture pour faire autrement

Il n'est pas nécessaire de revenir sur les trente points, mais revenons sur dix points : 1- les accords du SAES en 1997 ; 2- la politique du numérique à l'UCAD ; 3- la réforme LMD en la restreignant à la retraite ; 4- la réorganisation de la recherche ; 5- la diversification des finances à l'UCAD et la politique des comptes rendus ; 6- les camps citoyens ; 7- le centre médico-social ; 8- le Centre de mesure ; 9- le Centre de ressources technologiques et pédagogiques (CRTP) ; 10- le centre Pémel de Podor.

1- Les accords du SAES en 1997

Nous étions au syndicat et, après plus d'un mois de mouvement de grève perlée pour éviter la stratégie de pourrissement du gouvernement, après avoir mené un lobbying auprès du ministre d'État d'alors, Mᵉ Abdoulaye Wade, nous avions eu une audience avec le gouvernement, un samedi après-midi. Nous étions tous convaincus que c'était la rencontre de sortie de crise ; le terrain étant bien préparé. Grande fut notre surprise quand, de prime abord, le négociateur du gouvernement, le recteur de l'UCAD, nous servit, au nom du gouvernement, la même phrase que le gouvernement nous avait servie, un mois plus tôt. Après nous être assurés que le gouvernement campait sur ses positions, nous demandâmes au ministre de lever la séance et de nous rappeler lorsqu'ils auraient quelque chose de plus consistant à nous soumettre. Nous mîmes ainsi fin à la rencontre.

Une fois au siège du SAES, les camarades nous critiquèrent vivement en nous reprochant d'avoir fait preuve d'empressement, parce que nous n'avions pas eu la patience d'écouter le gouvernement qui, sûrement, avait des propositions à faire. Après un tour de table totalement en notre défaveur, nous avançâmes l'hypothèse que le gouvernement ne voulait pas sortir de la crise en donnant tout le crédit à un de ces ministres, adversaire potentiel. Nous étions, dès lors, convaincus qu'il fallait donner un traitement politique à notre action, présenter et faire adopter notre plan de sortie de crise. Nous reçûmes mandat, Mallé et moi, le secrétaire général, de prendre des contacts et de négocier le plan de sortie de crise avec un proche collaborateur du président de la République, en l'occurrence, monsieur Ousmane Tanor Dieng. Mallé utilisa ses réseaux clandestins et nous eûmes l'audience le dimanche soir. Ainsi, le lundi matin, la présidence envoya une proposition de protocole d'accord, que nous avions nous-mêmes mis au propre au local du SAES avant qu'il ne fût demandé au ministre et au recteur de l'UCAD de le signer avec le SAES. Nous avions agi, en recevant le projet de protocole d'accord du recteur, comme si nous venions de le découvrir.

L'élément déterminant dans cette expérience fut l'analyse du contexte dans sa complexité et la détection d'un chemin inhabituel. Souvent, il est utile de ne pas suivre l'opinion dominante, en prenant des risques.

2- *La politique du numérique à l'UCAD*

Dans le cadre de la Visio-actions, l'UCAD avait beaucoup misé sur le numérique. La direction de l'informatique de gestion fut renforcée et son directeur, le professeur Samba Ndiaye, fortement soutenu. C'est lui qui, en s'appuyant sur les résultats de son prédécesseur, Tidiane Seck, est à la base du formidable développement de l'informatique tant du hard que du soft à l'UCAD. Certes, l'UCAD avait un réseau informatique en fibre optique offert par la coopération française, mais diverses interventions ont été menées pour le rendre plus redondant, robuste, avec diverses applications. L'UCAD avait élaboré un projet spécifique pour l'informatique de gestion, mais n'ayant pas pu trouver un bailleur, l'UCAD, au fil des années, l'a exécuté avec son budget (Sall 2012). Nous avions aussi pris quelques risques en prenant quelque distance dans l'application de certaines dispositions du régime financier. En effet, auprès de la SONATEL, l'UCAD avait ouvert un grand compte et l'approvisionnait par anticipation afin de ne pas voir l'abonnement à Internet suspendu à cause des retards de paiement. Le traitement administratif n'a pas toujours la célérité que les actions requièrent. Ainsi furent contournées les lenteurs administratives. Les factures engagées et libérées réalimentaient le compte.

Ici, la Visio-actions, le directeur Samba Ndiaye, le plan stratégique, la réalisation du projet année après année, une certaine application flexible des modes de paiement ont fait la différence.

3- La réforme LMD avec la retraite

Nous l'avons vu : après le lancement de la réforme LMD, c'est l'ombudsman, Boubacar Diop, qui avait proposé la retraite en s'inspirant de son vécu aux États-Unis. La retraite a accéléré les discussions à l'interne et mis la société en devant pour apprécier le travail des universitaires. C'est la directrice de la coopération, Aminata Sall Diallo, qui a pu mobiliser les ressources financières avec la coopération française. Le directeur de l'enseignement et de la réforme, Abdou Karim Ndoye, en était le grand artisan. Il fut fortement soutenu par le directeur de la recherche, Bhen Siguina Toguebaye. Les établissements ont adopté cette démarche et nombre d'avancées ont été obtenues dans le cadre de la réforme grâce aux différentes retraites organisées par les établissements eux-mêmes.

Ici, l'innovation fut la retraite. L'idée était venue de l'ombudsman. L'écoute et le benchmark de bonnes pratiques y sont à la base. Les directeurs et les membres de la communauté ont joué leurs partitions. Relevons la volonté d'ouverture et l'humilité des responsables de l'UCAD. La retraite est une excellente orientation pour créer et renouveler le pacte entre l'université et sa société.

4- La réorganisation de la recherche

Le dispositif proposé pour la réorganisation de la recherche dans cet ouvrage est le fruit de l'expérience de l'UCAD. Il est largement documenté dans un ouvrage précédent (Sall 2012). En mettant en œuvre les orientations relatives à la recherche, le directeur de la recherche, Bhen Siguina Toguebaye, tenant compte des orientations de la communauté internationale, notamment la transdisciplinarité, après avoir recensé le potentiel de recherche de l'UCAD, a mis en place toute la politique. Il a projeté la création de cinq écoles doctorales, finalement il y en a eu sept qui ont été présentées. Ces transformations rapides ont été obtenues grâce à l'apport remarquable de l'école doctorale Eau qualité et usages de l'eau. Des collègues compétents dans ce champ se sont rapidement mobilisés et ont structuré leur école doctorale. Toutes les autres suivront leur exemple avec l'appui du directeur de la recherche. Pour encadrer toute cette réorganisation de la recherche, l'UCAD a mis en place un conseil scientifique.

Ici, outre la Visio-actions, la compétence du directeur de la recherche et son engagement, c'est une appropriation des orientations par des collègues compétents, ceux de l'école doctorale Eau qualité et usages de l'eau, qui a permis la matérialisation des orientations.

5- La diversification des sources de finances à l'UCAD et la politique de compte rendu

L'UCAD bénéficiait d'un financement public sans commune mesure avec ses besoins. Les ressources générées par les établissements étaient gérées en dehors des normes et il n'existait aucune politique de reddition des comptes. Un plaidoyer fut mené pour accroître la contribution de l'État en rendant compte et en formulant des demandes bien argumentées. L'arrêté sur la fonction de service a été modifié après une évaluation faite par une commission mise en place à cet effet. Ainsi, leur gestion a été unifiée dans les établissements, la gestion des fonds par les enseignants interdite, tous les fonds compétitifs ont été regroupés à la direction de la coopération avec des normes de gestion. Une session annuelle de l'assemblée de l'université est dédiée aux comptes rendus avec en bonne place les recettes et les dépenses. Les présentations sont mises sur le site web de l'université. Une direction de l'audit a été mise en place pour aider les chefs d'établissements à mieux gérer leurs ressources.

Ici, les orientations de la CMES et l'expérience au sein du syndicat ainsi que la volonté de transparence des responsables ont fortement servi.

6- Les camps citoyens

En ce qui concerne les camps citoyens, nous les avions démarrés quand nous étions au syndicat, SAES. Mais, devenu recteur, c'est le professeur Alioune Guissé qui nous a interpellé pour les réactiver. Au syndicat, nous menions des camps avec une seule activité par camp. L'idée de camps citoyens est née au SAES de la volonté de diversification des sources de financement de l'université (Sall 2012). Les activités multiples sont venues de la rencontre avec les communautés rurales, notamment avec le président de la communauté rurale de Niakhène, Ibra Diakaté. Alioune Guissé, après s'être accordé avec les services des Eaux et forêts sur le reboisement de la forêt de Ndémène à Niakhène, s'y est rendu en visite exploratoire. Il y rencontra le président de la communauté rurale, Ibra Diakaté, qui a non seulement accepté de recevoir les étudiants, mais aussi proposé de jumeler le reboisement avec une campagne sanitaire. Ainsi, le premier camp à mener deux activités fut celui de Niakhène et la proposition est venue du terrain, de la communauté. Il y a été rajouté, avec la célébration des cinquante ans de l'UCAD en 2007, deux autres volets : l'alphabétisation dans les langues de terroirs et l'initiation à l'informatique. C'est la directrice de la coopération qui avait contracté avec les ministères concernés par les activités des camps citoyens. Des collègues se sont mobilisés pour encadrer les étudiants. Relevons l'engagement des collègues de médecine et, pendant une année, l'implication des nouveaux agrégés.

Ici, c'est un collègue qui est à la base de l'activité, qui, au fil des années, s'est développée grâce aux avis et autres contributions de partenaires (écoute/ partenariats).

7- Le centre médico-social

Le centre médico-social a été financé par la coopération turque, la TIKA. La coopération turque n'était pas dans le répertoire de coopération de l'UCAD. C'est le professeur Mamadou Sarr, directeur de l'Institut de pédiatrie sociale, qui, le premier, a introduit la coopération turque à l'UCAD. Il était reçu en audience, dans un premier temps pour être appuyé dans la rénovation du site de Khombole de l'Institut de pédiatrie sociale et, dans un second temps pour les besoins de son inauguration. Naturellement, suite favorable fut donnée à sa demande de réhabilitation et nous avions tout mobilisé afin que l'inauguration soit un succès. Lors de cette dernière, nous n'avions pas manqué de saluer son leadership, mais aussi mis en valeur la coopération turque pour sa célérité et sa compréhension. C'est ainsi que nous avons rencontré la coopération turque et qu'elle a par la suite accepté de financer nombre de nos projets, dont la construction et l'équipement du centre médico-social, embryon de la polyclinique de l'université.

Ici, c'est la mise en valeur d'un collègue qui a ouvert la voie.

8- Le Centre de mesure

Le Centre de mesure est une idée qui est née avec la Conférence africaine sur la chimie que l'UCAD avait hébergée en 2000. Nous avions pris le relais pour mettre en œuvre cette importante orientation, nous étions doyen de la FST. Une fois au rectorat, nous l'avions inscrit parmi les dix grands projets qui servaient de piliers à la Visio-actions. En réalité, nous avions commencé à travailler sur le Centre de mesure bien avant, avec notre regretté professeur Omar Sarr, nous avions donné les détails dans un ouvrage précédent (Sall 2012).

Le Centre de mesure, outre son apport considérable sur le plan strictement académique, devrait améliorer l'environnement de l'entreprise et aider à la synergie entre le monde de la production et l'université. Il devrait permettre des recherches au standard menées de bout en bout localement. Nous sollicitons assez souvent les plateaux techniques des universités du Nord pour des mesures physico-chimiques.

Nous avions profité d'une consultance faite pour le compte du président de la République pour démarrer sa réalisation. L'unicité de caisse a complètement perturbé le bon déroulement de sa réalisation. Les nouvelles autorités ont repris le projet et comptent le mener à terme.

Ici, malgré une bonne vision, et une volonté sans cesse renouvelée, le Centre de mesure tarde à être réceptionné, avec des difficultés aussi bien administratives que financières.

9- Le Centre de ressources technologiques et pédagogiques (CRTP)

Le Centre de ressources technologiques et pédagogiques (CRTP) avait été proposé par le séminaire sous-régional que l'UCAD avait organisé sur la pédagogie universitaire. Nous savions ce que nous devions faire, mais nous ne disposions pas des moyens. Malgré la confection d'un document de projet CRTP, nous n'avions pas pu trouver un bailleur et les contraintes du budget n'autorisaient pas son financement à l'interne. Donc le CRTP était bien dans la banque de projets de l'UCAD. L'Université virtuelle africaine (UVA) organisa avec l'UCAD, particulièrement avec la FASTEF, une rencontre sur l'enseignement à distance. Au cours de la cérémonie de clôture, le recteur de l'UVA, le docteur Diallo, annonça la mise à disposition d'un certain nombre d'équipements informatiques et il revenait à l'UCAD d'indiquer leur emplacement dans l'institution.

Prenant la parole, de suite, nous indiquons le Centre de calcul. En fait, en installant ces équipements informatiques au Centre de calcul, nous réalisons le CRTP pour toute l'université. Nous n'avons pas pris du recul, encore moins utilisé la pensée nuancée. Notre anticipation nous indiquait l'articulation de l'opportunité avec le programme de travail. Naturellement, certains collègues de la FASTEF furent très déçus et nous reprochèrent d'avoir pris la décision « précipitamment ». Non seulement nous avons eu le CRTP pour catalyser le développement de la pédagogie universitaire, de la numérisation des enseignements et de la promotion de l'enseignement à distance, mais après avoir quitté nos fonctions, nous avons aidé la FASTEF à disposer d'un Centre de ressources technologiques et pédagogiques pour la formation à distance des enseignants du système éducatif. Nous avons contribué à la rédaction de la requête et avons introduit la FASTEF auprès de la fondation SONATEL pour le financement.

Ici, l'autorité a usé de l'anticipation en articulant l'opportunité avec le plan de travail. L'usage de la pensée nuancée, la prise de temps pour donner une réponse permettraient de ne frustrer personne et de pouvoir expliquer aux lobbyistes le bien-fondé de l'orientation.

10- Le centre Pémel de Podor (www.centrepemel.com)

La réalisation du centre Pémel de Podor est l'accomplissement de la dernière volonté de ma maman, Fatimata Pémel Diallo. À son décès, nous avons découvert qu'elle avait épargné une somme assez conséquente pour la réalisation d'un de ses souhaits les plus ardents, exprimé à maintes reprises : ériger à Podor un centre de formation. Elle a même émis l'idée d'une université.

L'objectif majeur du centre Pémel de Podor, érigé sur le terrain de mon père, Ibrahima Sall, est d'aider à la diffusion de la science auprès des populations de Podor et environs. Nous avons mobilisé toutes les expériences que nous avons acquises en matière de partenariat avec les communautés. Le centre Pémel de Podor a une vocation à la fois économique, sociale, éducative et culturelle. Il constitue un pont entre la communauté de Podor et le monde académique. Le centre Pémel de Podor ambitionne de faciliter les échanges entre les producteurs, les agents de développement et les universitaires en vue de leur permettre de tirer un meilleur rendement de leur travail.

Nous avons réalisé le centre Pémel de Podor par nos propres moyens, les ressources financières de la famille Sall, sous l'autorité du patriarche, Amadou Ciré Sall, en hommage à notre maman, Fatimata Diallo Sall dite Pémel.

Le centre Pémel est composé de deux entités :

- le centre de formation et de partage ;
- le centre multimédia communautaire de Podor (CMCP).

Le centre de formation et de partage est composé d'une salle de formation aux normes, de trois chambres équipées, d'un bureau, d'une cuisine, d'un magasin. Il est situé au premier étage du bâtiment. La salle de formation et de partage, d'une superficie de 60 m², est équipée d'un vidéoprojecteur, d'un dôme, d'un téléviseur, d'une table de mixage pour la sonorisation. Elle est entièrement climatisée et dispose d'un signal wifi. La salle de formation et de partage est la plate-forme dédiée aux rencontres entre les producteurs et les universitaires.

Nous y avons organisé un séminaire entre les producteurs et les académiques afin d'élaborer le plan de travail à partir des demandes des producteurs. Outre les sessions de formation et de partage, les modalités de définition des sujets de stage des étudiants ont été arrêtées. L'accès à la salle de formation et de partage est libre et gratuit pour toutes les activités relatives à la formation et au développement de l'agriculture (culture, stockage, commercialisation des produits agricoles, élevage, aquaculture, environnement). Un autre séminaire a porté sur la mise en place d'une stratégie innovante de prise en charge sanitaire pour les apprenants des écoles coraniques Daaras et des écoles primaires, à l'initiative du professeur Mouhamadou Guélaye Sall, notre grand frère. Les trois chambres sont réservées aux académiques (enseignants, chercheurs, étudiants) de passage pour travailler avec les agriculteurs en particulier et les populations locales en général. Le centre est ouvert aux autres acteurs, moyennant une libéralité.

Le Centre multimédia communautaire de Podor (CMCP) est une association à but non lucratif que nous avons aidé à créer et qui vise à : lutter contre la fracture numérique ; renforcer la cohésion et la solidarité communautaire ; impulser les activités de développement socioéconomique et rendre le potentiel informatif des TIC accessible à la communauté de Podor et environs ; vulgariser la langue pulaar.

Le CMCP comprend une radio et une salle multimédia.

Les objectifs de la radio sont de diffuser l'information dans tout le département, de favoriser une culture entrepreneuriale, de vulgariser la culture et la langue pulaar.

Disposant d'une antenne de 30 mètres de haut et d'un émetteur de 500 Watts, la radio émet sur la fréquence FM 90,7. Elle couvre l'essentiel du département de Podor et l'autre côté du fleuve Sénégal. Elle est animée par des animateurs bénévoles de la communauté et dirigée par un coordonnateur assisté par trois jeunes qui ont reçu une formation grâce à l'école de journalisme de l'UCAD, le CESTI. Les émissions se font en pulaar à 60 pour cent, en français, wolof, hassanya et sérère. Elle propose des avis et communiqués, des émissions sponsorisées, et exploite les appels sur serveur.

La salle multimédia dispose d'une ligne ADSL de 1 Mégabits/s. Sa distribution se fait via le réseau informatique en fibre optique et le sans-fil. La salle est dotée de 10 ordinateurs Pentium 4, 10 casques, 10 webcams, d'une imprimante, d'un scanner, d'une photocopieuse, d'un appareil photo numérique, d'une caméra numérique et d'un appareil de reliure. Les services offerts sont : la navigation Internet ; la formation en bureautique ; des services de bureautique : impression, reliure, scan, etc.

Les équipements de la radio et de la salle multimédia ont été gracieusement offerts par la fondation SONATEL.

Est-ce que ce modèle est performant ? Si oui, est-ce qu'il est duplicable à travers toute l'Afrique ? L'objectif, ici, était de partager plus de connaissances dans l'agriculture en établissant un pont entre les agriculteurs et la communauté universitaire, d'exploiter l'oralité par la communication, de s'ouvrir aux TIC pour mieux lutter contre la fracture numérique, de décloisonner et de partager le savoir.

Dans le cas du centre Pémel de Podor, la motivation est portée par la foi en ses parents, au respect de leurs volontés. Nous avons, pendant un certain temps, arrêté tous nos projets pour donner droit à la volonté de notre maman, Fatimata Pémel Diallo Sall, ce qui, aujourd'hui, nous a valu la reconnaissance des populations du terroir.

Quelques principes de leadership

Au regard de notre expérience, il nous semble que dix principes directeurs sont fondamentaux en matière de leadership universitaire. Il s'agit de :

1. Bien s'entourer, avoir une bonne équipe, ni trop homogène, ni trop hétérogène, mixte et pluridisciplinaire ;
2. Mobiliser tous les segments de l'institution et de ses partenaires pour bâtir le plan stratégique ;
3. Définir le périmètre de responsabilité de tous les collaborateurs directs et leur donner toute la latitude pour travailler, avoir des entretiens périodiques avec eux afin de tenir compte des retours de terrain, des suggestions, des nouvelles informations, écouter, mobiliser des moyens pour faciliter leur travail ;
4. Se concentrer sur les qualités des collaborateurs et les aider à les renforcer ;
5. Travailler dans l'équité et le respect de l'autonomie des établissements, aider les chefs des établissements à réussir leur mandat, leur accorder une attention particulière, identifier et reconnaître les talents et génies de l'institution ;
6. Promouvoir et vendre les atouts de l'institution, bien communiquer et profiter des manifestations de l'institution ;
7. Emprunter des voies non encore explorées par l'institution, les nourrir des dynamiques observées dans des institutions similaires en tenant compte du contexte, des spécificités locales, partager avec toute la communauté, les documents de la CMES 98 ainsi que de la RPEES ;

8. Mettre en place un dispositif de diversification des ressources financières ainsi que de reddition des comptes, des résultats que les moyens ont autorisés, créer une tension interne positive ;
9. Mettre en situation les étudiants et valoriser tous les talents de l'institution, avoir une attention singulière pour les génies ;
10. Avoir une grande probité éthique et être assidu au travail.

Conclusion

Quand la résultante des forces en présence ne crée pas la dynamique, il est fait recours au leadership incarné par un leader pour indiquer la voie, mobiliser les acteurs à avoir foi en eux-mêmes, aux autres, en leur institution, libérer leurs énergies et à s'engager dans la transformation de leur institution. Le leader aide les membres de l'institution à partager une vision, à bien cerner leur mission, à élaborer et à promouvoir des valeurs, à se fixer les objectifs à atteindre, en somme, à s'accorder sur un plan stratégique.

Il ne s'agit point de tout savoir, de tout comprendre, mais bien de pouvoir mobiliser l'intelligence collective de sa communauté, de lui donner la foi, de se frayer son propre chemin et sa fierté, de chercher des horizons conformes à ses missions. C'est l'équipe qui change les choses, c'est le leader qui inspire et crée l'équipe. On ne change pas ce que l'on ne connaît pas. On ne change pas une situation en reprenant les mêmes pratiques à l'identique (Einstein). Les lectures et les expériences des autres aident beaucoup, mais chaque leader crée une nouvelle voie qui, bien qu'empruntant celles des autres, s'en démarque quelque peu.

Les leaders transforment leur organisation en mobilisant toutes ses énergies et les énergies des partenaires. Ils sont transparents, ont une exigence éthique élevée, sont de grands travailleurs et inspirent la confiance et l'engagement dans le management. Ils créent une tension positive qui fait avancer l'institution.

Le travail du leader requiert un grand investissement en temps et en énergie. Il est dès lors illusoire de vouloir l'exercer sur une longue durée. Le leadership doit durer un temps relativement limité et pour la pérennité du processus de transformation qui requiert du temps, il est fait appel à la gestion de groupe, à la multiplication des leaders dans l'organisation et au plan stratégique. Le retrait précoce du leader peut aussi mettre l'institution en danger si les fondations de la transformation ne sont pas bien installées. Dans l'enseignement supérieur, tous les yeux sont tournés vers le sommet alors que l'efficacité se trouve à la base, au sein des départements et laboratoires. Il importe de développer le leadership à ce niveau, un leadership distribué et réparti, afin que les fondations de l'institution soient solides et dynamiques.

Conclusion générale

Il est généralement admis que le monde comme les fondements de l'économie mondiale ont changé. Ces mutations, portées par les nouvelles connaissances induites par les résultats de la recherche scientifique et technologique, sont rapides, profondes et durables. Le développement spectaculaire des technologies de l'information et de la communication aidant, l'information est partout simultanément accessible. Jamais la globalisation n'a autant été perçue comme une réalité qu'en ce début de XXIe siècle. Tout ce qui se passe à un endroit du globe est instantanément relayé à travers tous les continents. Les réseaux en fibre optique et les satellites ont fini d'interconnecter le monde. La globalisation s'est renforcée.

Les changements de la structure de l'économie sont, dans une large mesure, dus aux résultats de la recherche scientifique et technologique. Les établissements d'enseignement supérieur, par la recherche, ont produit une grande partie de ces résultats. Les changements rapides et profonds qui touchent la société concernent également l'enseignement supérieur. Ici aussi, tout change avec une vitesse certaine.

Tous les États, tous les territoires veulent se doter d'établissements d'enseignement supérieur efficaces, voire de rang mondial, afin de tirer profit de l'économie du savoir dans un monde cognitif. Les États et les sociétés attendent dès lors beaucoup des établissements d'enseignement supérieur, de la production de ressources humaines de haut niveau pour couvrir tous les besoins de la société et de son économie, la création d'entreprises innovantes par les résultats de la recherche, l'industrialisation, la création d'une culture de paix et d'un environnement durable.

Les bouleversements rapides et profonds et les interrelations entre les établissements d'enseignement supérieur et l'économie ont engendré une grande centralité des établissements d'enseignement supérieur et renforcé leur importance. Ainsi, le nouveau management public porté par les forces dominantes est de plus en plus appliqué à l'enseignement supérieur. Le nouveau management public, inspiré par le management des entreprises, revêt trois caractéristiques dans le cadre de l'enseignement supérieur : des conseils d'administration composés essentiellement par des personnalités du monde socioprofessionnel ; le président-recteur de l'université est mis en place par le conseil d'administration ; il choisit tous ses collaborateurs, y compris les chefs d'établissement, et soumet ces choix à l'approbation du conseil d'administration. Ce dispositif est celui des entreprises, mais les établissements d'enseignement supérieur ne sont pas des entreprises, ils sont bien plus que cela et leurs fonctions dépassent de loin la production et la rentabilité. Est-ce que cet alignement des organes de direction est en adéquation avec la réflexion critique, la pensée contradictoire, la remise en cause permanente, la gestion démocratique, en un mot la collégialité ?

Les établissements d'enseignement supérieur sont des concentrations d'intelligence qui, par la collégialité, la contradiction, la liberté et l'autonomie, ont, au fil des siècles, mobilisé les plus fines aptitudes collectives pour se gouverner. Certes, il faut aussi reconnaître qu'inerties et alliances des moins compétents ont entravé le bon management des universités. La place et le rôle de l'enseignement supérieur fondent la mobilisation des plus grands talents de la société pour le gouverner. Cette synergie entre talents internes et externes est seule à même de mutualiser toutes les compétences afin de veiller aux besoins de la société, de mobiliser toutes les forces pour les anticiper et les satisfaire. Les meilleurs représentants de l'université dans la société sont ses diplômés.

Chaque pays, chaque établissement d'enseignement supérieur, en fonction de son histoire, de son vécu, des masses critiques internes et externes, bâtit sa structure de gouvernance de façon optimale en s'inspirant en tout ou en partie du nouveau management public. Les interrelations concernent tous les segments de l'université, toutes les activités. La plupart des universités des pays développés sont vieilles de plus d'un siècle. Elles ont pu, dans la durée, former des diplômés dans tous les segments de la société, y compris dans le secteur privé. En adoptant le nouveau management public, elles se reconnaissent dans leurs interlocuteurs. Avec les « jeunes » universités africaines, l'absence de stratégie pour promouvoir l'entreprenariat, le tissu embryonnaire du financement de l'entreprenariat des diplômés des universités, est-ce que l'Afrique a fini de construire l'environnement adéquat pour la mise en place du nouveau management public ? Comment mieux asseoir le pacte social entre l'université et la société africaine ? La construction de la structure de gouvernance des établissements d'enseignement supérieur doit s'inscrire dans le temps avec une forte dose de patience dans la persévérance.

Les changements dans les compositions des structures de gouvernance ont aussi impacté les fonctions des structures pour mieux appréhender les missions, et ont rendu les tâches plus complexes. Les périmètres de responsabilité de tous les dirigeants ont changé et de nouvelles structures ont fait leur apparition. D'une gestion administrative simple, il est fait appel à un management innovant, flexible et redevable.

L'autonomie des établissements d'enseignement supérieur, c'est-à-dire la latitude nécessaire pour que ces établissements puissent prendre des décisions efficaces concernant leurs activités académiques, leurs règles de fonctionnement, leur gestion et autres activités connexes, dans la mesure où elles sont conformes aux systèmes de contrôle public, s'agissant en particulier des fonds fournis par l'État, et respectent les libertés académiques et les droits de la personne. L'autonomie est l'expression institutionnelle des libertés académiques et une condition nécessaire pour que les enseignants et les établissements de l'enseignement supérieur puissent s'acquitter des fonctions qui leur incombent. (Recommandation concernant la condition du personnel enseignant de l'enseignement supérieur, UNESCO 1997)

Tous les acteurs doivent être sensibilisés sur les fondements des franchises universitaires et les libertés académiques et de l'autonomie articulée à la reddition des activités et comptes. Les établissements d'enseignement supérieur se doivent de diffuser largement ces questions aussi bien auprès des enseignants-chercheurs, des chercheurs, du personnel, des étudiants que du grand public. Il importe, dès lors, de bien former les représentants des étudiants, de mieux les outiller pour améliorer leurs contributions au développement de l'enseignement supérieur. Si les délégués d'étudiants comprennent les enjeux, ils peuvent beaucoup servir. Il est urgent, à cet effet, de donner des responsabilités aux étudiants, à leurs délégués et de les aider à bien les assumer. La mise en place de l'ombudsman part de la volonté d'apaiser l'université, d'y éliminer les persécutions sous toutes leurs formes et de renforcer sa stabilité.

Les structures des établissements d'enseignement supérieur se sont complexifiées. À côté des filières classiques, des filières professionnalisantes se développent. Les modes de délivrance varient du présentiel à l'enseignement à distance en passant par la combinaison des deux. Outre la massification/démocratisation, les apprenants couvrent plusieurs générations avec l'éducation tout au long de la vie. La pédagogie a fait son apparition, avec des mécanismes de plus en plus élaborés pour sa diffusion. Les modes de délivrance des enseignements changent, un alignement est recherché entre les objectifs de la formation au centre, les stratégies pour satisfaire ces objectifs en amont, et en aval les outils d'évaluation de ces objectifs. L'assurance qualité se développant, l'évaluation des enseignements est explorée et des mécanismes appropriés sont mis en œuvre pour impacter positivement l'institution. Au-delà de l'évaluation des enseignements, l'engagement des étudiants à s'investir dans leurs études et l'environnement des apprentissages sont évalués en vue de leur amélioration.

La diversification des filières de formation est nourrie par les résultats de la recherche. En adoptant la stratégie de la différenciation, les établissements d'enseignement supérieur de recherche, en collaboration avec d'autres qu'ils polarisent, se structurent afin de mieux répondre aux besoins. La Fondation africaine pour la recherche, l'innovation et la mobilité (FARIM) a été présentée, un accent particulier étant mis sur sa gouvernance, son financement et ses mécanismes pour permettre à l'Afrique de construire un outil stratégique durable.

L'Afrique doit avoir une attention particulière pour la science, notamment son utilisation dans son industrialisation. Des parcs scientifiques interconnectés à travers tout le continent sont attendus avec à la clé une grande mobilité des scientifiques, y compris sa diaspora scientifique. Il importe dès lors de connaître cette dernière, de la segmenter dans des bases de données, de l'organiser en réseau, de bien interagir avec elle. Des organes spéciaux dédiés exclusivement à cette tâche sont attendus. Ce travail est de la responsabilité de l'Union africaine, des cinq communautés économiques régionales soutenues par les États en partenariat avec les universités. La création rapide des masses critiques porteuses de transformations créatrices est à cette condition.

Afin de mieux construire son efficience tant interne qu'externe, les établissements d'enseignement supérieur mettent en place des Directions de l'accueil, de l'orientation, de la réorientation et de l'insertion des étudiants. Le nouveau référentiel de l'enseignement supérieur, le LMD, le nombre conséquent d'apprenants et leur composition hétérogène rendent nécessaire la création de cette direction. Il s'agit de se donner les instruments pour fournir à chaque apprenant, en fonction de ses capacités, les moyens de se révéler. Il est, sous ce rapport, impératif de maîtriser les effectifs des apprenants dans une institution, de les mettre en corrélation avec le taux d'encadrement ainsi que les infrastructures, les équipements et les ressources financières.

Les pays, les institutions s'organisent pour attirer les meilleurs enseignants comme les meilleurs étudiants et pour les retenir. Comment comprendre les pays africains qui, cinquante ans après les indépendances, envoient toujours leurs meilleurs élèves en formation à l'étranger ? Est-ce une volonté de perpétuer l'ordre établi ou une incompréhension de la modernité basée sur l'attraction et la rétention des talents et des génies ? La seconde direction qui tend à se généraliser est celle relative à la *communication* et il n'est point besoin d'expliquer pourquoi, dans ce monde d'information (de désinformation), nous présentons un processus à cet effet. En Afrique, la communication devrait permettre une meilleure internalisation de l'enseignement supérieur.

Eu égard à sa place et à son rôle, l'enseignement supérieur doit impacter l'économique, le culturel et le social, mais aussi vulgariser les valeurs auprès des étudiants afin de promouvoir les droits de l'homme, l'éthique, la démocratie, le savoir-vivre ensemble, l'altérité et l'humanisme. Si les étudiants constituent la cible, les vecteurs des valeurs sont bien les enseignants, enseignants-chercheurs et chercheurs qui doivent aider par des codes de déontologie stricts et des guides, promouvoir les valeurs et avoir des comportements éthiques très élevés. La recherche aidant avec son corollaire d'abstraction, de rigueur, ils sont bien outillés pour endosser les valeurs et les promouvoir.

Ces tâches sont à mener simultanément. En ce sens, elles requièrent un plan de travail largement partagé au sein de l'institution, entre l'institution et ses partenaires, un plan stratégique et un leadership. Dans cet ouvrage, il a été proposé des mécanismes d'élaboration, de mise en œuvre, d'évaluation d'un plan stratégique, de contractualisation avec l'État. Des paramètres qui fondent un leadership ont aussi été exposés. Ces deux éléments vont de pair, un bon plan stratégique est inspiré par un bon leader et un bon leader s'appuie sur un plan stratégique afin de mobiliser toutes les énergies internes et externes afin, sur la base d'une vision partagée, d'atteindre les objectifs et de transformer son établissement et, partant, d'influencer la société. Le plan stratégique explore les nouveaux horizons, les chemins non encore explorés par l'institution, le leader change la nature de l'organisation.

Les multiples tâches, la diversité des structures, les besoins en infrastructures, la formation, la recherche, et les services à la société font que les établissements d'enseignement supérieur ont besoin de ressources financières pour leur bon fonctionnement. Il apparaît que les États seuls, sans les dégager de leurs responsabilités, ne pourront plus satisfaire les besoins financiers, tant ils sont importants et concernent non seulement le fonctionnement et le traitement du personnel, les infrastructures, les équipements, les produits, mais aussi les apprenants et leurs conditions de ressources, d'études et de vie, la création d'entreprises, etc.

Il est proposé d'explorer la diversification des sources avec :

- des ressources publiques ;
- des ressources de l'institution elle-même ;
- des ressources externes ;
- des ressources de l'environnement bancaire.

En outre, il faut optimiser leur gestion et rendre compte des résultats qu'ils ont autorisés. Si une compétition mondiale est en cours pour recruter les meilleurs enseignants-chercheurs sur la base des standards de leurs recherches, une attention particulière doit être accordée aux étudiants et à la structure de leurs revenus par l'introduction du système de crédits aux étudiants. Afin d'améliorer l'environnement des établissements d'enseignement supérieur, est reprise la proposition d'un *think-tank*, la création de la Banque éducative et pourquoi pas, en Afrique, une seule Banque éducative avec des déclinaisons dans les pays ou/et des banques dans les pays s'organisant en réseau via les communautés économiques, voire à l'échelle du continent. Cette institution permet le crédit aux étudiants et pas seulement.

Ses tâches multiples et variées, sa vocation universelle, fondent les partenariats locaux et internationaux de l'enseignement supérieur. Des alliances avec tous les segments de la société, des structures décentralisées aux structures de production et de distribution des biens et services sont observées. Une corrélation est envisageable entre le niveau de développement d'un pays, d'une société, avec les partenariats entre les établissements d'enseignement supérieur et les différents segments de la société.

L'enseignement supérieur et la recherche apparaissent en effet, pour les acteurs régionaux et locaux, comme étant un élément essentiel de l'aménagement du territoire, permettant de conserver ou d'attirer des jeunes dans la région, et d'irriguer le tissu économique grâce aux formations technologiques et professionnelles, comme par la recherche scientifique. A contrario, une ville sans enseignement supérieur est une ville qui risque de somnoler et de vieillir, et qui probablement attirera peu (sauf si le cadre de vie y est exceptionnel) (Balme *et al.* 2012).

Les établissements d'enseignement supérieur, malgré les droits de propriété intellectuelle, coopèrent entre eux, apprennent les uns des autres afin de mieux assumer leurs missions et de créer un nouvel humanisme. Il est admis qu'il revient à l'Afrique de porter la croissance mondiale et beaucoup de pays s'attellent à nouer des relations entre leurs universités et les universités africaines.

À chaque génération sa mission, à chaque peuple d'inventer son propre devenir. Les établissements d'enseignement supérieur des pays développés ne sont pas devenus ce qu'ils sont du jour au lendemain. Certains sont séculaires, voire multiséculaires. Tous les acteurs, dans ce domaine, reconnaissent que les transformations requièrent du temps et un effort permanent. Est-ce que la responsabilité des acteurs, aujourd'hui, en Afrique n'est pas de construire les bases des fondations d'une université africaine sérieuse, vivifiant son legs historique et ses valeurs culturelles, s'appropriant les sciences et leurs applications, sciences qui, d'ailleurs, ont pris leur source en Afrique ? L'Afrique, en promouvant un nouvel humanisme, veillera à l'équité dans la société, à produire un mieux-être du plus grand nombre et à défaut de tous et de chacun, une internalisation de l'enseignement supérieur. En somme, asseoir les fondements d'un véritable pacte entre l'université et sa société. Les dirigeants des établissements d'enseignement supérieur en ont, à côté des gouvernants, la responsabilité !

Références

Altbach, Philip G., 2004, « The Costs and Benefits of world-Class Universities », *Academe 90* (1, January-February).

Amara, Mahmoud, 2004, « La communication au cœur de la stratégie et de la gouvernance des institutions de l'enseignement supérieur », www.aecd.org/fr/sites /eduimhe/ 34221084.pdf, 26 janvier 2016 à 10 h 30.

APEC, www.apec.fr

Arrêté rectoral du 21 mars 2007, portant création d'un organe de prévention, de médiation et de facilitation des conflits à l'Université Cheikh Anta Diop de Dakar.

Assises nationales de l'éducation et de la formation, 2014, http://www.assises-education.sn/ images/stories/files/PropositionsAssises.pdf, 12 février 2016 à 11 h 30.

Bailleul, André, 1984, Institutions et fonctionnement, thèse de doctorat d'État, Université de Dakar.

Beney, Michel & Hugues, Pentecouteau, 2008, « La formation complémentaire à la pédagogie chez les enseignants de l'université », *Revue des sciences de l'éducation*, vol. 34, n.°1, p. 69-86.

Binder, Gérard, 2007, Communication sur le Parc scientifique et technique, *Communication*, Dakar.

Budget de la National Sciences Foundation en 2014, 2014, https://www.nsf.gov/about/ budget/fy2014/

Communication et stratégie dans l'enseignement supérieur, 2009, le livre de Noir sur Blanc, http:// www.letudiant.fr/educpros/actualite/communication-et-strategie-dans-l-enseignement-superieur-le-livre-blanc-de-noir-sur-blanc.html

Décret n° 2012-1116, 2012, du 12 octobre 2012, relatif au diplôme de doctorat, article 8.

Décret n° 70-1135, 1970 du 13 octobre 1970 portant statut de l'Université de Dakar.

Berthiaume, Denis Lanarès Jacques, Jacqmot, Christine, Winer, Laura & Rochat, Jean-Moïse, 2011, « L'évaluation des enseignements par les étudiants (EEE) », *Recherche et formation*, vol. 67, p. 53-72.

Boyer, Ernest L., 1997, *Scholarship Reconsidered : Priorities of the Professoriate*, San Francisco, Jossey-Bass.

Centra, John A., 1993, *Reflective Faculty Évaluation : Enhancing Teaching and Determining Faculty Effectiveness*, San Francisco, Jossey-Bass.

Davies, John L., 1997, *La gestion de l'enseignement supérieur Formation et perfectionnement : les indicateurs de qualité*, UNESCO.

Denef, Jean-François & Bonaventure, Mvé-Ondo, 2015, *Introduction à la gouvernance des universités : guide de gouvernance et d'évaluation à l'usage des recteurs et présidents d'universités ou d'institutions d'enseignement supérieur*, Paris, Éditions des archives contemporaines.

Detroz, Pascal, 2014, « Vers une démarche balisant la mise en place (ou la refonte) d'un dispositif d'évaluation des enseignements », in *Actes du 28ᵉ congrès de l'association internationale de pédagogie universitaire* (AIPU), Mons, 19 au 22 mai 2014. Mons : Université de Mons.

Diouf, Ndiaw, 2007, *Interface* n° 3, Presses universitaires de Dakar.

Lucier, Pierre, 2007, Conférence au conseil général de la fédération québécoise des professeurs et professeures d'université (FQPPU).

Hofstetter, Rita & Bernard, Schneuwly, 2009, *Savoirs en (trans)formation*, Bruxelles, De Boeck supérieur, « Raisons éducatives ».

Direction de l'informatique et des systèmes d'information, 2015, *Statistique sur les inscriptions.*

Direction de la gestion du patrimoine bâti de l'université, DGDU, 2015, *Le patrimoine bâti de l'UCAD.*

Endrizzi, Laure, 2011, « Savoir enseigner dans le supérieur : un enjeu d'excellence pédagogique », Dossier d'actualité *Veille et analyses*, n° 64, septembre, http://www.inrp.fr/vst/DA/detailsDossier.php?dossier=64&lang=fr

Endrizzi, Laure, 2014, *La qualité de l'enseignement : un engagement des établissements, avec les étudiants ?*, Dossier de veille de l'IFÉ, n° 93, juin. Lyon : ENS de Lyon, http://ife.enslyon.fr/vst/DA/detailsDossier.php?parent=accueil&dossier=93&lang=fr, Lien : http://www.cairn.info/savoirs-en-trans-formation—9782804115104.htm 20 septembre 2016 à 13 heures.

Fanghanel, Joëlle, 2007, *Investigating university lecturers' pedagogical constructs in the working context*, York, Higher Education Academy, San Francisco, Jossey-Bass, 2ᵉ éd. (1ʳᵉ éd. 1990).

Fried, J., 2006, « Higher education governance in Europe ; autonomy, ownership and accountability. A review of the literature », in *Higher education governance between democratic culture, academic aspirations and market forces*, Strasbourg, Conseil de l'Europe.

Gaunand, Antonin, 2016, http://www.antonin-gaunand.com/leadership/une-definition-du-leadership-influencer-et-federer/, 15 février 2016, 13 h 30.

Goulard, François *et al.*, 2015, *L'enseignement supérieur en France : état des lieux et propositions*, IFGU, http://ifgu.auf.org/documents/lenseignement-superieur-en-france-etat-des-lieux-e/, 12 février 2016.

Hirsch, Werner Z., Weber, Luc E. (dir.), 2001, *Governance in Higher Education. The University in a State of Flux*, Londres, Paris, Genève, Economica.

Houemavo, Aimée Grimaud, 1978, *Les médecins africains de l'AOF : étude socio-historique sur l'élite de l'éducation coloniale*, DEA, Université de Dakar.

Huguette, Bernard, 2011, *Comment évaluer, améliorer, valoriser l'enseignement supérieur ?* Bruxelles, De Boeck.

Hurteau, Marthe, 2013, « Aspirer à un jugement crédible dans le cadre de l'évaluation de programme », dans Romainville Marc, Goasdoué Rémi & Vantourout Marc, *Évaluation et enseignement supérieur*, Bruxelles, De Boeck, p. 145-161.

Khoon, K., A.R., Shukor, O. Hassan, Z. Saleh, A. Hamzah, & R., Ismail, 2005, « Hallmark of World-Class University », *College Student Journal* (December), http://findarticles/mi_mOFCR/is_4_39/ai_n16123684

Loi 2015-26, 2015, relative aux universités sénégalaises.

Loi n° 67-45, 1967, du 13 juillet 1967 Relative à l'Université de Dakar, Textes relatifs à l'Université Cheikh Anta Diop de Dakar, 1995, PUD, p. 34-41.

Loi n° 94-79, 1994, du 24 novembre 1994 relative aux Franchises et libertés universitaires, Textes relatifs à l'Université Cheikh Anta Diop de Dakar (1995), PUD, p. 51-54.

Langevin, Louise *et al.*, 2008, *Conceptions, besoins et pratiques pédagogiques de professeurs d'université : perspectives pour la formation*, Montréal, Université du Québec.

Langevin, Louise, Anne-Marie, Grandtner & Louise, Ménard, 2008, « La formation à l'enseignement des professeurs d'université : un aperçu », *Revue des sciences de l'éducation*, vol. 34, n° 3, p. 643-664.

Mahmoud, Amara, 2004, *La communication au cœur de la stratégie et de la gouvernance des institutions de l'enseignement supérieur*, www.oecd.org/fr/sites/eduimhe/ 34221984.pdf., 26 janvier 2016, 14 h 30.

Martin, Michaela & Claude, Savageot, 2009, UNESCO-IIPE.

Martin, Michaela, 2012, UNESCO Institut international de planification de l'éducation.

Maassen, P., 2003, « Shifts in governance arrangements : An interpretation of the introduction of new management structures in higher education », in A. Amaral, V. L. Meek, I. Larsen (dir.), *The higher education managerial revolution*, The Netherlands, Kluber Academic Publishers.

Mbaye, Ahmadou Ali, Nancy, Benjamin, Ibrahima Thione, Diop, Stephen S., Golub, Dominique, Haughton & Birahim Bouna, Niang, 2012, *Les entreprises informelles de l'Afrique de l'Ouest francophone*, International Bank for Reconstruction and Development/ The World Bank.

Morrison, Guy, 2003, Séminaire sur la gouvernance universitaire, Dakar décembre 2003.

Ndoye, Abdou Karim & Cheikh Tidiane, Sall, 1989, « Les échecs en premières années à l'Université Cheikh Anta Diop de Dakar : première approche », in *Pédagogiques, Actes du séminaire de l'Association internationale de pédagogie universitaire*, Université de Bujumbura, p. 75-83.

Niland, J., 2000, « The Challenge of Building World Class Universities in the Asian region », ON LINE Opinion (February 3).

Niland, J., 2007, « The Challenge of Building World-Class universities », J. Sadlak & N.C. Liu, *Bucharest The World Class University and Ranking : Aiming Beyond Status*, UNESCO-CEPES.

OCDE, 2003, « Changing patterns of governance in higher education », *Education Policy Analysis*, Paris.

OCDE, 2003, *Examen des politiques nationales d'éducation – L'enseignement tertiaire en Suisse*, Paris.

Paivandi, Saeed, 2012, « L'appréciation de l'environnement d'études et la manière d'étudier des étudiants », *Mesure et évaluation en éducation*, vol. 35 n° 3, p. 175-199.

Pascarella, Ernest T., Tricia A., Seifert & Charles, Blaich, 2010, « How effective are the NSSE benchmarks in predicting important educational outcomes ? », *Change*, vol. 42 n° 1, p. 16-22.

Romainville, Marc, 2010, « Vers des pratiques d'évaluation instituée de l'enseignement par les étudiants », dans Fave-Bonnet Marie-Françoise (dir.), *L'évaluation dans l'enseignement supérieur en questions*, Paris, L'Harmattan, p. 143-153.

Romainville, Marc, Rémi, Goasdoué & Marc, Vantourout, 2009, *Évaluation et enseignement supérieur*, Bruxelles, De Boeck, p. 109-126.

Sall, A. S. *et al.*, 2016, *Flagship African Universities*, in press.

Sall, A. S. *et al.*, 2012, *Les mutations de l'enseignement supérieur en Afrique : le cas de l'Université Cheikh Anta Diop de Dakar*, Paris, L'Harmattan.

Salmi, Jamil, 2009, Le défi d'établir des universités de rang mondial, Banque mondiale, Washington DC.

Salmi, Jamil, 2002, « Constructing Knowledge Societies : New Challenges for Tertiary Education », Washington DC, World Bank, http://go.worldbank.org/N2QADMBN10

Sample, Steven, 2005-2007, *Cultiver son leadership*, groupe Eyrolles.

Smith, Jan, 2010, « Forging identities : The experiences of probationary lecturers in the UK », *Studies in Higher Education*, vol. 35, n° 5, p. 577-591.

Taylor, Orlando L., 2013, *More Students to University, Report of the Think Tank on Student Financing in Higher Education in Developping Countries*.

UNESCO, L'enseignement supérieur au XXIe siècle, 1998, *Visions et actions, Document de travail*, ED-98/CONF.202/CLD.23.

UNESCO, 1998, Conférence mondiale sur l'enseignement supérieur au XXIe siècle, les leçons retenues.

UNESCO, 2009, Conférence mondiale sur l'enseignement supérieur.

UNESCO, La Déclaration universelle des droits de l'homme, http://www.un.org/fr/documents/udhr/, 15 février 2016 à 14 h 30.

Vessuri, H., 1998, *Paper of synthesis of Regional Consultations on the Theme of Pertinence*, Paris, UNESCO.

Vught, F. Van, 1994, « Autonomy and accountability in government/ university relationships », in J. Salmi, A. M. Verspoor (dir), *Revitalizing higher education*, Londres, Pergamon Press.

Wikipédia gouvernance, 2015, https://fr.wikipedia.org/wiki/Gouvernance, 12 février 2016, 11 h 30.

Wikipédia, leadership, 2016, https://fr.wikipedia.org/wiki/Leadership, 12 février 2016, 18 heures.

Younès, Nathalie & Marc, Romainville, 2012, « Les transformations actuelles de l'EEE », *Mesure et évaluation en éducation*, vol. 35, n° 3, p. 145-173.

Younes, Nathalie, Nicole, Rege Colet, Pascal, Detroz, Emmanuel, Sylvestre, 2012, « La dynamique paradoxale de l'EEE », dans M. Romainville, R. Goasdoue, M. Vantourout, *Évaluation et enseignement supérieur*, Bruxelles, DeBoeck.

Index

Printed in the United States
By Bookmasters